LES VISITEURS DU SOI

JEAN COTTRAUX

LES VISITEURS DU SOI
À quoi servent les psys ?

Odile
Jacob

15, RUE SOUFFLOT, 75005 PARIS

www.odilejacob.fr

ISBN 2-7381-1360-5

INTRODUCTION

La recherche de soi et le psy imaginaire

La vie est un voyage à la recherche de soi. Dans ce voyage, le passé ressemble à un bagage oublié à la consigne que l'on nous rapporte et que nous ne reconnaissons pas. Quelle est cette part de nous-même que nous avions laissée en chemin ? Dans ce voyage, aussi, il y a la rencontre, plus ou moins prolongée, avec un « psy », un visiteur du soi, qui offre un écho et un miroir à la souffrance du voyageur.

Spécialités en expansion où la demande est aujourd'hui très supérieure à l'offre, la psychiatrie et la psychologie font désormais partie de notre panorama quotidien. Encore marginales il y a trente ans en France, les psychothérapies se banalisent au point d'apparaître comme un phénomène de société. Il existe plus de 210 formes de psychothérapies. Cette prolifération rend impossible d'en tenir un registre exact et encore moins d'évaluer l'efficacité de chacune. Les psys sont désormais partout : psychiatres, psychologues, psychanalystes, psychothérapeutes, neuropsys, psys scolaires, pédopsys, psys du travail, psys du stress, psys de la violence, psys de crise, psys de l'anxiété, psys du mourir, sexopsys, psyshow, loftpsys, médiapsys, cyberpsys, psys pour traiter les psys, psys conseils. J'en passe et des meilleurs.

Mais la recherche de soi doit-elle suivre le passage obligé de la rencontre avec le psy ? Après tout, l'humanité a bien vécu sans psy durant des millénaires et elle s'en portait sans doute mieux. Ou peut-être que le psy n'était pas nécessaire. Invention du XXe siècle, le psy a eu de nombreux prédécesseurs dans l'histoire et il occupe aujourd'hui le terrain laissé par les religions et la culture dans la société occidentale. L'engouement qu'il suscite aujourd'hui n'est-il que le symptôme transitoire d'un malaise social ? Son triomphe n'est-il que l'envers de la crise de l'ego et de l'image de soi ? Les psys sont-ils à même de résoudre les problèmes posés non seulement par les individus mais aussi par la société ?

Nulle part mieux qu'au cinéma, le psy, figure emblématique, ne projette son image tantôt flatteuse, tantôt comique, tantôt sulfureuse. Le film psy est un genre à part entière. Il permet de visualiser le halo d'imaginaire social qui entoure la psychothérapie. Mais l'image du psy cinématographique et médiatique propose un produit ambigu, dont le consommateur ferait bien de vérifier la valeur.

Ce livre voudrait confronter le psy imaginaire à la réalité de ce qu'il peut. Si on se limite aux données scientifiques disponibles, et non pas aux réussites autoproclamées, que doit-on vraiment attendre des psys ? La médiatisation de la psychothérapie et son message, « vous pouvez toujours être mieux », décliné sous toutes ses formes, suscitent des attentes immenses. Certaines sont réalistes, d'autres beaucoup moins. Parvenu au terme de cet exercice de lucidité, nous espérons que le lecteur y aura gagné l'envie d'agir et... un espoir raisonnable.

Première partie

PARTIR À LA RECHERCHE DE SOI

Platitudes et altitude zéro
Habitudes et latitude zéro
Mais qu'est-ce ?
L'espoir qu'on met en caisse
Les sons ne changent pas d'écho
L'empire des mots est sans essor
L'Empire des Morts est sans Esso

Excusez-moi de commencer ce livre par une parodie de rap, c'est simplement une tentative pour chasser le blues rampant. Le moral des Français et leur confiance dans l'avenir seraient au plus bas depuis cinq ans, dit-on. L'optimisme serait-il définitivement mort ? Ou touchons-nous simplement le fond de la piscine avant de remonter ? L'Occident, qui en peu de temps est devenu à la fois le supermarché et la poubelle de la croissance, ne satisfait plus. Jamais la société française n'a été aussi pessimiste, jamais elle n'a produit autant de livres sur le bonheur et de livres psy.

Il y a eu d'autres crises dans ce pays et de bien plus graves, mais l'actuelle a son originalité : elle se traduit par un discours psy qui a le don d'ubiquité. Que viennent faire les psys dans cette galère ? Sont-ils les meilleurs remèdes et/ou de simples cache-misère ? Ou un alibi pour ne pas agir ?

Les visiteurs du soi sont-ils, comme les « visiteurs du soir » du film de Prévert et Carné, des créateurs diaboliques qui vivent de la souffrance de ceux qui ne s'aiment pas ?

CHAPITRE I

La crise de l'ego

La France mélancolise et part à la dérive des émotions négatives, ce qui expliquerait l'embouteillage des services de psychologie et de psychiatrie[4]. Une enquête de la Direction de la recherche, des études, de l'évaluation et des statistiques (DREES) fait état de 1,2 million de Français suivis pour troubles psychiques. En milieu hospitalier, ce sont les hommes les plus nombreux (56 %), et, dans les consultations, les femmes qui prédominent (62 %). La surconsommation française de médicaments à visée psychiatrique est bien connue et a été analysée en détail. Elle a été rattachée au lobbying de l'industrie pharmaceutique et aussi à une société où l'excès de consommation de toute chose est devenu une règle de vie[23]. Nous assistons désormais à un accroissement de la demande psychothérapique, ce qui tendrait à prouver que le mal français ne s'arrange pas, mais se déchante sur tous les tons.

RECHERCHE DE SOI OU RECHERCHE D'EMPLOI ?

Les psys sont partout, sans pourtant être toujours les bienvenus et se disent eux-mêmes en crise. L'école et la justice sont des terrains de mésentente où ils sont requis d'exercer leurs talents. Dans le monde du travail, aussi, les psys, toutes tendances confondues, sont omniprésents. Il est évident qu'ils peuvent aider à la résolution des conflits et apporter un soutien psychologique. Pourtant, la psychologisation des problèmes du travail commence à susciter des critiques. Cette « psymania » n'est pas toujours bien accueillie, car elle représente dans certains cas une invasion du domaine privé. Les psys et la psychologie peuvent être, et sont parfois, utilisés d'une manière perverse. Il ne suffit plus de licencier pour raisons économiques, il faut encore que les personnes licenciées le soient sous la pression d'une « psychologie » qui les rende responsables de leur déconvenue. En voici un exemple.

Gérald arrive en consultation, adressé par une amie psychologue. Âgé d'une quarantaine d'années, sorti d'une bonne école de commerce, c'est un cadre supérieur brillant qui a dépassé de 30 % les objectifs fixés par la maison mère. Il vient consulter car il a été remercié. Il a passé de nombreuses années à servir cette entreprise, dans laquelle il s'est totalement investi, et il ne comprend pas la déloyauté dont il est victime. La DRH a abouti à la conclusion qu'il avait des « problèmes », qu'il était « trop perfectionniste », « trop impliqué »... Gérald n'est pas dupe du prétexte de son licenciement, qui permet de mettre la main sur les liquidités de la filiale et de diminuer le personnel. Cependant, il voudrait rectifier certains aspects de sa personnalité pour la recherche d'un emploi futur. Son oisiveté temporaire a accentué ces traits de caractère et sa famille commence à s'en plaindre.
Gérald dépose tout de suite son fardeau sur la table. Il s'agit d'un profil psychologique établi à l'usage des entreprises selon une échelle américaine. Il me demande avec inquiétude ce que j'en pense. Ce profil d'aptitude, qui n'a pas de validation française, m'apparaît d'une grande banalité et pouvoir être interprété en

fonction des désirs de son commanditaire. L'entretien et les échelles psychologiques, validées en France, que je lui fais passer ne montrent pas de dépression ou d'anxiété notable. Il est rassuré, mais il semble avoir du mal à admettre que n'importe quel trait psychologique aurait pu être utilisé pour justifier un licenciement et que cette décision a peu à voir avec sa personne. Finalement, il souhaite quand même faire « quelque chose ». Comme il semble troublé et qu'il insiste, je l'adresse à une collègue spécialisée dans les groupes de gestion du stress et d'affirmation de soi.

LE PSYCHOLOGIQUEMENT CORRECT

Partout on recommande de prendre l'avis d'un psy, non seulement en cas de problèmes graves, mais aussi pour des événements de vie naguère tolérés. Parfois l'appel au psy devient un réflexe comme si tout événement de la vie devait aboutir à un débordement des capacités d'adaptation et exigeait écoute et prise en charge. Cela entraîne une certaine confusion des rôles, chacun voulant se montrer psychologiquement correct et se conformer à la croyance selon laquelle la psychologie atténue la dureté des temps. Alors que des solutions pratiques pour les problèmes de la vie courante (chômage, violence, etc.) seraient plus efficaces, y compris psychologiquement.

Le coût de cette psychologisation tous azimuts est très important pour des résultats plus que minces. Il est probable que cette attitude trop systématique soit dangereuse pour ceux qu'en toute bonne foi on cherche à aider. Examinons la doctrine du « debriefing » obligatoire, qui a été longtemps vantée en France. Le « debriefing » est une intervention immédiate qui a lieu dans les deux ou trois jours suivant l'événement. Intervention brève de trois à six heures en général, elle consiste à faciliter l'expression des sentiments et des émotions. Mitchell[13], officier de pompiers américain, a proposé un protocole en groupe qui comprend sept phases d'inspiration militaire, d'où le terme de « debriefing » : 1. Introduction. 2. Les faits. 3. Pensées et impressions. 4. Réactiver

Tire au psy

J'ai subi un vol à la tire très habile de mes cartes de crédit, effectué sans la moindre violence dans la gare d'une ville du Sud-Ouest. Je ne m'en suis aperçu qu'une heure après les faits. Le lendemain, je me suis rendu au commissariat, pour en faire la déclaration. Après une heure de patiente déposition et d'inspection de photos de suspects, j'ai eu la surprise de me voir proposer de contacter la cellule d'urgence médico-psychologique. En fait, les dommages matériels et psychologiques étaient à peu près nuls. Mon voleur avait eu juste le temps de dîner aux frais d'American Express, avant que n'arrive l'opposition. Devant tant de bonne volonté de la part de la police, je me suis senti presque gêné de ne pas être en état de stress post-traumatique. Pensant que la cellule de crise avait sans doute mieux à faire qu'à s'occuper de mes états d'âme, et que mon ego était suffisamment stabilisé, je suis reparti faire le séminaire sur le stress post-traumatique et les troubles de la personnalité pour lequel on m'avait invité...

les réactions émotionnelles. 5. Normalisation. 6. Planifier le futur. 7. Désengagement. Cette méthode a été prônée en cas de sinistre collectif, de catastrophe naturelle ou d'accident grave. Elle se propose d'assurer une thérapie d'urgence et de prévenir le stress post-traumatique.

Cette politique de « debriefing » systématique qui a été menée en Angleterre a été évaluée dès 1998. Le suivi d'études contrôlées, qui vont jusqu'à trois ans, a montré que le stress post-traumatique chronique était plus fréquent chez les personnes qui avaient suivi un « debriefing », que chez celles qui n'en avaient pas suivi[21]. C'était la première fois qu'une méthode psychothérapique se révélait pire que le fait de ne rien faire.

En fait, le « debriefing » représenterait un second traumatisme pour certains patients, et sa brièveté pourrait sensibiliser les sujets les plus fragiles en fixant le traumatisme dans la mémoire. Il ne devrait donc être ni imposé ni utilisé systématiquement. Il faudrait lui préférer le « désamorçage » ou « defusing » qui consiste simplement à stabiliser l'environnement, à dédramatiser sans chercher à provoquer une activation intempestive des réactions émotionnelles. Cependant, le « defusing » n'a pas encore été véritablement évalué. De toute manière, dans un délai d'un mois, la très grande majorité des réactions post-traumatiques s'estompent chez plus de 80 % des personnes exposées, tous risques confondus[22]. Autrement dit, il convient d'abord de laisser faire la nature et les processus spontanés, en les aidant discrètement.

LES PROBLÈMES PSY : UNE GRANDE FRÉQUENCE

Une question revient comme les fleurs des marronniers au printemps : « L'accroissement des maladies mentales ne vient-il pas de la société actuelle ? Votre activité, cher Docteur, est sans doute le symptôme d'un mal social que vous prétendez soigner, sinon guérir, en traitant à tort les individus. Il faut s'attaquer à la racine du mal : la société. » Je vais essayer de répondre à cette question.

Il est difficile de savoir si la fréquence des troubles psychiatriques est en augmentation sur une longue période, car il n'existe de statistiques bien faites que depuis une vingtaine d'années. Ainsi, deux études[9, 14] effectuées aux États-Unis dans la population générale ont abouti à la conclusion qu'une personne sur deux souffrira d'un problème psychiatrique au cours de sa vie. Sur une année, selon ces deux études, environ 30 % de la population sera victime d'un trouble mental défini dans les classifications internationales existantes. Une étude plus récente[15] a réexaminé ces deux études américaines, en tenant compte de la sévérité des troubles ou de leur impact sur le fonctionnement de la personne, sa détresse ou la prise de traitement pharmacologique. Les chiffres ont alors fortement diminué, l'ensemble des troubles psychiatriques à fort impact ne correspondant plus sur un an qu'à 18,5 % de la population générale. Le tableau suivant représente cette estimation basse, laquelle suggère néanmoins que, sur un an, presque une personne sur cinq connaîtra une détresse psychologique, cette détresse provoquant souvent le sentiment d'être prisonnier de problèmes insolubles, de ne pouvoir faire face aux défis que lance la vie et d'être trahi par soi-même.

Prévalence sur un an des troubles mentaux : estimation révisée en fonction de la sévérité (Narrow, 2002)

• Tout trouble	• 18,5 %
• Toxicomanie	• 6 %
• Alcoolisme	• 5 %
• Troubles dépressifs	• 5 %
• Schizophrénie	• 1 %
• Troubles dépressifs	• 12 %
• Troubles anxieux	
– Phobie simple (spécifique)	• 4,3 %
– Stress post-traumatique	• 3,6 %
– Phobie sociale	• 2,1 %
– TAG	• 2,8 %
– TOC	• 2 %
– Agoraphobie	• 4,7 %
– Trouble panique	• 1 %

TAG : trouble anxieux généralisé ; TOC : trouble obsessionnel-compulsif.

Des chiffres voisins ont été trouvés en France[11] en ce qui concerne les troubles anxieux et la dépression. En Europe, la dépression atteint en moyenne 10 % de la population générale sur la vie, avec quelques différences entre pays. En France, le taux de dépression *déclarée* a été multiplié par sept entre 1970 et 1996 ; il est de 9 % sur six mois et c'est le deuxième en Europe après le Royaume-Uni (9,9 %). Il est plus élevé chez les personnes inactives (chômage ou maladie), à faibles revenus, peu éduquées, divorcées ou séparées. Quarante pour cent des déprimés n'ont pas conscience de l'être et ne cherchent pas d'aide[3]. Ces chiffres suggèrent qu'une politique maximaliste de santé mentale serait un gouffre financier. Ce point est à nuancer, car la sous-déclaration de la dépression à une époque où elle était mal diagnostiquée peut rendre compte, pour une part, de cette augmentation.

Bien que les statistiques sur le suicide n'échappent pas à la critique, car il existe une sous-déclaration du suicide dans certains pays, elles apportent, elles aussi, de mauvaises nouvelles. En 1994, la France tenait le quatrième rang en Europe. En 1997, le suicide des jeunes était en nette progression dans notre pays[8]. On peut établir une relation avec le taux élevé de chômage chez les jeunes, mais plusieurs facteurs économiques, culturels et psychologiques semblent se conjuguer pour expliquer cette augmentation.

FACTEURS ÉCONOMIQUES ET TROUBLES PSYCHOLOGIQUES

Les facteurs économiques sont à prendre en considération dans l'augmentation de la demande psy. Il a été démontré, aux États-Unis, que la pauvreté était associée à un risque deux fois plus important d'épisode psychiatrique[12]. Un autre travail épidémiologique, effectué en Angleterre, a montré que la pauvreté et le chômage accroissaient la durée des épisodes de troubles psychiatriques, mais ne participaient pas à leur déclenchement. En revanche, être sous contrainte financière était un facteur à la fois de déclenchement et de durée[20].

La contrainte financière dans cette étude a été évaluée grâce à une échelle subjective, comportant trois questions, qui ont été posées à 10 000 personnes appartenant à des classes sociales diverses.

Les troubles psychologiques restent souvent latents dans la population et n'atteignent pas toujours un degré de gravité qui entraîne une recherche de traitement. Ils pourraient constituer les marqueurs d'une réaction négative au climat économique, social et culturel ambiant. Parmi ces troubles, les plus réactifs sont sans

Échelle de contrainte financière subjective (Weich et Lewis, 1991)

Comment diriez-vous que vous vous en sortez financièrement, en ce moment :
— Je vis confortablement et tout va bien ?
— Je m'en sors tout juste ?
— C'est difficile ou très difficile ?

aucun doute les troubles anxieux, la dépression et les toxicomanies, pour lesquels le taux de consultation semble être un baromètre du climat particulièrement bon.

STRESS SOCIAL ET DÉSTABILISATION

On le sait maintenant, le stress est une réponse non spécifique de l'organisme aux contraintes exercées sur lui par l'environnement. Il représente l'état d'un organisme dont le bien-être est menacé et qui n'a pas de réponse immédiate pour réduire cette menace. Sa prolongation conduit à l'anxiété, puis à la dépression.

Chez l'homme primitif, le syndrome d'alarme ou la réponse de fuite, de combat ou d'immobilisation avait une valeur de survie. Cette réponse a lieu encore chez l'homme moderne, en présence de situations de contrainte qui interdisent le combat ou la fuite. L'immobilisation serait plutôt la règle. L'inhibition de l'action, l'anxiété et la dépression en sont les conséquences. La civilisation, ainsi, oblige l'individu à adopter d'autres stratégies que la loi de la jungle. Plusieurs chercheurs ont ainsi pu soutenir que la dépression et l'inhibition de l'action qu'elle entraîne seraient une forme d'adaptation à une situation de contrainte contre laquelle il est vain de lutter. De là proviendrait une souffrance psychologique et physique.

On distingue généralement trois types de stress :

1. ***Le stress physiologique*** qui correspond aux phénomènes hormonaux, neurologiques et tissulaires qui peuvent déclencher ou créer des maladies physiques.

2. ***Le stress psychologique***, c'est-à-dire l'appréciation subjective d'une situation comme stressante, appréciation qui va entraîner les réponses physiologiques. Le stresseur est vécu comme une menace en fonction de la signification de la situation pour un individu à un moment donné et également en fonction des caractéristiques émotionnelles de chaque individu.

3. ***Le stress social***, qui provient de la rupture d'une unité sociale (couple, famille) ou d'un système social. Facteurs génétiques et histoire individuelle modulent les processus d'ajustement. Ils favorisent, ou non, la « résilience[6] », soit la capacité à rebondir face à des événements catastrophiques. La persistance de structures familiales stables et solides semble ainsi tempérer les effets de la crise et du chômage.

VULNÉRABILITÉ GÉNÉTIQUE ET VULNÉRABILITÉ HISTORIQUE

Des difficultés économiques provoquent un début de dépression chez la plupart des gens, à condition, toutefois, qu'une série d'événements négatifs (entre 2 et 6) s'enchaînent rapidement sur une année. Ces événements sont d'autant plus susceptibles de se produire que la personne concernée est démunie socialement. On pourrait objecter que la personnalité de chacun participe à la création du malheur — on parle alors de vulnérabilité génétique individuelle —, mais, si l'on examine deux enquêtes statistiques anglaises[7], il apparaît que les facteurs génétiques de personnalité entrent pour moins de 50 % dans la décompensation psychique : le reste est expliqué par l'histoire individuelle et les événements récents.

Il existerait donc deux types de vulnérabilité : la vulnérabilité génétique et la vulnérabilité historique, lesquelles peuvent conduire à la déstabilisation psychologique du fait de la répétition d'événements défavorables, en particulier socio-économiques. Le schéma

Le modèle stress-vulnérabilité des troubles psychologiques

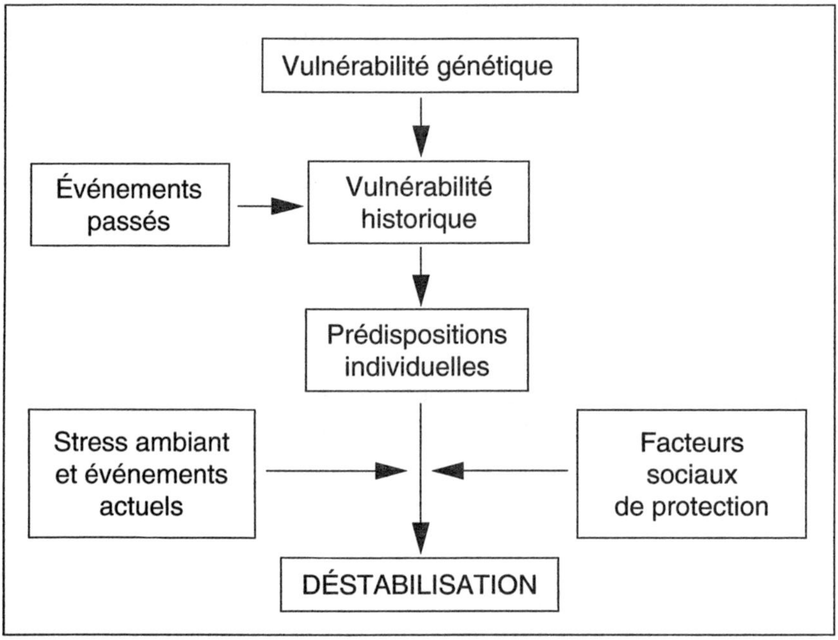

ci-dessus résume les processus de déstabilisation selon le modèle classique de « stress-vulnérabilité ».

Le fait de disposer d'un soutien familial ou social paraît crucial dans le développement de capacités d'adaptation. Une des raisons du faible taux de suicide en Italie, Espagne, Portugal et Grèce[8] résiderait d'ailleurs dans la persistance de structures familiales qui offrent un cadre et un appui.

Le tableau ci-dessus présente les processus d'ajustement au stress décrits par les chercheurs[5]. Toute personne qui a subi une expérience stressante (c'est-à-dire tout le monde !) peut ainsi voir quels moyens d'adaptation elle a utilisés préférentiellement.

Les interventions psychothérapiques sont recherchées actuellement parce que chacun se rend responsable de ce qui lui arrive — ce qui peut être vrai en partie, ou pas du tout. C'est dans ce retour sur soi que survient la crise d'identité et la recherche de soi.

Les moyens personnels d'adaptation aux stresseurs

Adaptation centrée sur le problème

— Résolution : « J'ai examiné toutes les solutions et cherché à résoudre le problème. »

— Esprit combatif : « J'ai accepté de me confronter au problème. »

Adaptation centrée sur l'émotion

— Prise de distance et minimisation : « C'est comme si rien ne s'était passé. »

— Réévaluation positive : « J'en suis sorti plus fort. »

— Autoaccusation : « C'est moi qui ai créé le problème, c'est ma faute. »

— Fuite et évitement : « J'ai voulu oublier en mangeant, en buvant, en fumant, en prenant des drogues, en avalant des médicaments. »

— Recherche d'un soutien social : « J'ai demandé de l'aide à mes proches ou à des professionnels de santé. »

— Maîtrise de soi : « Je n'ai pas réagi trop vite. »

LES PARADOXES DE LA GLOBALISATION

Notre époque voit un désordre nouveau remplacer peu à peu un univers en apparence stable. Cette mutation stimule l'anxiété concernant le « soi ». À un monde fixe où Dieu, les hommes et les lois qui les dirigent étaient à leur place, se substitue un espace flou où chacun a l'impression à la fois d'être libre et sans limites, tout en étant manipulé par des forces qui le dépassent. Ce paradoxe a un effet d'autant plus pernicieux qu'il s'exerce dans une relation de pouvoir qui empêche de le décoder et surtout d'y échapper, car s'y soustraire revient souvent à se placer en dehors du cercle magique de l'économie de marché.

Il est possible ainsi d'isoler une douzaine de contradictions qui sont à la base du pessimisme ambiant. Celles-ci reflètent l'écart entre le développement scientifique et technique et l'usage qui en est fait, entre le surdéveloppement des sciences et des techniques et le sous-développement de la sagesse et de l'art de vivre. Ces contradictions se formulent dans des énoncés qui affirment un idéal et le nient aussitôt. Voici une anthologie des plus actuelles.

Douze paradoxes quotidiens

1. « Vous êtes libre, mais vous n'en avez pas les moyens. »
2. « La créativité est essentielle pour l'humanité, mais plus l'humanité avance, plus la bureaucratie tient le pouvoir. »
3. « Vous êtes libre, mais vous faites ce que l'on vous dit de faire. »
4. « La personne humaine est la valeur suprême, mais d'autres impératifs passent avant (la société, la mondialisation, etc.). »
5. « La vérité et la justice sont fondamentales, mais il vaut mieux y renoncer. »
6. « La société est faite d'égaux, mais si on n'est pas au-dessus, on n'est presque rien. »
7. « La société est là pour protéger les faibles, mais les faibles doivent d'abord s'aider eux-mêmes. »
8. « La science peut tout, mais son utilisation conduit à des catastrophes écologiques. »
9. « La religion est là pour rassembler les gens, mais elle les conduit à se détester. »
10. « La violence est sans issue, mais mieux vaut écraser les autres que s'écraser. »
11. « Les apparences sont trompeuses, mais mieux vaut paraître que n'être rien. »
12. « La société est sortie de la jungle, mais elle y retourne avec le progrès. »

De nombreuses autres situations paradoxales sont vécues au quotidien. Un employeur demande une expérience professionnelle pour obtenir un travail, alors que le demandeur d'emploi demande un travail pour avoir une expérience professionnelle. On demande d'accroître la qualité des soins dans les hôpitaux tout en diminuant le temps de travail, le nombre des soignants et en augmentant le poids du travail administratif. D'où notamment le départ des psychiatres vers le secteur privé, l'exil des chercheurs français en psychiatrie vers l'Eldorado des pays plus dynamiques ou encore des défections pour l'univers féerique et impitoyable des firmes pharmaceutiques. Une telle situation appauvrit globalement le service public. Bientôt Molière risque d'avoir raison : il vaudra mieux mourir selon les règles du système de soins que de survivre contre lui. Autre situation paradoxale très fréquente dans les secteurs dits sensibles : la dissociation entre les lois, les règlements et leur application. C'est notamment l'histoire d'Aline, écoutons-la.

Le règlement et son contraire : Aline et son bus

Aline est chauffeuse de bus. Elle a subi plusieurs agressions. Une fois sa porte a été cassée à coups de batte de base-ball. Une autre fois, elle a reçu des crachats en plus des insultes habituelles. Elle s'en est bien sortie et a été capable de prendre de la distance. Aujourd'hui, la mesure est comble. Sur sa ligne, de jeunes passagers s'en prennent à elle, car elle applique le règlement qui dit de ne pas attendre les retardataires qui arrivent de loin et de ne pas arrêter le bus chaque fois que quelqu'un le demande. D'ailleurs, si elle arrête le bus en dehors des arrêts réglementaires, elle est responsable des accidents qui pourraient en résulter. Aline a beau faire quelques exceptions, ces jeunes passagers lui ont dit qu'ils auraient sa peau et ils se relaient pour l'insulter et la menacer. Dans l'entreprise, on lui a répondu qu'elle était « trop rigide psychologiquement ». En fait, Aline est surtout une personne qui a eu une histoire personnelle difficile, ce qui l'a rendue plus sensible aux situations de violence et d'injustice. Placée sous la contrainte d'avoir à appliquer un règlement et son contraire, elle ne peut que s'arrêter de travailler, car elle est en train de développer une réaction de stress post-traumatique (nous la retrouverons au chapitre IX de ce livre).

Devant cette histoire, malheureusement banale, on pense au film *Catch-22* de Mike Nichols (1970), tiré d'un roman de Joseph Heller. Il raconte sur un mode burlesque l'histoire d'une escadrille de pilotes américains durant la Seconde Guerre mondiale.

Le supposé « article 22 » du code militaire qui donne son nom au film s'énonce ainsi : « Les fous ne peuvent pas faire la guerre et doivent être réformés, mais comme il faut être fou pour prendre le risque de se faire tuer, les fous seront donc envoyés à la guerre. »

TROIS SOLUTIONS AUX TENSIONS PARADOXALES

Trois solutions principales sont utilisées spontanément pour résoudre les tensions paradoxales actuelles. En cas d'échec, elles conduisent, assez souvent, chez le psy.

La solution dépressive

Agir ou ne pas agir, appliquer les règles ou ne pas les appliquer, revient au même. En conséquence : autant ne rien faire. C'est une situation qui a été baptisée « impuissance apprise » ou « résignation apprise » en psychologie expérimentale. Elle est très fréquemment à l'origine de réactions de stress et de dépression. De nombreuses études ont montré que ce style cognitif négatif face à l'échec permettait de prédire le déclenchement d'un état dépressif en cas d'événements négatifs incontrôlables induisant de l'anxiété. Inversement, un style cognitif optimiste préalable immunise contre la dépression, car le sentiment de contrôle personnel sur sa vie est conservé[1, 17, 19]. La résilience serait donc la résultante à la fois de l'intensité des événements vécus et de traits de personnalité.

Le repli sur soi et l'égolité

Le développement de l'égocentrisme comme valeur essentielle de la société actuelle est une constatation banale. La généralisation des attitudes psychothérapiques et la mise en spectacle de la souffrance psychologique dans les médias en sont des symptômes, tout comme la multiplication des slogans faussement personnels. « Plus pour vous... Plus près de vous... *Only you...* Vous qui êtes différent... Vous qui êtes unique, l'unique... Vous qui êtes un autre... Personne ne passera plus sans vous voir... » Le culte du moi que j'appellerai l'« égolité » est le propre de la culture du narcissisme qui émerge dans les années 1960[10]. Dans la mesure où l'action collective, ou la notion même d'intérêt général, décline, le culte du moi et le repli sur soi prennent le pouvoir. Ce culte peut trouver une de ses issues dans la psychothérapie. Le boom des psychothérapies de tous types dans les années 1960-1970 aux États-Unis en témoigne : il a correspondu à la libération du corset puritain de l'après-guerre et s'est traduit dans divers mouvements de thérapies dites californiennes. On a parlé alors de la *Me Generation*. Cette vogue a atteint notre pays une vingtaine d'années plus tard.

L'égocentrisme est une manière de redonner une cohérence à un monde qui n'en a plus. Devant une situation paradoxale, le citoyen peut se mettre, lui aussi, à agir de manière paradoxale et humoristique. Sa maxime favorite pourrait être celle de Joseph Prud'homme : « Ce sabre est le plus beau jour de ma vie, il m'a été donné pour défendre les institutions et au besoin pour les combattre. » Le « chacun pour soi » est une manière de résoudre les paradoxes par l'anarchisme individualiste. Le monde est peut-être sans foi, ni loi, mais il n'est pas sans moi. Que reste-t-il de soi ? Des numéros : de cartes de crédit de portable, de Sécurité sociale, un chiffre dans des bases de données, souvent vendues à des agences de marketing. Et si l'engouement pour la psychothérapie était la revanche des numéros ?

La solution agressive et la recherche d'identité

Plus la société avance, plus la bureaucratie sous toutes ses formes augmente et plus la violence s'accroît ; plus la violence s'accroît et plus la bureaucratie trouve de justifications. L'impulsivité des uns répond au contrôle des autres, si bien que les deux camps, avec des règles du jeu aussi différentes, ne peuvent plus que se rencontrer dans la haine. Les phénomènes de terrorisme, tout comme ceux des gangs de rue, aboutissent à créer une identité nouvelle qui se forge dans la violence en commun contre un autre groupe, une autre classe sociale, un autre pays, une autre religion.

Si l'on examine l'attentat contre les Twin Towers du 11 septembre 2001, on peut observer que ce sont des bureaux, et la bureaucratie qui ont été attaqués en priorité. Un officiel américain a fait observer que cet attentat était « *low in technology, but high in concept* » (« d'une technologie faible, mais d'une conception élevée »). On ne peut définir mieux la créativité, même si, en l'occurrence, elle est perverse. La réciproque est vraie : la bureaucratie d'État et la bureaucratie économique privée font preuve d'une technologie élevée, mais leur rendement en concepts novateurs est faible.

La dérive de l'imagination et de la créativité dans la violence, virtuelle ou réelle, est une des marques de notre époque. Dans la mesure où un nombre important d'individus sont dans une situation d'échec qu'ils jugent sans issue, la violence et la délinquance deviennent une stratégie d'adaptation et de lutte antidépressive permettant une nouvelle identité, héroïque et défiant le système.

Cette nouvelle donne aboutit à créer d'une part des victimes que les psys doivent traiter et, d'autre part, des agresseurs qu'ils doivent également examiner et qu'on leur donne parfois à traiter, alors qu'aucune étude sérieuse n'a encore prouvé que la psychiatrie était à même de soigner les comportements antisociaux les plus graves[18]. La société se décharge sur les psys de ses problèmes et fait ainsi l'économie d'un examen critique de ses fins et de ses moyens, examen qui pourrait conduire à la définition d'une réponse sociale adéquate.

DÉFICIT PROGRAMMÉ DES EGO ET SYSTÈME ÉCONOMIQUE

Tous les individus ont un ego, mais certains ont plus d'ego que d'autres. L'égolité se moque de l'égalité et le frottement dur des ego entre eux aboutit aux ruptures des unités sociales (couples, familles, équipes de travail, groupes sociaux) et provoque des crises individuelles et collectives. Vivre en couple ou en famille n'est plus une condition nécessaire à la survie économique de l'individu ; le travail est moins valorisé que le loisir, l'effort et la culture moins que les paillettes et le strass. L'inflation du taux des divorces, après la Seconde Guerre mondiale aux États-Unis, puis en Europe, est parallèle au développement économique et à l'égocentrisme généralisé : il atteint aujourd'hui la Chine du Sud au fur et à mesure qu'elle s'enrichit.

Alors survient un malaise au détour d'un événement de vie pénible et s'enclenche une batterie de questions : « Pourquoi suis-je moi ? Suis-je coupable ? Pourquoi ne pas faire un bilan et changer ? La thérapie va me donner la réponse. Je suis celui qui adviendra dans et par la thérapie. Le thérapeute va non seulement panser mes plaies, mais aussi me révéler à moi-même. » L'individu souffrant part à la recherche de soi. Ou à la recherche d'un groupe qui lui donnera une nouvelle identité.

Certes, le système a besoin du déficit des ego pour faire fonctionner la machine économique : la consommation fabrique du désir en montrant que quelque chose vous manquera toujours, pour être une femme ou un homme parfait. Le sentiment d'incomplétude, devenu monnaie courante, fait recette. Il peut entraîner, selon les individus, leur histoire et les lieux où ils vivent, soit une agressivité antisociale intense, soit la recherche de soi dans une psychothérapie.

LES PSYS SONT DÉBORDÉS

La remise en cause de soi plutôt que du système social, la solitude ou encore le rejet hors du cercle magique de l'autosatisfaction sont souvent des facteurs d'entrée en thérapie. Une de mes patientes disait ainsi : « Vous êtes le seul ami payé par la Sécurité sociale. » La courbe du chômage suit celle de la demande de psychothérapie, depuis le premier choc pétrolier jusqu'à aujourd'hui.

Les psys qui ont commencé leur carrière dans les années 1970 étaient, à cette époque, peu nombreux et rarement débordés. Il existe 12 500 psychiatres en France, soit deux fois plus qu'en Angleterre pour le même nombre d'habitants. Malgré ce chiffre imposant, jamais les listes d'attente n'ont été si longues. On peut y voir un effet conjugué de la crise d'identité, qui accroît la demande, et d'un système de soins de moins en moins adapté.

LE TONNEAU DE DANAÏDES

Le paiement à l'acte induit de toute évidence un effet pervers. Plus un psy travaille vite, plus il gagne de l'argent. En même temps, plus il travaille vite et moins il a de chances d'améliorer son patient. On dirait, en langage « psy », que le psy est renforcé à travailler mal. Un entretien superficiel ne permet pas un diagnostic exact. Une séance de thérapie trop brève n'abordera pas le noyau central des problèmes : il faut du temps pour comprendre et du temps pour déterminer les actions positives que le patient peut mettre en œuvre. La plupart des systèmes de psychothérapie recommandent des séances de trois quarts d'heure à une heure.

De ce fait, bon nombre de patients suivis ne vont pas mieux. Ils multiplient les consultations d'un quart d'heure, sans résultat, et restent très longtemps pris en charge — ce qui accroît encore les délais d'attente. Et, à cause de ces délais d'attente, un certain nombre d'autres patients risquent de se suicider, car ils ne sont ni diagnostiqués ni traités. Ils seront hospitalisés — ce qui va immobiliser du temps psy, ce qui accroîtra encore les délais d'attente, etc.

Il est évident que la montée du taux de suicide a des causes complexes et qu'on ne peut la relier automatiquement à la crise économique ou l'attribuer entièrement au déficit en « temps de psys ». Il n'en reste pas moins que ce chiffre est troublant et que l'obsolescence du système français pourrait en être une des causes.

Qui a donc intérêt à un tel système ? Ni les patients ni le tiers-payant. Certains psychiatres s'en félicitent — un collègue m'a ainsi fait remarquer qu'étant donné ses capacités et son intelligence, il pouvait voir un patient en moins d'une demi-heure, alors que j'y passais laborieusement une heure —, mais, dans les faits, la plupart des psys ne sont pas heureux de ce système qui est de plus en plus incontrôlable.

UN MYTHE GRANDI PAR LA CRISE

L'évolution de la société semble aujourd'hui révéler ce qui était caché ou toléré jusque-là, et les réponses proposées ne sont plus suffisantes. Il serait faux d'affirmer que tout est social en matière de problèmes psychologiques, mais il est certain que le stress social transformera une personne avec une prédisposition génétique bien compensée en une personne souffrante. Cette souffrance et le handicap qui en résulte la feront entrer sans difficulté dans les classifications actuelles de la psychiatrie moderne qui comptent plus de deux cents catégories différentes[2, 16]. Cette personne souffrante va alors consommer du « temps de psy », à condition d'en trouver un de disponible et qu'elle puisse le payer. Avec six millions de personnes qui, selon le Conseil de santé, s'appauvrissent progressivement, dans notre pays, les psys qui travaillent dans le service public sont très demandés. La quête d'un thérapeute à la fois remboursé et efficace représente un véritable « parcours du combattant » comme le disent, avec raison, les associations de patients...

Renforcée par les stéréotypes sociaux qui auréolent une profession, tout en l'entourant parfois d'une odeur de soufre, l'attente imaginaire d'un bon pouvoir psy, capable de transformer les choses de la vie, va pouvoir exercer tous ses effets. Certes, cette image existe depuis qu'il y a des psys, et le triomphalisme de toutes les écoles de psychothérapie (sans exception), leurs singularités et parfois leurs mystères participent à cette idéalisation qui séduit le marché inépuisable de la culpabilité et du mal-être, mais la crise actuelle a encore amplifié le phénomène.

LE TRIANGLE DE LA RECHERCHE DE SOI

Pour simplifier, on peut figurer la recherche de soi sous la forme d'un triangle composé de trois thèmes, qui se manifestent tantôt isolément tantôt ensemble, sur un mode mineur ou majeur.

Ces trois thèmes correspondent à l'air du temps et chacun d'eux peut se rencontrer aussi bien chez un individu peu perturbé, mais qui a des difficultés à faire face aux événements de sa vie, que dans les catégories traditionnelles de la psychiatrie. En outre, chacun de ces thèmes reprend en écho les questions que se pose la société actuellement.

— ***Le thème de la trahison de soi*** renvoie aux buts de la société d'aujourd'hui : qu'est-ce qui permettrait d'être satisfait de son fonctionnement ? Qu'est-ce qui permettrait de dire qu'une personne a réussi ? Où sont les valeurs ?

— ***Le thème de la prison de soi*** renvoie aux limites que s'imposent les personnes anxieuses et pose aussi le problème des limites fixées par la société à chacun de nous : quelles sont les inhibitions qui empêchent les changements nécessaires ? Pourquoi la soumission ? Et à qui se soumettre ?

— ***Le thème de l'identité,*** enfin, pose le problème de l'absence de repères individuels et collectifs. Pourquoi tant de gens doutent-ils à ce point de leur identité dans une société qui est censée leur permettre de la trouver ? La violence est-elle la quête d'une identité nouvelle ? Ne renvoie-t-elle pas le plus souvent à la constitution d'une identité groupale de rechange parfois marginale et violente ?

Le triangle de la recherche de soi

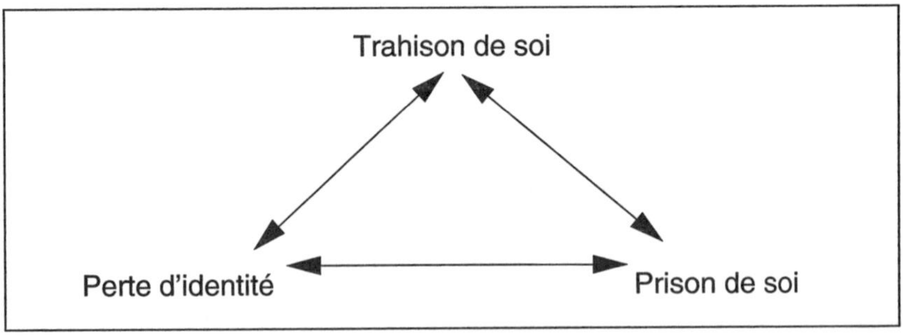

CONCLUSION : TROIS QUESTIONS EN QUÊTE DE RÉPONSES

La crise psychologique actuelle de l'ego est sans aucun doute le reflet du surdéveloppement de la société occidentale qui donne pour horizon à chacun d'entre nous la réalisation de soi en dépit des autres et des circonstances. À terme, cette philosophie qui risque de se transmettre de génération en génération peut déboucher sur une nouvelle société avec d'autres groupes structurants que la famille traditionnelle et des attitudes ou des stratégies adaptatives nouvelles. Pour le moment, toutefois, ces nouveaux repères sont peu visibles. Pris dans l'accélération de l'Histoire, l'individu se sent mal à l'aise et recourt au psy. L'exemple le plus fréquent est l'accumulation des divorces et des dépressions en chaîne. Parfois ce sont les deux parents et tous les enfants qui se retrouvent chacun chez un psychothérapeute différent avec, en plus, un traitement pharmacologique pour colmater les brèches de la rupture.

Heureusement, la critique et le retour sur soi constituent un moment négatif, lequel précède souvent le retour du goût de vivre et des moyens d'agir.

CHAPITRE II

La perte de l'identité

« Gainsbarre se bourre, Gainsbourg se barre. »
Serge GAINSBOURG

« Dites-moi qui je suis »… « Un jour, je me suis perdue et je veux me retrouver »… « Je viens vous voir pour me retrouver »… Ces phrases, si souvent entendues en thérapie, renvoient à l'inquiétude ou la certitude de ne plus être soi. Elles rappellent aussi l'angoisse sur laquelle s'ouvre le roman de Franz Kafka, *La Métamorphose* : « Lorsque Grégoire Samsa s'éveilla un matin, au sortir de rêves agités, il se trouva dans son lit métamorphosé en un monstrueux insecte… Qu'est-il advenu de moi, pensa-t-il ? » Sans atteindre une telle intensité, ce sentiment de perte d'identité accompagne différents troubles psychologiques. À la base, il reflète un dysfonctionnement momentané de la mémoire autobiographique et de l'image du corps, toutes deux supports de l'identité.

L'ÉTRANGETÉ DE SOI ET DU MONDE : DÉPERSONNALISATION ET DÉRÉALISATION

Certaines modifications biologiques peuvent être à l'origine d'une expérience de dissociation conduisant à s'interroger sur soi-même — qu'on pense à l'épilepsie temporale, l'alcool, la prise de drogues ou de médicaments comme la cortisone. Toutefois, l'expression « troubles dissociatifs » est de préférence réservée aux perturbations du sens de l'identité qui sont liées à des difficultés psychologiques ou à un traumatisme[8]. Ces perturbations se rencontrent dans certains troubles anxieux, mais surtout dans les troubles de la personnalité multiple ou de la personnalité borderline.

Sous leur forme brève, les expériences de dépersonnalisation et déréalisation sont fréquentes, puisqu'elles touchent entre 2 et 20 % de la population générale[2]. Le sentiment le plus fréquemment rapporté est celui du détachement par rapport à son propre corps, qu'on observe de l'extérieur. La déréalisation, ou sensation d'étrangeté face au monde extérieur, y est souvent associée. D'autres impressions, apparemment plus banales, sont tout autant révélatrices : sensation que son corps est plus lourd ou plus léger que d'habitude ; sentiment de déjà vu (quelque chose qui a lieu pour la première fois semble être la répétition d'un événement passé) ou, au contraire, sentiment de jamais vu (on croit voir un paysage ou rencontrer quelqu'un pour la première fois, alors qu'en réalité on les connaît depuis longtemps).

ANXIÉTÉ, STRESS ET DISSOCIATION

Le phénomène de dissociation est présent dans de nombreux états anxieux. En particulier, les personnes souffrant d'attaques de panique parlent volontiers d'un sentiment d'étrangeté par rapport à leur propre corps ou d'une modification de leur image dans le miroir. Elles relatent aussi une modification de la perception de l'espace, due notamment à un effet zoom — il peut s'agir de zoom avant (les objets ou les personnes apparaissent plus grands qu'ils ne le sont en réalité), ou de zoom arrière (quand ils apparaissent plus petits). Certains patients ont ainsi l'impression que leur corps rétrécit et qu'ils ne peuvent plus, par exemple, atteindre les pédales de leur voiture, d'où leur peur de conduire. D'autres ont l'impression de chuter dans le vide ou d'être perdus dans le temps. Une agoraphobe me racontait ainsi qu'elle avait l'impression de passer de l'autre côté, dans un autre monde, une sorte d'univers parallèle duquel elle revenait ensuite. Elle avait même eu, une fois, le sentiment de m'y avoir entraîné avec elle...

Dans certains cas d'obsessions-compulsions, aussi, l'inquiétude peut prendre la forme d'un doute sur sa propre existence ou sur l'existence du monde. C'est le cas de Roland. Écoutons son histoire.

Roland : vertiges de la mort

Roland, 35 ans, présente parfois des crises, qu'il appelle « crises de dépersonnification ». Brusquement, il se met à douter de la réalité du monde, ce qui fait naître une très grande angoisse chez lui, et il doit entamer une série de rituels compliqués pour tenter de restaurer l'existence du monde. À d'autres moments, il a le sentiment pénible que lui-même n'existe plus, et il doit se lancer dans d'autres rituels. Il a ainsi eu un jour l'impression, dans un trajet en autobus, que sa main fusionnait avec une poignée en plastique et traversait la matière.

Le postulat qui guide les rituels de cet homme est toujours le même : « Pour que le monde dans lequel je vis soit réel, il faut que j'en démontre l'existence. » Dans la vie, Roland exerce avec talent un métier scientifique et s'intéresse à la physique théorique et aux mathématiques. Ses crises de doute semblent correspondre à la vérification que le monde autour de lui est conforme à celui de son enfance. C'est la continuité de sa propre existence dans un univers stable qui est en jeu, sa peur fondamentale étant celle de mourir et de tomber dans le néant. Les rituels qu'il exécute sont une tentative magique pour contrôler la pensée de la mort. Au cours de la thérapie cognitive que nous avons menée ensemble, Roland a réussi à rattacher l'origine de ses angoisses à la mort prématurée de sa sœur dans un accident alors qu'il avait 19 ans.

Autre cas de figure possible : le sentiment de dissociation ressenti est lié à une situation stressante mettant en jeu la vie d'un individu, comme dans le cas du stress post-traumatique, et on a baptisé ce type de sensation *Near Death Experience* (NDE), ou « expérience de mort proche ». On a constaté qu'on retrouvait cette sensation de dissociation dans deux tiers des récits de victimes de stress post-traumatique. C'est ainsi qu'un braquage réel pourra être pris pour une farce jouée par des amis qui auraient mis un masque pour l'occasion ou que les témoins fuiront cette épreuve en se disant qu'il s'agit du tournage d'un film. Signalons que l'existence d'un épisode important de dissociation lors d'une expérience traumatique annonce un cas difficile à traiter, car les structures fondatrices de l'identité et les catégories du temps et de l'espace sont ébranlées. On parle alors de fragmentation du moi[9].

DU NORMAL AU PATHOLOGIQUE

Présent dans les troubles anxieux, le sentiment de dépersonnalisation-déréalisation est aussi un phénomène banal, sans gravité, dont chacun de nous peut faire l'expérience dans sa vie. Il correspond alors à une illusion momentanée, rapidement corrigée par le retour des processus rationnels. Il arrive même qu'il se produise à la faveur d'un événement heureux. L'actrice Macha Méril a ainsi raconté comment elle avait vécu un « zoom avant » lors d'un coup de foudre pour un homme qui l'avait particulièrement impressionnée.

Dans sa forme chronique, en revanche, la dépersonnalisation-déréalisation doit être définie comme un trouble isolé dont les critères sont désormais répertoriés[1]. Dans ce genre de cas, on trouve fréquemment des antécédents de traumatismes émotionnels provoqués par des adultes durant l'enfance. Ces traumatismes peuvent être des cris ou des menaces de mort pour l'enfant ou bien des menaces de suicide de la part des adultes[13].

Dans une étude détaillée portant sur 204 cas de dépersonnalisation[2], on a constaté que les difficultés étaient apparues

Trouble de la dépersonnalisation (DSM-IV)

A. Expérience prolongée ou récurrente d'un sentiment de détachement et d'une impression d'être devenu un observateur extérieur de son propre fonctionnement mental ou de son propre corps (par exemple sentiment d'être dans un rêve).
B. Pendant l'expérience de dépersonnalisation, l'appréciation de la réalité demeure intacte.
C. La dépersonnalisation est à l'origine d'une souffrance cliniquement significative ou d'une altération du fonctionnement social, professionnel ou dans d'autres domaines importants.
D. L'expérience de dépersonnalisation ne survient pas exclusivement au cours de l'évolution d'un autre trouble mental, comme la schizophrénie, le trouble panique, l'état de stress aigu ou un autre trouble dissociatif, et n'est pas due aux effets physiologiques directs d'une substance (par exemple une substance donnant lieu à abus, un médicament) ou d'une affection médicale générale (par exemple l'épilepsie temporale).

autour de 22 ans et persistaient depuis. Dans la population étudiée, 71 % des sujets présentaient les critères de dépersonnalisation primaire, mais ce trouble était souvent associé à d'autres difficultés : dépression, troubles anxieux, obsession, agoraphobie et, plus rarement, troubles bipolaires, schizophrénie, prise de drogue et d'alcool. Le trouble était, en outre, légèrement plus fréquent chez les hommes que chez les femmes. Si on ne trouvait qu'un taux assez faible d'abus dans l'enfance (environ 14 %), il existait, en revanche, souvent un problème psychiatrique antérieur dans la vie du sujet ou de sa famille. En l'occurrence, la majorité des sujets de l'étude se plaignait d'attaques de panique.

Freud et l'inquiétante étrangeté

Un stress, même modéré, suffit à déclencher des troubles où les coordonnées spatio-temporelles et le sens de l'identité personnelle sont momentanément interrompus. Sigmund Freud[8], dans « L'inquiétante étrangeté », décrit un événement de ce type. Alors qu'il était dans le compartiment d'un wagon-lit, le train a subi une très forte secousse pouvant faire croire à un accident grave. La porte du compartiment s'est alors ouverte et le père de la psychanalyse s'est d'abord demandé quel était ce vieillard grognon en robe de chambre qui entrait dans son compartiment, avant de se rendre compte, au bout de quelques secondes, qu'il s'agissait de sa propre image dans la glace...

RENAUD OU RENARD ? LES PERSONNALITÉS MULTIPLES

La forme la plus grave de dissociation est sans conteste la personnalité multiple où l'identité se trouve fracassée en éclats multiples comme ceux d'un miroir. Si l'expression de « trouble dissociatif de l'identité » prévaut désormais dans la classification internationale, la réalité recouverte est globalement la même. « Personnalité multiple » ou « trouble dissociatif de l'identité », il s'agit toujours d'un échec de l'intégration de différents aspects de l'identité, de la mémoire et de la conscience.

Les identités alternatives présentées par un même sujet ont fréquemment des caractéristiques variées et portent des noms distincts qui n'ont rien à voir avec l'état civil. Ce sont très souvent des personnalités hostiles, autoritaires, violentes à l'égard des autres ou bien contre elles-mêmes et suicidaires. Le passage d'une identité à l'autre serait déclenché par un stress psychologique et social ou par des abus subis dans l'enfance ou à l'âge adulte. Dans le monde, à l'heure actuelle, il y aurait environ 6 000 cas de personnalité multiple traités.

Un cas de personnalité multiple a été rapporté chez une femme de 31 ans qui avait eu une vie très difficile[6]. Celle-ci disait avoir été abusée par son oncle et par un étranger alors qu'elle avait 7 ans, même si, de son propre aveu, ces faits n'étaient pas très sûrs. Elle avait depuis toujours des problèmes émotionnels graves avec dépression, tentatives de suicide par médicaments, épisodes de convulsions. Outre qu'elle se sentait perdue dans le temps, elle présentait plusieurs autres manifestations de dépersonnalisation-déréalisation et une identité très éclatée. Cinq personnes cohabitaient, en effet, à l'intérieur d'elle-même : il y avait Joey, un garçon de 19 ans tranquille et sans histoire ; Ellen, 17 ans particulièrement vivante et extravertie ; Anna, une petite fille de 6 ans, qui avait été maltraitée sexuellement ; Jessie, un garçon de 9 ans, tout ce qu'il y a de plus agréable et, enfin, Kathryn, 3 ans, qui se remettait d'un coma. Chacune de ces personnalités était, aux dires même de cette femme, une part de sa propre personnalité.

La fréquence récemment signalée de ce trouble aux États-Unis a pu faire croire que les dissociations d'identité constituaient un syndrome propre à une culture donnée. Des chercheurs ont aussi soutenu que cette augmentation correspondait à des motivations utilitaires, certaines personnes cherchant à obtenir par ce biais des bénéfices, comme un verdict plus clément en cas de délinquance ou la possibilité de repasser un examen universitaire auquel on a échoué. Heureusement, des critères caractéristiques[1] ont été dégagés. Désormais, il faut qu'il existe deux ou plusieurs identités ou « états de personnalité » distincts. Chacune de ces personnalités doit posséder ses modalités propres de perception, de pensée et de relation avec l'environnement et soi-même et au moins deux de ces identités, ou « états de personnalité », doivent prendre tour à tour le contrôle du comportement du sujet, perturbant de façon massive les souvenirs autobiographiques. Enfin, la personnalité multiple ne doit pas prendre de drogues ou souffrir d'épilepsie.

Critères diagnostiques du trouble dissociatif de l'identité ou personnalité multiple (DSM-IV)

A. Présence de deux ou plusieurs identités ou « états de personnalité » distincts (chacun ayant ses modalités constantes et particulières de perception, de pensée et de relation concernant l'environnement et soi-même).
B. Au moins deux de ces identités ou « états de personnalité » prennent tour à tour le contrôle du comportement du sujet.
C. Incapacité à évoquer des souvenirs personnels importants trop marquée pour s'expliquer par une simple « mauvaise mémoire ».
D. La perturbation n'est pas due aux effets physiologiques directs d'une substance (par exemple, les trous de mémoire ou le comportement chaotique au cours d'une intoxication alcoolique) ou d'une affection médicale générale (par exemple les crises épileptiques).

N.B. : Chez l'enfant, les symptômes ne peuvent pas être attribués à des jeux d'imagination ou à l'évocation de camarades imaginaires.

DÉDOUBLEMENTS ET PERSÉCUTIONS

D'une certaine façon, tout homme est double, puisqu'il voit l'image de son propre corps dans le miroir[3], mais qu'advient-il quand ce double se transforme en persécuteur ? L'*héautoscopie*, ou « le fait de se voir soi-même », est l'illusion d'être en face de son double. Il s'agit d'un phénomène qui a été décrit dans des œuvres qui n'ont rien à voir avec la psychiatrie. On peut penser au poème de Musset, où il est question de la rencontre avec un jeune homme vêtu de noir « qui lui ressemblait comme un frère » ou à une nouvelle d'Edgar Poe, *William Wilson*, où le héros doit tuer son double. Maupassant qui souffrait de syphilis nerveuse a, lui, décrit le sentiment de persécution par son double dans *Le Horla*.

L'héautoscopie correspond à des perturbations qui se déroulent au niveau du lobe pariétal où se situe la représentation de l'image corporelle. Ce trouble peut correspondre à des manifestations épileptiques. On le rencontre aussi dans la schizophrénie, sous une forme positive : celle du double persécuteur. Ou sous une forme négative : le sujet ne se reconnaît plus dans le miroir ou ne voit rien à la place de son image dans le miroir.

L'absence de distinction entre soi et non-soi : la schizophrénie

La schizophrénie est une maladie caractérisée par la fragmentation de la personnalité. Souvent les patients expriment un vécu étrange : leurs propres pensées ou leurs propres actions sont directement soumises à l'influence de forces étrangères à leur propre personnalité. Le thème le plus fréquent est celui de l'influence à distance d'actes et de pensées par des dispositifs complexes liés au complot d'une organisation terrestre ou extraterrestre détentrice de pouvoirs quasi illimités. En fait, le délire manifeste essentiellement l'incapacité à différencier le soi du non-soi.

Des travaux ont été effectués pour analyser le fonctionnement du cerveau dans des épisodes de confusion. Ils ont établi que les schizophrènes ne distinguaient pas leur propre main dans le miroir d'une main virtuelle[7]. Ils n'arrivaient pas non plus à distinguer leur propre main d'une main ne leur appartenant pas et exécutant les mêmes mouvements[5]. Les données de l'imagerie fonctionnelle montrent que ce sont les régions pariétales inférieures qui sont impliquées dans la reconnaissance de son corps et la différenciation du corps de l'autre. Quant aux actions, qui correspondraient à une activation des régions pariétales du cerveau, plusieurs études ont établi que, chez des sujets qui confondaient leurs actes avec ceux d'une autre personne, on observait des activations anormales dans la région pariétale inférieure[14].

TROUBLES DE L'IDENTITÉ
ET CONFUSION DES IMAGES PERSONNELLES :
LA PERSONNALITÉ BORDERLINE

La personnalité peut se définir comme un ensemble d'actions et de réactions à l'environnement qui sont guidées par un système personnel de croyances concernant soi-même, le monde et l'avenir. C'est notre personnalité qui nous garantit notre identité, qui nous vaut le « ça, c'est bien vous » saluant une phrase familière, un geste mille fois répété ou une action que chacun attendait. Vu ainsi, on comprend que la destruction de la personnalité par des événements de vie, le stress, la maladie ou la perte de la mémoire rende étranger à soi-même et étrange aux yeux des autres.

Si l'identité a pour base la personnalité, la personnalité se fonde, elle, sur des schémas cognitifs qui se fixent après la formation du concept de soi. Voilà pourquoi on ne porte pas de diagnostic de trouble de la personnalité avant l'adolescence. La personnalité n'est pas encore stabilisée à ce moment-là : on ne reproduit pas les mêmes comportements, on ne ressent pas les mêmes émotions, on n'effectue pas les mêmes interprétations dans des contextes sociaux divers. Avoir de la personnalité, c'est se répéter, pour le meilleur ou le pire.

Pour mémoire, voici les dix grands types de personnalités existants. Parmi eux[1], l'un est particulièrement concerné par la question de l'identité. Il s'agit de la personnalité borderline, qui mêle anxiété, dépression, conduites impulsives, difficultés à être soi-même, dépersonnalisation et difficultés relationnelles constantes avec les autres.

Troubles de la personnalité (DSM-IV)

1. La personnalité paranoïaque est caractérisée par une méfiance soupçonneuse envers les autres dont les intentions sont interprétées comme malveillantes.

2. La personnalité schizoïde est caractérisée par un détachement des relations sociales et une restriction de la variété des expressions émotionnelles.
3. La personnalité schizotypique est caractérisée par une gêne aiguë dans les relations proches, par des distorsions de la perception et des conduites excentriques.
4. La personnalité antisociale est caractérisée par un mépris et une transgression des droits d'autrui.
5. La personnalité borderline est caractérisée par une impulsivité marquée et une instabilité des relations interpersonnelles, de l'image de soi et des affects.
6. La personnalité histrionique (hystérique) est caractérisée par des réponses émotionnelles excessives et une quête d'attention.
7. La personnalité narcissique est caractérisée par des fantaisies ou des comportements grandioses, un besoin d'être admiré et un manque d'empathie.
8. La personnalité évitante est caractérisée par une inhibition sociale, par des sentiments de ne pas être à la hauteur et une hypersensibilité au jugement négatif d'autrui.
9. La personnalité dépendante est caractérisée par un comportement soumis et « collant » lié à un besoin excessif d'être pris en charge.
10. La personnalité obsessionnelle-compulsive est caractérisée par une préoccupation pour l'ordre, la perfection et le contrôle.

INCONSCIENT COGNITIF ET PERSONNALITÉ

La technique mise au point par Beck, technique dite de la sonde cognitive, permet d'accéder aux pensées préconscientes. Elle consiste à demander aux patients de formuler les « pensées automatiques » qui leur viennent à l'esprit quand ils éprouvent une forte émotion au cours d'une séance de thérapie. À partir de cette pensée automatique, il est alors possible de remonter aux schémas cognitifs qui sont au fondement de la personnalité.

Les schémas cognitifs contiennent les thèmes psychologiques caractéristiques d'une personne, de ses émotions profondes et de ses sentiments vécus et exprimés. Localisés dans la mémoire à long terme et fonctionnant de manière automatique et donc inconsciente, ils servent à interpréter la réalité et à guider les actions. Plus précisément, ils sont situés dans la mémoire sémantique qui donne un sens au vécu personnel.

SCHÉMAS COGNITIFS INADAPTÉS ET TROUBLES DE L'IDENTITÉ

Parmi ces schémas, certains ont pu être reliés à des troubles précoces du développement. Ce sont les schémas qui ont trait à l'autonomie, aux capacités relationnelles, aux valeurs morales, aux limites et standards sociaux. Young[15] a proposé une classification de ces schémas en insistant sur le fait qu'ils se renforcent par des comportements répétés d'échec qui les justifient. Le questionnaire qu'il a mis au point explore six domaines : l'instabilité et la perte du lien avec autrui, le manque d'autonomie, le sentiment de n'être pas désiré, les limitations de l'expression de soi, les limitations de la capacité à se faire plaisir, le manque de limites sociales et, enfin, la transgression.

Menée grâce à l'échelle de Young[10, 11], l'analyse factorielle conduite sur plusieurs échantillons de sujets normaux et de sujets présentant des troubles de la personnalité aux États-Unis, en Australie, en France et au Portugal a permis d'observer que les schémas précoces inadaptés se regroupaient autour de quatre grands thèmes : perte des relations avec les autres (déconnexion) ; dépendance sociale (surconnexion) ; perfectionnisme (idéaux élevés, standards exigeants et capacité restreinte à se faire plaisir) ; autocontrôle insuffisant (ce dernier thème se retrouvant intimement lié aux trois précédents)[12].

De son côté, l'analyse statistique de la version française de l'échelle de Young, qui a été réalisée par mon équipe[10, 11], a montré que les personnes présentant un trouble de personnalité borderline avaient des scores significativement plus élevés que les sujets contrôles (étudiants de différentes universités et d'âge varié). Un score de 500 et plus à l'échelle de Young recoupait 97 % des troubles de personnalité borderline dans notre échantillon.

UN MANQUE DE LOGIQUE, DE CONTRÔLE ET D'INDÉPENDANCE ?

Une mesure plus simple que le questionnaire de Young a pu être élaborée pour évaluer les schémas précoces de personnalité. Il s'agit de l'échelle LIR[4], qui mesure trois dimensions : illogisme-logique de la pensée, impulsivité-contrôle et relation de dépendance-indépendance. L'analyse statistique a établi une liaison entre l'échelle LIR et le questionnaire des schémas de Young[10, 11].

Dominique, ou le paradis perdu de l'identité enfantine

Dominique a 29 ans. Elle vient consulter, après avoir passé un an et demi dans un hôpital psychiatrique, où elle est toujours partiellement hospitalisée. Elle prend des antidépresseurs et de petites doses de neuroleptiques.

Pendant trois ans, cette jeune femme a vécu tantôt dans la rue, tantôt en HP. À 16 ans, elle a fugué de chez ses parents pour vivre une quinzaine de jours avec un homme de 36 ans qui a voulu l'initier aux pratiques sado-masochistes. Elle ne l'a pas suivi dans cette voie et n'a pas eu de rapports sexuels avec lui, mais elle s'est laissé enchaîner par amour avant de reprendre sa liberté et ses études. Quelques années plus tard, à 21 ans, elle est tombée amoureuse d'une jeune femme de son âge, avec qui elle n'a pas eu non plus de relations sexuelles. Supportant mal l'intrusion de ce double féminin dans sa vie, elle a commencé à souffrir d'obsessions-compulsions. Elle pleurait ou dormait dans la journée et redoutait de sortir de peur de croiser un oiseau mort ou un convoi de pompes funèbres. Elle avait peur aussi de contaminer ses parents. À plusieurs reprises, elle a présenté à cette époque des épisodes de dépersonnalisation et de déréalisation. Lorsqu'elle touchait une poubelle, elle avait l'impression d'être elle-même une poubelle.

Malgré ces troubles importants, le sens de la réalité a persisté chez cette femme. Dominique est lucide sur ses croyances et sur ses comportements, qu'elle considère comme anormaux et qu'elle veut modifier. Elle a déjà fait plusieurs tentatives de psychothérapie, dont une thérapie analytique pendant un an, en face à face. C'est par ailleurs une artiste douée pour l'écriture et la musique, mais encore très limitée dans sa capacité de créativité et de travail, même si elle a été capable de passer un DEUG.

Aujourd'hui, elle voudrait entamer une thérapie cognitive pour deux problèmes majeurs : d'une part, ses obsessions centrées sur le contact, même indirect, avec la mort (la vue d'un convoi funèbre déclenche chez elle des rituels obsessionnels très envahissants) et, d'autre part, les idées étranges qu'elle a sur sa propre sexualité. Dominique s'est longtemps sentie androgyne « comme une enfant », n'acceptant d'être ni hétérosexuelle ni homosexuelle. Elle aurait d'ailleurs voulu conserver sa virginité, mais elle a cédé une fois à l'homme avec qui elle vit maintenant depuis trois ans. Depuis, elle se sent souillée et amoindrie.

Le thème central chez cette jeune femme est bien celui de la perte d'identité. Dominique a le sentiment de n'être plus que la moitié d'elle-même depuis que ce premier et unique rapport sexuel lui a fait perdre son androgynie. L'obsession de la saleté renvoie également à la perte d'identité. Toutes ces idées semblent être apparues après une première expérience très pénible, où sa mère, alors qu'elle avait 10 ans, lui aurait fait sentir son sexe pour savoir si elle avait une maladie. Bien qu'elle ne sache pas s'il s'agit de la réalité ou d'un fantasme, cet abus émotionnel est le noyau central du scénario de Dominique : il rassemble à la fois le thème de la pureté et le thème de l'identité sexuelle.

Après un an de thérapie cognitive, Dominique va un peu mieux : ses obsessions et ses rituels se sont améliorés, elle peut vivre hors de l'hôpital, suivre des études à temps partiel. Elle souhaite néanmoins que soit prolongée sa thérapie pour mieux comprendre son obsession de la virginité perdue et sa quête d'une identité sexuée. Elle se compare elle-même à un jeu de Lego qu'il faudrait déconstruire avec prudence, car les émotions la bouleversent et elle a l'impression de perdre sa cohérence. Je lui fais remarquer la proximité des mots Lego et ego. La thérapie doit ne pas trop déstabiliser son ego, tout en l'aidant à diminuer son hypercontrôle.

CONCLUSION : IDENTITÉ ET TROUBLES RELATIONNELS

Toute rencontre interpersonnelle implique un jeu complexe entre l'image de soi et l'image d'autrui. Lorsque ce jeu complexe devient flou, surviennent la confusion des identités et le brouillage relationnel. C'est ce que l'on observe avec la personnalité borderline. Un de mes patients qui présentait ce type de personnalité me demanda un jour des explications. Après m'avoir écouté, il me dit : « Si je comprends bien, je suis une personnalité bordelique. » On ne saurait mieux décrire le désordre qui règne chez ces personnes qui oscillent entre le ciel et l'enfer.

CHAPITRE III

La prison du soi

« Mon seul regret dans la vie est de pas être quelqu'un d'autre. »
Woody ALLEN

Nous sommes tous condamnés à vivre dans la prison du soi. On peut y voir une atteinte fondamentale portée à une liberté individuelle : celle d'être quelqu'un d'autre. Ce désir nourrit sans doute beaucoup de vocations d'acteurs ou d'écrivains : Fernando Pessoa a écrit son œuvre sous de nombreux pseudonymes, et Romain Gary a reçu deux fois le prix Goncourt sous deux noms différents... Malheureusement, l'individu est par définition indivisible. Peut-être, un jour, le clonage à l'identique permettra-t-il de nous reproduire pour un autre destin. En attendant, dans la cage du moi, nous pouvons toujours rêver, voyager dans les films ou dans d'autres pays, utiliser la drogue ou l'alcool pour aller vers un au-delà. Nous pouvons aussi entamer une thérapie. La demande de thérapie reflète souvent le désir d'être ailleurs, dans un autre temps, d'être une autre personne. Ce souhait, en l'absence de contraintes extérieures fortes, est le fruit de l'anxiété, laquelle construit la prison du soi en empêchant la réalisation de toute action novatrice. Le dénominateur commun des anxieux est, en effet, l'inhibition de l'action ou la séquestration dans un carcan d'habitudes et de rituels, sécurisants mais épuisants.

L'ANXIÉTÉ, OU LA PRISON DU SOI

L'anxiété est un concept philosophique avant d'être un terme de psychiatrie. Elle a été décrite notamment par le philosophe danois Soeren Kierkegaard dans *Le Concept de l'angoisse*. L'anxiété selon Kierkegaard correspondait à l'angoisse existentielle d'être « jeté dans le monde » : elle serait donc inséparable de la condition humaine et du doute sur la valeur de ses actions. L'angoisse, elle, serait à relier au péché originel et à la peur d'agir en faisant un mauvais choix qui déplairait à Dieu. Comme ce dernier se manifeste peu, tout choix humain aurait lieu dans la crainte et le tremblement.

À toutes fins utiles

Récupérant la notion au XIXe siècle, la psychologie, tout en reconnaissant à l'anxiété une fonction générale, a essayé d'en cerner les aspects pathologiques. Dans une perspective darwinienne, on peut considérer que l'anxiété a une fonction de survie, car elle permet l'anticipation du danger : l'évolution favorise les gènes anxieux. La témérité, la recherche du danger et des sensations fortes, qu'on observe dans les conduites à risque ou la pratique de sports extrêmes, aboutissent souvent à une mort précoce, avant même, donc, que le gène « recherche de sensations » ait pu être transmis... Dans l'histoire de l'humanité, la peur de la passion a toujours été plus forte que la passion de la peur. L'anxiété a été, du même coup, un facteur de progrès dans la mesure où ses prévisions alarmistes incitaient à mieux gérer l'avenir. L'apprentissage du signal de danger se déroule d'ailleurs dans deux structures du cerveau le plus primitif : le thalamus et l'amygdale.

L'insupportable projection dans le temps

La Ronde, film de Max Ophuls (1950), s'ouvre sur la remarque suivante : « Allons dans le passé, c'est beaucoup plus calme que le présent, et tellement plus sûr que l'avenir. » Cette proposition, un anxieux ne manquerait pas de la démentir, car, pour lui, aucun temps n'est le bon temps.

Actuellement, on définit cinq grands tableaux anxieux, chacun correspondant à une catégorie dans la classification internationale des troubles mentaux[2].

— *L'anxiété généralisée.* Le souci du lendemain est l'aiguillon quotidien. On a « peur de tout[7] ». La projection dans le futur aboutit à des ruminations qui anticipent sur des catastrophes personnelles : maladies, ruine, malheurs, perte d'êtres chers. Tous ces événements peuvent arriver, mais ils ne sont pas plus probables pour celui ou celle qui souffre d'anxiété que pour n'importe qui d'autre.

— *L'anxiété des attaques de panique.* Centrée sur l'instant présent, elle consiste en l'appréhension immédiate de catastrophes physiques personnelles. Cette peur est associée à des sensations physiques accompagnant les crises d'angoisse : on craint un infarctus du myocarde ou un accident vasculaire cérébral. Elle peut aussi porter sur des catastrophes mentales personnelles : on craint alors le délire et l'internement en raison des manifestations de dépersonnalisation et de déréalisation qui sont très souvent présentes lors des crises d'angoisse. L'autonomie du sujet peut se réduire au point que la personne vit confinée dans une pièce et ne communique plus avec les autres que par l'intermédiaire d'un ordinateur.

— *L'anxiété sociale* (ou phobie sociale). Elle se traduit par l'attente anxieuse de critiques portées par les autres. Pour éviter le jugement d'autrui, il ne reste plus qu'à s'enfermer chez soi ou à n'avoir de relations qu'avec un cercle limité de personnes que l'on ne redoute pas.

— *L'anxiété du stress post-traumatique.* Elle correspond à un état où la mémoire autobiographique est restée fixée à l'image d'une catastrophe passée, laquelle va immanquablement, dans l'esprit de la victime, se reproduire à l'avenir. Le seul lieu sûr est le domicile privé, qui devient aussi une prison.

— *L'anxiété obsessionnelle-compulsive.* Elle est centrée sur la peur d'engager sa propre responsabilité dans des actions moralement condamnables et dangereuses pour soi et les autres. Le patient obsessionnel s'enferme dans la prison du rituel, qui dévore petit à petit tout son temps et peut le confiner chez lui.

Ces formes d'anxiété chronique peuvent conduire à l'échec personnel ou professionnel, et cet échec, longtemps médité, va à son tour entraîner les pensées vers un passé idéalisé où tout allait bien — l'enfance, l'époque précédant la maladie, la période antérieure aux événements... « Les choses ne seront jamais plus comme avant », dit-on alors. Le tableau suivant résume la représentation personnelle du temps et ses relations avec l'anxiété et la dépression.

La présence du temps

DÉPRESSION	→	PASSÉ
• Répétition généralisée de l'échec personnel		
STRESS POST-TRAUMATIQUE	→	PASSÉ
• Répétition du trauma à l'identique		
ATTAQUES DE PANIQUE	→	PRÉSENT
• Catastrophe mentale ou physique personnelle		
PHOBIE SOCIALE	→	PRÉSENT
• Soi comme objet d'une menace sociale		
ANXIÉTÉ GÉNÉRALISÉE	→	FUTUR
• Attente plus ou moins réaliste de catastrophes personnelles et familiales		
OBSESSIONS-COMPULSIONS	→	FUTUR
• Prévention magique d'une catastrophe future irréelle par des rituels		

Du fait de l'incapacité des anxieux à vivre dans le présent, beaucoup de méthodes psychothérapiques cherchent à les recentrer sur l'ici et maintenant. Un de secrets du bonheur est d'accepter le présent et de saisir le moment qui passe pour vivre les sensations agréables de l'instant.

LES IMAGES DE SOI

J'ai utilisé depuis le début du livre deux termes : ego et soi. Ils sont rarement définis de la même manière par ceux qui les emploient et qui sont légion. Tentons donc de les clarifier à partir des données de la psychologie cognitive.

— ***L'ego, ou la personne en action.*** On peut définir l'« ego » comme l'ensemble des processus actifs qui maintiennent la cohérence d'une personne. Ils correspondent à des mécanismes adaptatifs. La pensée, la mémoire et les différentes modalités de traitement de l'information en font partie. Ces processus permettent de sélectionner les stimuli, de les traiter et d'y répondre. Les mécanismes d'adaptation au stress font ainsi partie de l'ego. La crise de l'ego que nous évoquions dans le premier chapitre de cet ouvrage est ainsi une crise de l'adaptation individuelle aux circonstances sociales et économiques actuelles. Elle est d'autant plus grave que l'image que nous avons de nous-même est négative.

— ***Le soi, ou l'image qu'un individu a de lui-même.*** Le concept de soi (*self-concept*) correspond à l'image que nous avons de nous-même et également à la manière dont nous interprétons cette image. Toutefois, le soi a une particularité : son image est stable et unifiée, elle correspond à notre identité individuelle. Le concept de soi est donc l'ensemble des images qui permettent à un individu de se percevoir globalement comme une personne unique. Il constitue le point d'arrivée du développement de la personnalité, mais, surtout, il représente la perception subjective et l'image qu'un sujet a de lui-même. De façon générale, une demande de psychothérapie correspond toujours à une image de soi défaillante, même si la perception de ce déficit ne correspond pas à la réalité. Il ne faut donc pas s'étonner si, quel que soit le motif de consultation, les scores obtenus aux échelles mesurant la dépression sont élevés et s'améliorent si la thérapie a été efficace.

Entre soi

Plusieurs modèles théoriques ont cherché à préciser les limites du soi. Le tableau suivant représente les grands domaines du fonctionnement psychologique couverts par le concept de soi tels qu'ils ont été définis par L'Écuyer[6].

Concept de soi (L'Écuyer, 1978)		
• Soi matériel	⇨	Soi physique
	⇨	Soi possessif (objets, personnes)
• Soi personnel	⇨	Image de soi
	⇨	Identité de soi
• Soi adaptatif	⇨	Valeur de soi
	⇨	Adaptation et style de vie
• Soi social	⇨	Activités et préoccupations sociales
	⇨	Référence au sexe
• Soi-Non soi	⇨	Référence aux autres
	⇨	Opinions des autres sur soi

Ce sont nos actes plutôt que nos pensées qui nous définissent comme individus. Nos gestes, nos paroles, nos mimiques et l'expression physique de nos émotions nous représentent et traduisent nos pensées et nos arrière-pensées, puisque les processus inconscients du traitement de l'information ne sont pas observables directement. Deux éléments sont particulièrement importants pour le soi « adaptatif » :

— *La valeur de soi,* qui correspond au sens de la réussite personnelle et s'accompagne de la sensation globale que la vie, présente et passée, s'est traduite par une évolution positive et, donc, d'une estime de soi élevée.

— *Le style de vie,* qui fait référence aux différentes manières de décrire sa vie avec un sentiment de satisfaction ou de frustration. Il est évident que nous sommes là en pleine interprétation subjective et que l'attribution d'une valeur au style de vie s'effectue, le plus souvent, en dehors de tout contexte « réaliste ».

Le syndrome de l'Hôtel du Nord

« — Mon existence n'est pas une vie... — Si tu crois que ma vie est une existence... » Ce fameux dialogue entre Jouvet et Arletty dans *Hôtel du Nord* de Carné (1938) met en mots et en musique une des impasses psychologiques pour lesquelles on vient souvent voir un psy. Dans ces cas-là, l'ennui de soi et le dégoût de la vie sont souvent mis en avant. Ou alors c'est la sensation de vie vide, ou encore l'impression d'être « vidé de tout ». Le « syndrome de l'Hôtel du Nord » atteint toutes les couches de la société. Souvent enviées par les passants, les façades bourgeoises des villes cachent, elles aussi, des misères psychologiques qui feraient sourire les plus démunis. Comme les deux héros du film de Carné, chacun voudrait changer d'atmosphère, mais comme on part toujours avec soi, finalement, « on ne part plus ». Ce leitmotiv, emprunté à Rimbaud, revient une dizaine de fois dans le film.

Hôtel du Nord commence par un suicide manqué, celui de deux amants, qui ressemble à un meurtre. Il se termine sur un meurtre qui est en fait un suicide, celui de Monsieur Edmond, maquereau honteux et « balance » dépressive, qui veut changer d'atmosphère, mais il n'y parvient pas. Les deux survivants du suicide manqué du début du film auront-ils un sort meilleur après avoir quitté l'Hôtel du Nord ? On peut en douter... Pourtant, ce n'est là qu'un des pôles du scénario, le pôle dépressif et sombre. À l'autre extrême, il y a la vie joyeuse, la gouaille, la gaieté des autres locataires de ce sympathique hôtel dont l'histoire se termine par un mémorable bal du 14 juillet. On oublie alors la mélancolie profonde du film, pour ne se souvenir que de la vitalité des personnages qui prennent la vie du bon côté. En passant le long du canal Saint-Martin, chacun peut voir le véritable Hôtel du Nord. C'est aujourd'hui un monument classé, bonne métaphore architecturale de notre condition humaine.

SORTIR DE SOI

Comment cette image peut-elle se modifier au cours d'une thérapie ? Examinons quelques méthodes proposées par les thérapies comportementales et cognitives.

L'affirmation de soi

Une grande partie des relations humaines se joue dans des rapports de domination et de soumission, phénomène qui intéresse tout autant le psychologue que le sociologue. La notion d'affirmation de soi est née de cette constatation dans les années 1970 et s'ancre dans une conception démocratique des relations humaines. Les groupes d'affirmation de soi ont été utilisés, non seulement pour les patients présentant une anxiété sociale importante, mais aussi pour des personnes qui avaient simplement besoin de faire face à la violence sociale, aux préjugés et à la discrimination — les femmes ou les minorités ethniques aux États-Unis.

Les groupes d'affirmation de soi utilisent pour méthode principale le jeu de rôle, lequel permet la répétition des situations sociales mal vécues, dans le dessein de développer un système de croyances positives et de comportements favorisant l'expression de sa personnalité.

Le manque d'affirmation de soi peut avoir été appris dans l'enfance du fait de l'attitude de l'entourage familial ou social qui a réprimé la libre expression des émotions. Il est aussi possible que les réactions d'affirmation de soi, l'expression de la colère ou de l'amour, n'aient jamais été apprises. La survenue d'une catastrophe sociale peut enfin jouer un rôle déterminant. Ainsi, l'échec lors d'une interrogation à l'école, une anomalie physique ou un statut d'infériorité sociale qui livre un enfant à la risée de ses pairs peuvent constituer des éléments biographiques décisifs pour un futur anxieux social. Attention toutefois aux conclusions hâtives : le concept d'affirmation de soi reste une notion relative. Trois facteurs doivent toujours être pris en compte pour définir le caractère

Ni passif ni agressif

Dans leur travail pionnier, Alberti et Emmons[1] définissent l'affirmation de soi de la façon suivante : « C'est un comportement qui permet à une personne d'agir au mieux dans son intérêt, de défendre son point de vue sans anxiété exagérée, d'exprimer avec sincérité et aisance ses sentiments et d'exercer ses droits sans dénier celui des autres. » S'affirmer n'est donc pas purement s'opposer et chercher par tous les moyens à obtenir ce que l'on souhaite ; c'est aussi savoir exprimer des sentiments positifs, savoir transiger et savoir battre en retraite quand il n'y a pas d'autre solution. Il ne faut donc pas confondre, comme on le fait encore trop souvent, l'affirmation de soi avec le développement d'un comportement agressif. Ni passif ni agressif, le comportement affirmé doit rester positif, et pour soi et pour les autres.

affirmé ou non d'un comportement. Il s'agit de la description du comportement verbal et non verbal, de l'intention du sujet qui s'affirme et du contexte social dans lequel le comportement a lieu.

L'effet « antidépresseur » des groupes d'affirmation de soi a été depuis longtemps remarqué et utilisé pour le traitement des états dépressifs. Cet effet résulte sans doute du renforcement provenant des interactions avec les autres participants et avec les thérapeutes qui sont très actifs. L'effet de réduction de l'angoisse par exposition répétée, parce qu'il conduit à la maîtrise de certaines situations sociales, peut, lui aussi, expliquer les résultats.

La perception de son corps

Après s'être focalisés sur le rôle de la réduction de l'anxiété par l'exposition aux situations redoutées, de nombreux chercheurs ont souligné l'importance des facteurs cognitifs dans le développement de l'affirmation de soi. Un anxieux social (ou phobique social) se voit en effet comme l'objet de l'attention malveillante des autres et il se sent suivi par le regard critique d'autrui.

Les effets d'une thérapie de groupe sur l'affirmation de soi, le concept de soi et sur l'image corporelle ont été analysés dans une étude pilote effectuée par mon équipe[4]. L'objectif était de voir si les sujets traités par l'affirmation de soi augmentaient, en même temps que leur degré d'affirmation de soi, la perception inconsciente de leur image corporelle. Du fait qu'une grande partie du travail en affirmation de soi est fondée sur le développement de la communication non verbale et que les plaintes des sujets sont souvent corporelles et correspondent à une représentation du corps dévalorisée, un tel traitement devait revaloriser, dans notre hypothèse, l'image corporelle.

Le différenciateur sémantique[8] a été utilisé pour procéder à ces évaluations. La méthode consistait à donner une note à des paires d'adjectifs opposés mesurant un concept spécifique. Cinq concepts clés (moi-même, mon corps, ma voix, mes gestes, mon regard) et un concept contrôle neutre (une table) avaient été sélectionnés et onze paires d'adjectifs à évaluer ont été utilisées pour chacun d'eux.

Quand on a comparé les patients avant et après traitement, on a pu constater que le groupe de sujets avait augmenté significativement son score sur une échelle mesurant l'affirmation de soi. Parallèlement, l'analyse statistique a montré que le différenciateur sémantique évoluait encore après le traitement. Les patients percevaient leur corps comme plus actif et plus fort, mais aussi plus dangereux et insécurisant. Le suivi a confirmé ces résultats un an après le début du traitement.

L'AUTOCONTRÔLE : QUITTER LA PRISON DES HABITUDES

L'idée essentielle de l'autocontrôle est que la personne n'est soumise ni au diktat d'un monde pulsionnel inconscient ni aux oukases de l'environnement. La capacité à l'autocontrôle existe chez chacun de nous, mais elle peut être développée, au cours des thérapies comportementales et cognitives qui se sont beaucoup intéressées à ce problème. Au fond, il s'agit de rendre le pouvoir à quelqu'un, par rapport à lui-même, mais aussi par rapport aux autres.

Devenir l'ingénieur de ses comportements

La notion d'autocontrôle est issue de la théorie de l'apprentissage social[3] pour qui la liberté individuelle passe par la compréhension des interactions de l'individu avec son environnement. Dans cette perspective, chacun doit devenir l'ingénieur de ses propres comportements. De fait, se dégager d'un « inconscient environnemental » est une dimension importante de tout processus de changement. Se fondant sur l'« insight », ou prise de conscience de ses propres motivations, la théorie de l'apprentissage social a suggéré de développer l'« outsight », ou prise de conscience précise de l'action de l'environnement sur une personne. Voici, résumé dans un tableau, ce modèle interactionnel.

Le modèle interactionnel
(Bandura,1977)

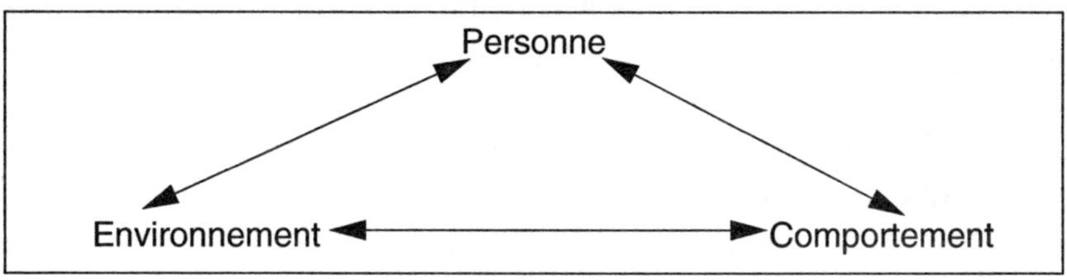

L'autocontrôle est un processus cognitif, qui apparaît lorsqu'une personne, en l'absence relative de contraintes extérieures, s'engage dans un comportement dont la probabilité était moindre que celle du comportement inverse ou alternatif. Pour le dire autrement, il y a autocontrôle lorsqu'un individu change son comportement en apprenant à le mesurer, l'évaluer, en se fixant des buts et en s'attribuant des récompenses en fonction de ceux-ci. Il exerce alors, en l'absence de contraintes environnementales, sa capacité de choix.

Les 5 étapes du contrôle de soi

Voici les 5 éléments essentiels pour le développement de l'autocontrôle.

1. *L'auto-observation.* Elle peut avoir un effet en elle-même. La prise de conscience d'un problème — par exemple, la surconsommation de cigarettes en cas d'événements générateurs d'anxiété — peut induire une réduction de cette consommation, ou la décision d'arrêter de fumer.
2. *L'autoévaluation.* Elle consiste à mesurer précisément ses comportements — nombre de cigarettes, verres d'alcool, quantité de nourriture ingérée.
3. *La prise de conscience des stimuli qui déclenchent les comportements-problèmes.* Il s'agit d'identifier les situations où on risque de perdre le contrôle sur ses impulsions.
4. *Le développement de comportements alternatifs.* La meilleure manière d'éliminer un comportement indésirable est de le remplacer par un autre plus acceptable et auquel on attribue une valeur positive (ou de renverser une habitude en la remplaçant par une habitude contraire).
5. *L'autorenforcement.* Cela consiste à s'attribuer des récompenses quand on arrive à contrôler le comportement qui pose un problème. Ainsi, une personne boulimique qui parvient à n'avoir que peu de nourriture dans son réfrigérateur pourra investir les économies ainsi réalisées dans l'achat de vêtements.

Ces 5 étapes représentent un contrat qu'on passe avec soi-même et qui a pour but de permettre de quitter la prison des habitudes où l'on est enfermé. Or ce qui valait pour l'alcoolisme, le tabagisme ou la boulimie dans les exemples que nous avons donnés vaut aussi pour les croyances et les préjugés. Le développement de l'autocontrôle en ce domaine consiste à remplacer la soumission à des points de vue conformistes par une plus grande ouverture d'esprit.

LA PRISON DES IDÉES : QUI PENSE POUR NOUS ?

Qu'on le veuille ou non, la psychologie collective précède très largement la psychologie individuelle et la façonne. Les croyances sur soi sont, pour cette raison, des croyances stables sur plusieurs générations, car elles équivalent à des habitudes de pensée. Elles sont tellement évidentes qu'elles ne suscitent aucune interrogation. La théorie de la dissonance cognitive va nous permettre de mieux comprendre les processus dont sont issues ces croyances sociales qui nous enferment[5].

Croyances et dissonance cognitive

On parle de dissonance cognitive quand une personne est exposée à une information qui n'a pas de sens par rapport à ses croyances préalables. Quand une dissonance n'est pas réduite par le changement de croyance, elle conduit à une interprétation erronée de l'information en question, à son rejet, sa réfutation. Elle peut aussi amener à rechercher le soutien de ceux qui sont en accord avec la croyance, ou encore déboucher sur des tentatives pour persuader les autres d'accepter le bien-fondé de cette croyance.

Pour bien étudier ce phénomène, Festinger a choisi d'observer une « secte » qui était attachée à une croyance tellement excentrique qu'on pouvait la contester sans équivoque. Le groupe étudié croyait, en l'occurrence, qu'une inondation allait recouvrir tout le continent américain à une date donnée. Cette prophétie avait été, on le suppose, transmise à une femme du groupe par des extraterrestres. Les membres du groupe croyaient aussi qu'ils avaient été choisis pour sauver le monde du déluge et qu'ils seraient tous évacués en soucoupe volante.

Voici ce que Festinger a observé quand il est apparu que l'inondation n'aurait pas lieu. Devant l'évidence de la réalité, les membres du groupe qui étaient seuls à ce moment-là n'ont pas maintenu leur croyance. En revanche, ceux qui attendaient l'inondation avec d'autres membres du groupe ont maintenu leur croyance. Une femme a ainsi annoncé qu'elle était en train de recevoir un message indiquant que l'inondation avait été empêchée par Dieu, car le groupe représentait la force du Bien.

Fait encore plus surprenant : le prosélytisme du groupe, jusque-là modéré, s'est intensifié avec la remise en cause de la croyance. Ses membres ont cherché à persuader les autres de la justesse de leur foi, ce qui a eu pour effet de renforcer leur propre croyance. Baptisé par Festinger *Belief Disconfirmation Paradigm*, ou « modèle de la non-confirmation des croyances », ce paradigme permet de bien voir les processus qui sont à l'œuvre dans le maintien des croyances les plus opposées au sens commun. Une dissonance a lieu chaque fois qu'une personne s'engage dans une activité déplaisante, en fonction de sa foi, pour obtenir un résultat désirable. Plus la dissonance est grande, plus est grand l'effort entrepris pour obtenir le résultat. La dissonance peut aussi être réduite en exagérant la désirabilité du résultat final.

Les prisonniers de la foi

À partir de là, on peut établir une psychologie des convictions religieuses inébranlables, de l'aveuglement politique, de l'autoflagellation mystique ou de l'intolérance sous toutes ses formes. La croyance n'est jamais que le résultat de la pression de conformité d'un groupe de référence. Jésus ne serait rien sans les apôtres et les évangélistes qui ont eu l'habileté d'écrire quatre versions de la même histoire. Quatre témoins ne peuvent se tromper et encore moins un groupe qui annonce la même « bonne nouvelle »...

Un film, médiocrement réalisé, et joué platement par Antonio Banderas, illustre ce processus. Il s'agit du *Tombeau* (*The Body,* 2001) de Jonas Mc Cord. Le scénario part d'un postulat original, qui utilise sans le savoir, ou en le sachant, le modèle de la non-confirmation des croyances de Festinger. Des archéologues découvrent à Jérusalem le squelette du Christ enterré, comme le disent les Évangiles, dans le tombeau d'un riche marchand. Le Vatican envoie un jeune jésuite pour suivre cette affaire, tandis que les scientifiques qui étudient la dépouille confirment qu'il s'agit bien du Christ. L'inquiétude est grande dans le monde chrétien, car si le squelette du Christ est là, c'est qu'il n'est pas monté au ciel au troisième jour : le dogme de la résurrection de la chair serait donc mis à mal. D'autres expertises sont alors demandées. Il en résulte une lutte politique entre les trois religions monothéistes qui se partagent Jérusalem et qui veulent tirer parti de la découverte ou la minimiser. Cette lutte aboutit à la destruction définitive, par une bombe, du squelette et du site archéologique. Le mystère reste entier, mais la conviction est ébranlée. Le jeune jésuite, qui a été envoyé par le Vatican, comprend qu'il a été utilisé par la papauté pour masquer le problème. Il perd alors la foi.

La secte : une prison sans barreaux

Au fur et à mesure que les religions révélées déclinaient en Occident, la crise d'identité a donné un élan inégalé aux psychothérapies. Elles sont devenues un phénomène de consommation de masse, parallèle au développement des classes moyennes et de l'athéisme. Toutefois, certaines des autres formes d'interventions psychologiques qui existaient avant le développement actuel des psychothérapies existent encore. C'est le cas notamment des sectes. Il arrive d'ailleurs qu'elles proposent un modèle psychothérapique qui attaque la psychiatrie « officielle », caricaturée sous la forme d'un groupe de puissants maniant la répression à coups de médicaments et de traitements de choc. Par un tel discours, elles cherchent à recruter les personnes anxieuses qui ont conscience de leurs limitations et qui en souffrent et à qui elles promettent la paix de l'âme et la libération spirituelle. Le discours et les tracts des sectes reprennent souvent les discours psychothérapiques traditionnels ou détournent des pratiques intégrées dans un programme de gestion du mal-être. Ce faisant, les sectes ne font que reprendre le rôle ancien de guidance spirituelle joué par les religions, en le mettant au goût du jour. Elles n'hésitent pas à attaquer directement les psys en critiquant leurs modalités d'intervention, comme le Christ dénonçait les « scandales » de son temps. Parodie de l'Évangile, leur message pourrait être : « L'homme ne vit pas seulement de Prozac®. » Il est vrai que, d'une certaine façon, une religion n'est que l'évolution d'une secte vers la respectabilité internationale. Les sectes le savent, et en abusent.

La marée, sans cesse revenue, des nouvelles religions est là pour remplir le vide laissé par le reflux des morales laïques et des religions révélées et pour façonner des identités qui se cherchent. Pourquoi suis-je moi ? Un gourou connaît la réponse. Qui suis-je ? Dieu seul le savait, mais, puisque Dieu est mort, il reste l'identité que va me donner un groupe à fortes convictions et mon modèle sera le gourou.

Les sectes ne deviennent contestables que lorsqu'elles se comportent en multinationales avides, ou proposent des faux traitements hors de prix. Si bien que, désormais, des lois et des règlements s'avèrent nécessaires dans notre pays qui jusqu'à présent n'avait pas reconnu le titre de psychothérapeute, ni défini clairement les formations qui pourraient y donner accès. Le législateur vient de promulguer (loi Accoyer, 2003) le statut du psychothérapeute pour faire barrage aux sectes à prétentions psychothérapiques. La France était le seul pays de la Communauté européenne à n'avoir pas de définition officielle du métier de psychothérapeute.

CONCLUSION : PASSER À CÔTÉ DE LA VIE ?

La prison de soi résulte de l'anxiété et de l'inhibition qu'elle induit. Elle provient également de la dépendance à l'environnement. La personne se conforme alors à l'image que les autres ont d'elle-même de peur de changer et de se retrouver seule. Le geôlier de la prison du soi est cette image, conforme à ce qu'attend l'autre, mais toujours insatisfaisante. Cette soumission de l'anxieux est souvent vécue douloureusement. Le sentiment alors exprimé est celui de passer à côté de la vie. La recherche de soi en psychothérapie serait-elle la forme ultime de la poursuite du vent de la liberté ?

Marianne : passer à côté de la vie

Marianne a 47 ans, elle vient consulter car elle a subi deux vols qui l'ont perturbée. Rapidement, en quelques semaines, les troubles se résolvent sans grande intervention. Marianne aborde alors un autre ensemble de problèmes qui semblent la préoccuper. Elle évoque son enfance assez pénible, avec un père alcoolique et violent, qui la rejetait, puis son mariage avec un homme plus jeune dont elle avait peur qu'il ne la quitte et qui a fini par partir, épuisé par les innombrables scènes de jalousie qu'elle lui faisait. Après quoi, elle a retrouvé un autre compagnon, un peu plus âgé, veuf avec un enfant, avec qui les choses vont bien. Mais elle a peur, car elle anticipe une séparation possible. Tout va bien entre eux, mais l'anxiété est là, sans raison actuelle. C'est comme si, dans un même mouvement, le passé était revécu dans l'angoisse et le futur anticipé comme forcément mauvais, le présent étant, lui, rendu amer à la fois par le passé et le futur. Comme si tous les événements négatifs devaient se reproduire et qu'il n'y avait pas de bonheur stable possible aujourd'hui, même durant une période limitée.

Chez Marianne, le postulat de danger peut s'énoncer de la manière suivante : « Quand ça va mal, ça va mal, mais quand ça va bien, ça va aller mal. » Le schéma est un schéma de surconnexion et de dépendance que cette patiente devine en citant Serge Gainsbourg : « Fuir le bonheur de peur qu'il ne se sauve... » Or la peur d'être abandonnée aboutit à l'abandon et l'anxiété face à l'avenir aboutit à miner le présent par l'anxiété. Marianne, qui prend conscience progressivement de ce fonctionnement, a peur de terminer sa vie seule. Elle demande d'élucider ce mécanisme psychologique en thérapie. Sa peur est de passer à côté de la vie.

CHAPITRE IV

Trahison de soi et scénario de vie

« Tout est affaire de décor
Changer de lit changer de corps
À quoi bon puisque c'est encore
Moi qui moi-même me trahis ? »
Louis ARAGON

Le sentiment de trahison de soi renvoie à l'impression de n'avoir pas su réaliser un idéal personnel. Il peut correspondre également à la perception qu'une partie de soi reste dans l'ombre, ou bien résulter de l'idée que ses propres contradictions personnelles n'ont pas de solution. Parfois, ce sont les circonstances qui sont à l'origine de la trahison de soi, comme lorsque les autres forcent quelqu'un à se renier et à falsifier sa vie et son identité. Dans tous les cas, il en résulte une série d'émotions pénibles, émotions que l'on trouve souvent à l'orée d'une consultation : la demande de thérapie correspond alors à la recherche d'un soi plus authentique et à l'envie de sortir d'un scénario de vie insatisfaisant.

LES SCÉNARIOS DE VIE

Un psychothérapeute tient le bureau des rêves perdus et tente de mettre en forme les histoires qu'on lui raconte dans le désordre.

En cherchant à mettre en forme les histoires de mes patients j'ai développé la notion de scénario de vie[3, 4]. Un scénario de vie correspond à un récit autobiographique dont le narrateur dirait : « Je fais toujours la même chose, je ne peux pas m'en empêcher, mais ça ne me convient pas. » Ce qui recoupe un fait connu de tous les psychothérapeutes : les patients que nous recevons reproduisent des relations qui ne leur sont pas favorables et qui les entraînent dans une spirale d'échecs, et ils s'en rendent plus ou moins compte.

Si chacun aime s'imaginer un destin singulier, il faut bien reconnaître le nombre et l'importance des similitudes entre tous ces récits, dont on peut d'ailleurs dresser une typologie. Il ne faut pas s'en étonner, car les types de personnalités sont limités et les interactions possibles entre ces différents types de personnalités également. En outre, n'importe quelle personnalité ne restera pas en contact avec n'importe quelle autre : les choix relationnels sont, eux aussi, réduits.

« J'ai déjà vu jouer le film »

Dans le domaine du film psychologique, les remakes sont encore plus flagrants : souvent, le remake est un remake de remake, lui-même remake d'un roman, lui-même remake d'un fait divers.

Un thérapeute expérimenté est donc quelqu'un qui est capable de retrouver le code d'une histoire, puisqu'il l'a forcément déjà entendue, lue, vue ou rencontrée dans sa propre vie. Comme dit l'expression populaire : « Il a déjà vu jouer le film. »

Le retour de Julien et le départ de Lucien : trois remakes de Stendhal

Julien Sorel, dans *Le Rouge et le Noir* de Stendhal, monte à Paris pour réussir, mais alors qu'il est sur le point d'y arriver, il revient en province pour tuer son ancienne maîtresse, Madame de Rénal, qui l'a trahi en dénonçant sa duplicité. Il exprimera sa vérité avant d'être guillotiné : il hait la société dont il a grimpé les échelons par tous les moyens, y compris en mettant enceinte la fille de son « patron », le puissant marquis de la Mole. Dans ce roman, le héros rencontre en même temps la mort et sa vérité.

Ce scénario a été repris plusieurs fois. En particulier dans un roman de l'écrivain américain Théodore Dreiser, *An American Tragedy*, adapté au cinéma par Georges Stevens sous le titre *Une place au soleil* (1951). Ce film oscarisé a pour vedette Elizabeth Taylor et Montgomery Clift. Cette fois, l'ascension et la chute se déroulent dans le milieu industriel de l'Amérique du début du xxe siècle. Madame de Rénal est remplacée par une maîtresse enceinte, humble ouvrière que l'ambitieux tue pour épouser une riche héritière. Le héros ira à la chaise électrique après une leçon de morale implacable administrée par sa propre mère. Dreiser s'est, consciemment ou non, inspiré de l'intrigue de Stendhal, laquelle se fondait elle-même sur un fait divers qui avait eu lieu à Grenoble.

On peut opposer à cette fin tragique le *happy end* d'un autre roman de Stendhal, *Lucien Leuwen*, où le héros, débarrassé de l'héritage de son père qui est ruiné, quitte Nancy et sa captivante maîtresse Madame de Chasteller, puis Paris, pour partir seul vers l'Italie et une vie nouvelle. Les années de formation sont terminées : une image de soi cohérente et un « soi » plus conscient, libéré du passé, sont désormais en place.

Dans *Le Rouge et le Noir*, Julien Sorel part de sa province pour y revenir et mourir : le temps est circulaire. Cette même circularité se retrouve dans la saga norvégienne *Peer Gynt,* ou le héros revient mourir dans les bras de sa fiancée Solveig. Ou encore dans le mythe d'Ulysse qui retrouve Ithaque et Pénélope. À l'inverse de ces scénarios circulaires de dépendance, *Lucien Leuwen* se termine sur une fin et un temps ouverts avec un héros toujours vivant. Le lecteur ne peut l'imaginer mort : il est toujours en chemin.

Vue ainsi, l'histoire de Julien Sorel n'est que l'autre extrémité d'un schéma cognitif : celui qui va de la dépendance à l'indépendance. Julien, trop dépendant de ses premières amours, meurt décapité, alors que Lucien s'en va libre. On ne peut lire en fait *Le Rouge et le Noir* que par rapport à son double inversé *Lucien Leuwen* — deux pôles sans doute de la personnalité de Stendhal.

Scénarios et situations dramatiques

On peut trouver de nombreux antécédents dans la littérature psychologique. Avant le scénario de vie, existait déjà la névrose de destinée[7], la névrose d'échec[11], les *life-scripts*[2], les *life-traps*, ou pièges existentiels[18], les scénarios[1], les *self-scenarios*[12, 13], les thérapies narratives[10]. Toutefois, ce sont les écrivains qui ont été les vrais pionniers, puisqu'ils ont manifestement eu l'intuition du concept un bon siècle avant les psychologues.

Gozzi et Goethe

Il se pourrait que le premier auteur qui ait clairement deviné l'existence du problème soit Gozzi. Cet auteur dramatique italien du XVIIIe siècle est encore connu de nos jours pour avoir écrit les contes dont ont été tirés *Turandot* de Puccini et *L'Amour des trois oranges* de Prokoviev. Or Goethe se souvient au soir de sa vie, dans ses conversations avec son fidèle ami Eckermann[8], que Gozzi lui a dit qu'il n'était pas possible d'inventer plus de 36 situations dramatiques. Goethe ne précise pas lesquelles. Il ajoute que le dramaturge allemand Schiller, qui a essayé d'en dresser la liste, en a trouvé moins.

36 situations dramatiques

À partir de ces indications plutôt vagues, en 1924, un auteur français, Polti[14], écrit un livre qui recense les 36 scénarios possibles. Bien qu'il s'agisse de théâtre, tous ces scénarios ont une correspondance dans la réalité. Nous les avons rassemblés dans le tableau suivant, mais en les reformulant avec des exemples connus et dans un style plus contemporain.

36 situations et 36 émotions remises au goût du XXIe siècle (d'après Polti, 1924)

1. Implorations : un persécuteur, un suppliant, et une puissance indécise : *La Tosca* de Victorien Sardou et Giacomo Puccini.
2. Salut : l'infortuné, le menaçant (ou la menace) et le sauveur : *Boudu sauvé des eaux* de Jean Renoir (1932) et son remake *Le Clochard de Bervely Hills*, de Paul Mazursky (1986).
3. Vengeance contre le crime : le vengeur, le coupable : *Unforgiven* (*L'Impitoyable*) de Clint Eastwood (1992) ; *Le Comte de Monte-Cristo*.
4. Vengeance contre un proche : parent vengeur, parent coupable : *Dallas*.
5. Traque : un châtiment, un fugitif : les road-movies ; *Bonny and Clyde* d'Arthur Penn (1967).
6. Désastre : un ennemi victorieux (ou un messager du désastre), un homme puissant qui est frappé : les films américains sur le président des États-Unis comme *Nixon* d'Oliver Stone (1995).
7. Emprise : un maître (ou un malheur) et un homme faible qui en est la victime : *Dracula* et ses nombreuses adaptations.
8. Révolte : un tyran, et un conspirateur (ou un complot de plusieurs conspirateurs) : *La Chartreuse de Parme* de Stendhal ; *Lorenzaccio* de Musset ; *Angelo, Tyran de Padoue* de Victor Hugo.
9. Acte d'audace : un homme audacieux, l'objet de la tentative et l'adversaire à vaincre : les *James Bond*.
10. Enlèvement : un ravisseur, une ravie, un gardien : toutes les histoires de beaux ténébreux séquestrant des femmes « ravies », comme *Harem* d'Arthur Joffé (1987).
11. Énigme sous peine de mort : l'interrogateur, le chercheur, le problème : les polars.
12. Obtention d'un gain : un solliciteur, un puissant qui refuse (ou un arbitre qui hésite), la partie adverse : *Ridicule* de Patrice Leconte (1996).

13. Haines entre proches parents : le parent haineux, le parent haï, les haines réciproques (infanticide, matricide, parricide, etc.) : *Manon des sources* de Marcel Pagnol et la version filmée de Claude Berri (1986).
14. Rivalité entre proches parents : le proche préféré, le proche rejeté, l'être aimé : *Le Cousin Pons* de Balzac.
15. Adultère meurtrier : l'époux adultère, le complice, l'époux trahi : *La Femme infidèle* de Claude Chabrol (1968).
16. Folie : le fou et la victime : *Psychose* de Hitchcock (1960) et la kyrielle de films américains sur les « serial killers ».
17. Imprudence fatale : l'imprudent, la victime et l'objet perdu : *Spellbound* (*La Maison du Dr Edwardes*), d'Alfred Hitchock (1945).
18. Le crime d'amour involontaire ou par erreur : l'amant, l'aimée, le révélateur : *Othello* de Shakespeare.
19. Meurtre d'un des siens sans le savoir : le meurtrier et la victime non reconnue : *Œdipe Roi* de Sophocle.
20. Sacrifice pour un idéal : le héros, l'idéal, le sacrifice exigé par un « créancier » : *Marie-Octobre* de Julien Duvivier (1959) et l'ensemble des films français sur la Résistance qui tournent autour de scénarios voisins.
21. Sacrifice pour des proches : le héros, le proche, le sacrifice exigé par un « créancier » : *L'Armée des Ombres* de Melville (1969).
22. Sacrifice total à sa passion : l'épris, l'objet de la passion fatale, le sacrifice : les mélos qui sont capables du meilleur comme du pire. Le pire reste le grandiloquent et moralisateur *Liaison fatale* d'Adrian Lyne (1987). Le meilleur démystifie subtilement la classe moyenne américaine et c'est le somptueusement automnal : *Tout ce que le ciel permet* de Douglas Sirk (1955). Sur l'alcoolisme : *The Time of Wine and Roses* de Blake Edwards (*Le Jour du vin et des roses*, 1962). Sur le jazz et la drogue : *Autour de minuit* de Bertrand Tavernier (1986) et *Bird* de Clint Eastwood (1988) — on peut conserver de l'estime pour *Young Man with a Horn*, *La Femme aux chimères*, de Michael Curtiz (1950).
23. Sacrifice des siens : le héros, le proche désigné, la nécessité du sacrifice : le sacrifice d'Isaac par Abraham dans la Bible et ses nombreuses variantes contemporaines dans les films de guerre et les films sur des conflits religieux.
24. Rivalité entre inégaux : rival inférieur, rival supérieur, l'objet aimé : *Ruy Blas* de Victor Hugo et son remake burlesque *La Folie des grandeurs* de Gérard Oury (1971).

25. Adultère : époux trompé, époux adultère, adultère complice : l'ensemble des films de Sacha Guitry.
26. Crimes d'amour : « déviances sexuelles » (prostitution, viol, onanisme, inceste, adultère, etc.), l'épris, l'aimé : *La Femme flic* (1980) d'Yves Boisset.
27. Découverte du déshonneur de l'être aimé : celui qui l'apprend, le coupable : *La Stratégie de l'araignée* de Benardo Bertolucci (1969).
28. Amours empêchées : deux amants confrontés à un obstacle : *Roméo et Juliette* et ses nombreuses variantes ; *Autant en emporte le vent* de Victor Fleming (1939).
29. Amour pour un ennemi : l'ennemi aimé, celui qui l'aime, celui qui le hait : *Andromaque* de Racine ; *Le Silence de la mer* de Melville (1947).
30. Ambition : l'ambitieux, ce qu'il convoite, l'adversaire : *Le Rouge et le Noir* de Stendhal et *Une place au soleil* de Georges Stevens (1951).
31. Lutte contre Dieu : la lutte d'un mortel, contre l'immortel : *La Dernière Tentation du Christ* de Martin Scorsese (1988).
32. Jalousie erronée : le jaloux, l'objet aimé, le complice supposé, l'occasion ou l'auteur de l'erreur : *Manhattan* de Woody Allen (1979).
33. Erreur judiciaire : celui qui se trompe, celui qui est victime, celui ou ce qui trompe, et un vrai coupable : *Le Faux Coupable* d'Alfred Hitchcock (1956).
34. Remords : le coupable, la victime, et la faute mise en évidence par l'interrogateur : Simenon et les *Maigret*.
35. Retrouvailles : la personne perdue puis retrouvée, celui ou celle qui retrouve : *Sans famille* d'Hector Malot et sa version filmée de Marc Allégret (1934).
36. Perte des siens : le proche frappé, le proche spectateur, le bourreau : *La Lettre d'une inconnue* de Stephan Zweig et sa version cinématographique de Max Ophuls (1948).

L'ouvrage de Polti, à la fois sérieux et ludique, a influencé des théoriciens du récit comme Souriau[16] qui s'est efforcé de décrire 200 000 situations dramatiques. Et également des linguistes comme Greimas[9] qui a proposé une grille d'analyse des récits, désormais classique, en se fondant aussi sur les travaux de Propp[15] et de Lévi-Strauss. Pour Greimas, nombre de récits, en particulier les contes, peuvent se ramener à une combinatoire relativement simple, qui met en jeu non pas des personnages, mais des fonctions. Il en dénombre 6 : le destinateur, le héros, l'objet, l'adjuvant, l'opposant et le destinataire.

Un héros reçoit une mission d'un destinateur et désire un objet. Au cours de cette quête, il va rencontrer des opposants, des adjuvants et va remplir ou non la mission, qui possède un destinataire, c'est-à-dire un système de valeurs.

Si l'on prend le récit de n'importe quelle vie, chacun reçoit dans l'enfance une mission : « Tu seras un homme, un chef d'orchestre, un docteur, un paysan, etc. » Cela est dit de manière plus ou moins subtile par le destinateur qui est en général un parent. Au cours de cette mission, chacun va désirer des choses qui ne sont pas forcément la mission décidée et, au cours de cette quête, chacun rencontrera des personnes qui vont l'aider à réaliser la mission et à obtenir l'objet.

Pour Polti comme pour Greimas, le mot objet est pris au sens d'« objet aimé ». Le destinataire correspond à un système de valeurs qui peut être un système transcendant. Je vais essayer maintenant d'appliquer ce modèle à un cas clinique.

VICTIME DU DEVOIR : LE SCÉNARIO DE VIE PERFECTIONNISTE

Le scénario de vie perfectionniste est un scénario fréquent, d'autant plus difficile à faire apparaître qu'il est socialement valorisé et souvent pour une bonne part inconscient, même quand la personne qui le subit en souffre et présente une dépression. Il a pour toile de fond, souvent, une personnalité obsessionnelle-compulsive ou présentant des traits relevant de ce type de personnalité.

Ce scénario correspond à la situation dramatique « sacrifice pour un idéal ». Les personnages sont : le héros, l'idéal et le sacrifice exigé par un « créancier ». Face à une telle situation, une des questions clés que le thérapeute doit poser au moment opportun est : « Qui vous a dit qu'il fallait que votre vie se déroule comme cela ? Pourquoi ? Pour qui et pour quel système de valeurs ? »

Hélène : « Être seulement moi »

Hélène présente une dépression à l'âge de 60 ans. Elle suit une thérapie cognitive et prend également des antidépresseurs. La thérapie dure 15 mois et comprend 38 séances d'une heure où il sera successivement question de son anxiété à jouer du violon en public, de sa dépression et de sa personnalité marquée par un perfectionnisme très contraignant.

Un frère mort et une enfant surdouée

La dépression d'Hélène fait suite à une maladie physique qui entraîne un handicap modéré. Toute sa vie a été guidée par une exigence très forte sur le plan intellectuel. Hélène fait partie des surdoués et a mis longtemps à l'admettre. Elle parle cinq langues et a travaillé dans un institut de recherche de physique à Genève. La mort tragique de son frère dans l'enfance a été mieux supportée par elle que par ses parents. Elle n'a pas déprimé à cette époque et est restée une excellente élève jusqu'à l'université.

Toute sa vie, Hélène a été soumise aux impératifs de son père, puis à ceux plus acceptables de son mari, riche industriel de la région d'Annecy. Pourtant, dès l'enfance, elle a montré des signes de résistance et de révolte. Elle a été exclue à deux reprises du catéchisme pour insubordination et a eu une vie amoureuse assez libre avant de se marier. Elle a alors mené activement une double carrière de scientifique et de violoniste, sans sacrifier sa vie familiale. Pourtant, ce n'est pas assez pour satisfaire la tyrannie des « je devrais » : bien qu'ayant remarquablement réussi en tout, Hélène s'est toujours sentie inférieure à la tâche.

Dépression et handicap

Hélène n'est rattrapée par la dépression qu'au moment où des troubles physiques entraînent une limitation de ses compétences. Elle n'ose plus jouer de violon en concert et se sent de plus en plus anxieuse à l'idée d'affronter le public. Sa thérapie débute par la désensibilisation sous relaxation des situations qui lui font peur. Il est, en effet, nécessaire de maintenir cette activité car l'inaction artistique aggrave la dépression. Ensuite sont abordées les pensées négatives dépressives.

Le fardeau du perfectionnisme

Au fur et à mesure qu'elle sort de la dépression, Hélène sort du rang : elle conteste l'autorité, veut promouvoir les valeurs féministes, mettre en doute les dogmes. La thérapie se centre sur la diminution du fardeau des impératifs : pourquoi avoir toujours besoin d'être exemplaire ?

Un jour, elle rêve de montagnes qu'elle gravit avec difficulté. Je lui fais observer qu'elle est prise dans la trame du mythe de Sisyphe. Sisyphe est ce héros de la mythologie grecque que les dieux ont condamné à remonter un rocher en haut de la montagne, pour le voir de nouveau rouler dans la vallée et devoir le remonter encore et encore. Le fardeau du perfectionnisme comme celui du talent n'est jamais déposé. L'historique fait remonter l'origine de ce schéma à la mort tragique de son frère alors qu'elle était enfant. Son père lui a imposé de le remplacer en tout. Elle a donc mené à la fois la carrière scientifique que devait mener son frère et la carrière musicale de violoniste amateur qui correspond à sa vocation personnelle. En somme, Hélène a passé sa vie à répondre à la fameuse question de l'Évangile, celle que le père pose au fils prodigue, lors de son retour : « Qu'as-tu fait de tes talents ? »

Les problèmes liés à l'image de soi apparaissent très clairement au cours d'une séance sur les relations familiales. Hélène se plaint d'avoir des difficultés avec sa fille avec qui elle ne peut pas véritablement converser. Je lui demande alors d'étudier son image : quelle image a-t-elle d'elle-même et quelle image les autres se font-ils d'elle ? Hélène me répond que les autres la considèrent comme une icône familiale, un symbole d'autorité, quelqu'un d'imposant et qui inspire la crainte. Chacun lui a assigné ce rôle, à commencer par son père qui lui en a inculqué les principes, puis son mari qui considère qu'elle est parfaite et, enfin, sa fille qui veut la maintenir à distance et, par exemple, l'empêche de jouer avec ses petits-enfants, car ce n'est pas quelque chose de sérieux.

Hélène, elle, se voit tout autrement. Elle se considère comme quelqu'un de réservé, qui parle peu sauf en thérapie, qui réfléchit avant de s'exprimer, car on lui a appris à tourner sept fois sa langue dans sa bouche avant de dire quoi que ce soit. Elle se juge plutôt timide. Lorsqu'elle voudrait un peu se laisser aller dans son jeu de violon, les autres membres de l'orchestre la maintiennent dans son rôle de premier violon et elle n'a pas droit à la moindre fausse note, à la moindre erreur de mise en place ou même à une interprétation un peu personnelle du texte musical.

La recherche de soi et de l'authenticité

Petit à petit, Hélène comprend que le problème qu'elle présente est non pas lié à la réalité mais à l'interprétation qu'elle se fait de son rôle. Prise dans les schémas de sa classe sociale, elle a le sentiment déprimant de ne pas être quelqu'un d'authentique. Prisonnière des standards de son milieu, elle est à la recherche d'authenticité dans tous les domaines et de sa propre authenticité à elle. La séance se termine par la définition d'une tâche qui la conduirait à plus de sincérité. Hélène décide d'essayer de travailler un morceau de musique assez complexe, où il y a plusieurs versions, et d'y mettre quelque chose d'elle-même : une interprétation personnelle et libre.

Finalement, cette femme se trouve prise dans un conflit entre des normes sociales claires et une quête d'authenticité qui est quelque chose de difficile à poursuivre. La stratégie thérapeutique consiste ici à tenter de mettre en place un nouveau schéma. L'ancien schéma était : « Suis les règles et sois parfaite. » Le nouveau schéma est : « Fais ce que tu veux, écoute ce qui vient de toi et cherche à fonctionner à l'instinct et dans l'instant. » La suite de la thérapie consistera à instaurer ce nouveau fonctionnement.

Une séance, en particulier, sera consacrée à un jeu de rôle où Hélène affirmera ce qu'elle veut par rapport au discours impérieux de son père. Les vieux schémas se défendent toujours avant de disparaître et il faut souvent, dans ces circonstances, exposer le patient à des émotions fortes pour promouvoir de nouveaux comportements et mener à bien le changement. Il ne suffit pas de savoir comment et pourquoi elle en est arrivée là. La meilleure manière de modifier un schéma et un scénario de vie est de définir un plan d'action novateur.

Au bout du compte, les changements espérés se mettront en place. Hélène deviendra plus active, elle pourra tenir sa place dans l'orchestre et son optimisme reviendra malgré le handicap. Aujourd'hui, elle peut se contenter d'être « seulement elle » sans avoir à cumuler sa vie et celle de son frère. Au fil des semaines, l'échelle de dépression de Beck et l'échelle LIR qui mesure trois dimensions de personnalité ont changé positivement. On constate aussi que le changement se maintient un mois et demi, et trois mois et demi après la fin de la thérapie. Reste à valider le résultat sur le long cours (*cf.* schémas ci-dessous).

Hélène : échelle de dépression de Beck avant et après thérapie

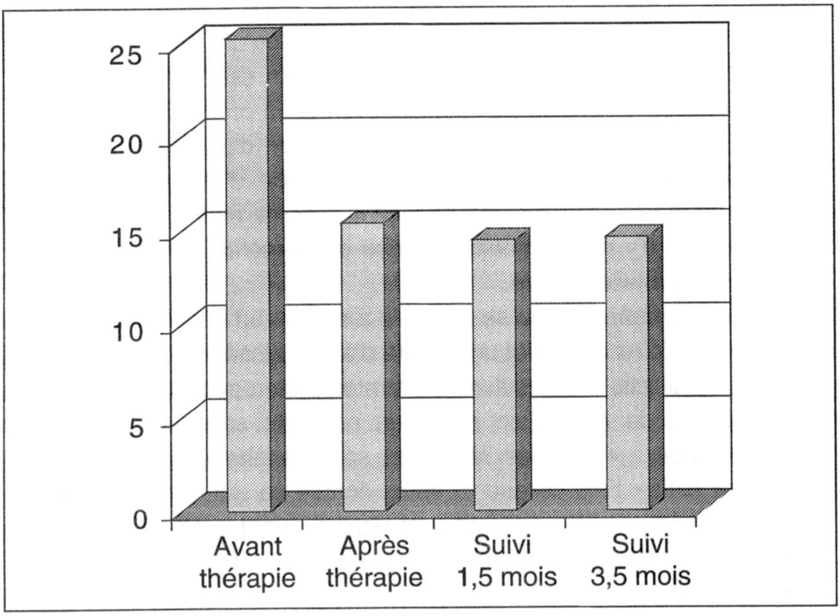

Hélène : échelle LIR avant et après thérapie

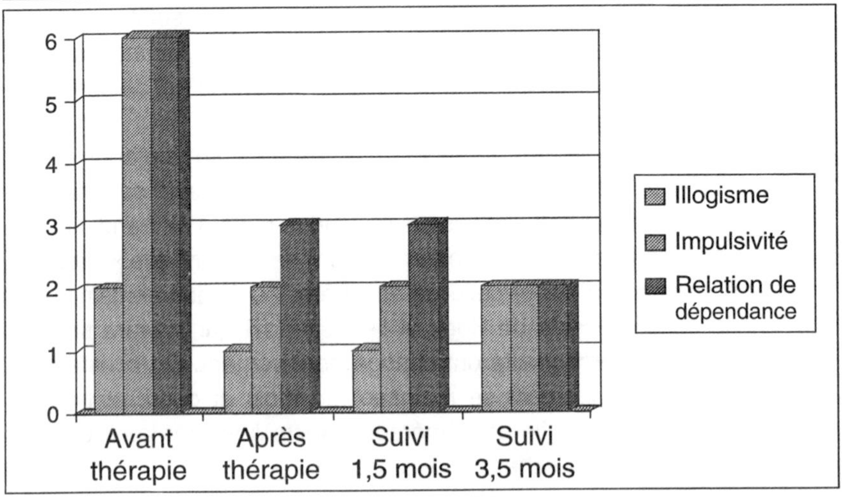

La mission

En se servant du modèle de Greimas, on peut analyser comme suit l'histoire d'Hélène. Dès l'enfance, alors qu'elle souhaite être musicienne (objet désiré), Hélène reçoit pour mission de réussir des études difficiles aussi bien que son frère mort. Le destinateur, ou « créancier », est son père. Au cours de cette mission, elle a pour adjuvant sa famille qui partage les valeurs de son père. Le destinataire final est le système de valeurs de son milieu qui prône l'effort, la réussite intellectuelle et le succès social. Dans cette mission, Hélène est son propre opposant et rue souvent dans les brancards. Sa maladie et son handicap représentent aussi des opposants à sa quête infinie de perfection.

Au début, Hélène trouve un compromis qui lui permet de faire à la fois ce que veut son père et ce qu'elle voudrait, elle, soit des études scientifiques et du violon. Cependant, avec le handicap, elle ne peut plus faire tout ct aussi bien : elle a le sentiment de se trahir elle-même.

Le schéma suivant résume la structure du récit d'Hélène. Il faut bien se rappeler qu'il s'agit de fonctions et non pas de personnages.

Analyse du récit de vie d'Hélène
(d'après Greimas, 1966)

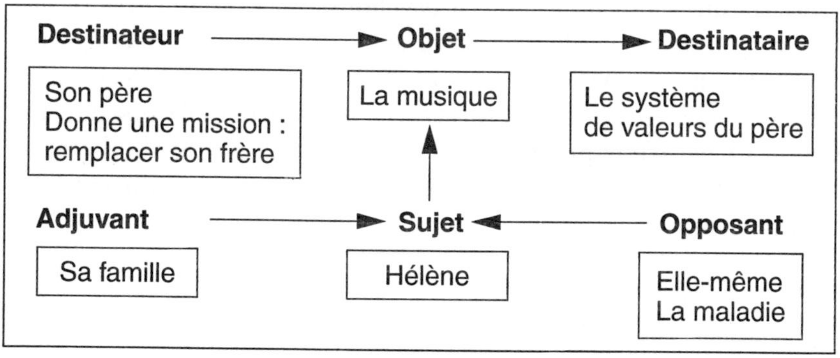

La conquête de la liberté

Dans le cas d'Hélène, le thérapeute qui aide cette patiente à modifier son schéma de vie va mettre en cause et le destinateur et le destinataire, car ce sont eux qui ont imprimé le schéma et ses conséquences émotionnelles. L'empathie au cours des séances est liée à deux images communes qui font partie du stock de scénarios propres au monde occidental et qui circulent entre thérapeutes et patients comme une médiation faisant avancer la thérapie. En l'occurrence, il s'agit de deux « vidéo-clips », ou « flash » mentaux, qui représentent chacun une action.

1. La parabole évangélique du fils à qui son père demande : « Qu'as-tu fait de tes talents ? » (Il s'agit aussi bien de l'or compté en talents à cette époque que du talent au sens où nous l'entendons aujourd'hui.) J'ai à ce moment-là, en film intérieur, un tableau représentant cette scène de la Bible dont je suis d'ailleurs toujours incapable de retrouver le peintre.

2. Le mythe de Sisyphe roulant son rocher, qui est tout autant une métaphore du scénario de vie que d'un vécu dépressif et qui renvoie au livre homonyme d'Albert Camus.

L'histoire de cette patiente rencontre une problématique plus générale : celle de la recherche de l'authenticité. Elle montre aussi que la recherche de soi est une des formes de la recherche de liberté. Le patient en thérapie cherche à se libérer des forces qui peuvent aliéner l'image qu'il a de lui-même et guider son action vers des résultats qui ne sont pas souhaités. Se sentir faux ou en faute, en porte-à-faux ou en défaut, conduit à la recherche d'un autre soi qui serait plus vrai. La psychothérapie est un corridor que l'on emprunte pour aller de soi à soi. « Je veux voir le vrai », me disait un jour un patient à propos de lui-même. Une telle formule renvoie à une image de soi forcément mauvaise. Ceux qui ont une bonne image d'eux-mêmes n'ont guère besoin de psychothérapie, ils ne se cherchent pas : ils se sont déjà trouvés et se trouvent bien comme cela.

DU SCHÉMA PERSONNEL AU MYTHE : JÉSUS-CHRIST ET MONTE-CRISTO

L'histoire d'Hélène et sa quête d'authenticité permettent d'aborder la question des mythes qui infiltrent nos croyances sur nous-mêmes. Parmi ces mythes, l'un des plus puissants et des plus diffus dans notre culture est celui du sauveur de l'humanité, Jésus-Christ. C'est aussi l'un des moins étudiés par les psychologues qui préfèrent s'occuper de mythes grecs, moins actuels et plus consensuels.

Comme dans l'histoire d'Hélène, le mythe de Jésus-Christ est une pièce ou un film qui se joue entre trois personnages principaux : le héros, l'idéal et le créancier qui va exiger le sacrifice. Dans le cas d'Hélène il s'agissait de son père. Dans le cas du Christ, c'est Dieu. Le schéma de perfectionnisme conduit à des jugements en tout ou rien : soit la perfection est atteinte, soit on ne vaut rien. Comme la perfection est un idéal vague et, de ce fait, quasi impossible à atteindre, le sentiment de ne rien valoir conduit à la dépression. Dans le cas du Christ, il s'agit rien moins que d'être Dieu ou rien.

On peut représenter ce schéma de la manière suivante : il est évident que les personnes qui fonctionnent bien ne se situent pas aux extrémités ou n'oscillent pas perpétuellement entre les deux extrémités du schéma infériorité-perfection[17].

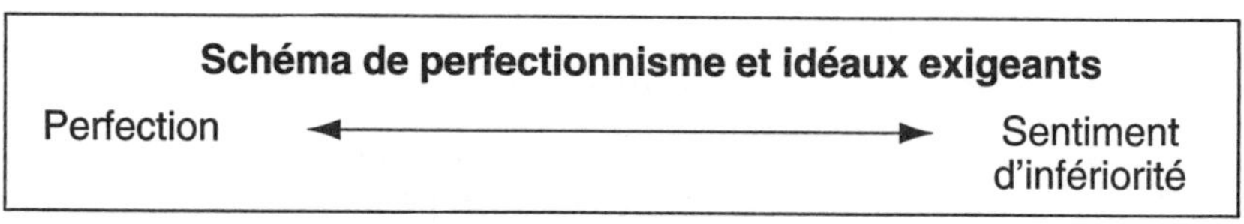

À titre d'exemples, voici deux variations cinématographiques (et littéraires) sur le thème de la perfection. Leur étude permettra de faire apparaître le schéma cognitif latent qui est commun à ces deux histoires. Bien entendu, on pourrait prendre d'autres histoires similaires et aboutir à la même démonstration.

Première variation : un requiem pour Judas

Pas de Jésus sans Judas, mais s'est-on beaucoup penché sur le sort de Judas, treizième apôtre qui ne demandait qu'à croire, mais à qui fut, par la volonté divine, dévolu le rôle du traître, nécessaire au bon déroulement de la Passion du Christ ? Ne pas trahir revenait à trahir la volonté divine et trahir représentait un méfait. Pris dans ce dilemme, Judas n'eut d'autre solution que de trahir, puis de se suicider. Judas est sans doute le plus abandonné des hommes dans la dramaturgie chrétienne, qui ne lui porte aucune compassion. Les scénarios qu'écrit le Seigneur sont impénétrables, mais un jugement en appel pourrait être nécessaire...

À ma connaissance, un seul film traite à fond le problème, et avec une rare pertinence : *La Dernière Tentation du Christ* de Martin Scorsese (1988), qui s'inspire d'un roman de Nikos Kazantzakis. C'est une superbe parabole sur le thème du traître et du héros et, en même temps, une méditation sur les idéaux, les croyances et les illusions. À sa sortie, le film fut conspué et mal compris, sans doute par ceux qui l'avaient pris à la lettre, sans en reconnaître le message, peut-être aussi par ceux qui avaient trop bien compris la parabole et n'en voulaient rien savoir. Pourtant, ce film n'attaque en rien la religion chrétienne. Il en propose simplement une réinterprétation, dont le message christique ne peut que sortir grandi. Il correspond à la 31e situation dramatique de Polti : la lutte contre Dieu, ou un mortel contre l'Immortel.

Le scénario de *La Dernière Tentation du Christ*

Jésus vit en Galilée où il fabrique des croix pour le compte des Romains, car il est charpentier comme son père. Il collabore donc avec l'occupant, mais on lui crache dessus. Il rencontre Judas qui devient son premier disciple, et qui le presse de conduire la révolte du peuple juif contre son occupant. Judas qui est à la fois un croyant, un politique et un révolutionnaire a perçu le potentiel charismatique de celui qui pense avoir une mission divine et être le fils de Dieu. Jésus progresse, il se fait reconnaître comme étant le Messie par saint Jean-Baptiste. Sur un chemin pavé de miracles, il marche avec sa troupe vers Jérusalem où son destin va s'accomplir. Judas le presse de nouveau de conduire la révolte contre les Romains, mais Jésus reste sur sa position : seuls l'amour et la non-violence sauveront le monde. Il demande alors à Judas de le trahir pour que sa destinée s'accomplisse. L'argument final pour le convaincre est le suivant : « Dieu m'a donné le travail le plus facile : celui d'être crucifié ; à toi revient le plus dur. » Jésus est donc emmené au Golgotha, et, sur la croix, il a une vision : celle d'un ange qui lui dit que ses épreuves sont terminées, qu'il a le droit de vivre comme tout le monde, avec une femme, et d'avoir des enfants. Jésus retrouve alors Marie Madeleine avec qui il vit jusqu'à ce que la mort l'emporte, puis prend une autre femme. Sur le chemin, il croise l'apôtre Paul qui prêche en son nom et il tente de lui expliquer qu'il est vivant et que toute cette histoire est une imposture. Paul le rejette et lui dit : « Vérité ou pas, peu importe ; ce qui compte est que les hommes ont besoin de croire en Jésus. »

La mort approche pour Jésus et ses disciples vieillis lui rendent visite. Judas fait alors une entrée théâtrale en le traitant de « traître à la cause ». À ce moment-là, l'ange gardien disparaît dans les flammes. Ce n'était qu'une créature du démon destinée à proposer au Christ sa dernière tentation : celle d'être un homme comme tout le monde, un simple pécheur, un banal charpentier vivant en bonne intelligence avec les Romains. Cette dernière tentation n'était qu'un rêve soufflé par Satan. Le dernier plan nous ramène au Golgotha où Jésus meurt sur la croix et réalise la destinée dont nous parlent les Saintes Écritures. Il est pris définitivement dans le scénario de Dieu le Père.

Deuxième variation : pas de messe pour Monte-Cristo

Umberto Eco[6] a suggéré que le comte de Monte-Cristo[5] était peut-être un des nombreux remakes de l'histoire du Christ — ce que dit, d'ailleurs, à plusieurs reprises Dumas dans son roman. Monte-Cristo pourrait aussi être l'ancêtre de Superman, ou du Surhomme de Nietzsche, si on en croit le philosophe et politicien italien, Antonio Gramsci.

À la différence d'Eco qui s'est plus intéressé, dans son essai, au style de Dumas qu'à la psychologie du personnage, je vais tenter de reprendre, dans une perspective psychologique, le noyau central de ce mythe où la passivité première s'inverse en vengeance.

Tout individu, qui, comme le Christ, a été trahi, souhaite un jour prendre sa revanche. Temporelle ou spirituelle. Le comte de Monte-Cristo se venge, en son nom, contre les traîtres qui ont fait de lui un héros malgré eux, malgré lui. D'une certaine façon, il pourrait les remercier, car il leur doit sa réussite, mais son idéal est de dévoiler la pourriture de la société de la Restauration.

Dans ce roman, Dumas et Maquet, son collaborateur fidèle, s'en donnent à cœur joie : en bons journalistes, ils savent de quoi ils parlent. Il y a du plaisir dans la vengeance qui est savourée comme un plat servi chaud aux lecteurs. Successivement, la magistrature (Villefort), l'armée et le parlement (Morcerf) et la banque (Danglars) sont férocement décrits. Leurs représentants sont punis des méfaits qui les ont conduits en haut de la société. Seuls restent debout le trône et l'autel. Pas pour longtemps néanmoins : en 1848, deux ans après la parution du livre, la révolution balaiera la monarchie et Alexandre Dumas y participera. Les seuls personnages sympathiques, outre les humiliés (Morrel) sont des journalistes (Beauchamp), des marins (Jacopo), ou des dandys.

À plusieurs reprises dans le livre, Monte-Cristo change d'identité : tantôt il est un lord anglais, tantôt un prêtre, tantôt un aristocrate italien, tantôt le mythique Monte-Cristo, tantôt lui-même, Edmond Dantès. Le procédé est commun dans le feuilleton, mais d'un point de vue psychologique, cette capacité à être plusieurs personnes et de manière consciente, sous la même apparence, renvoie à un traumatisme initial. Pourtant, on ne peut parler de personnalités multiples : le trésor opportun et les déguisements permettent, plus fondamentalement, de mettre en scène la troisième situation dramatique imaginée par Polti : celle de la vengeance poursuivant le crime.

La prison oblige Monte-Cristo à se cacher partout, à commencer sous le suaire de l'abbé Faria, pour sortir du château d'If. Monte-Cristo sort ainsi de la prison de soi — il n'est qu'un pauvre prisonnier, oublié de la justice — pour endosser des identités multiples, mais il sait qui il est : quelqu'un qui se venge. Ces personnalités multiples réparent l'abandon et permettent la vengeance qui est la face la plus sombre de Monte-Cristo, jusqu'à ce que, enfin apaisé, il puisse redevenir lui-même. À la fin du livre, le comte, à force de régler le leur à ses ennemis, se dit qu'il a outrepassé le droit de la vengeance. Il était temps. Il repart alors en Orient avec Haydée, la fille du pacha de Janina, qui lui a permis de confondre le traître Morcerf, l'homme qui lui avait pris sa fiancée Mercedes.

La rêverie érotique, au XIXe siècle, conduit souvent vers un Orient sublimé, antithèse absolue d'un monde petit-bourgeois, putassier et affairiste. Cette fin voulue par Dumas, où la vie et la sensualité reprennent le dessus, donne son relief à toute l'histoire. La dernière image est celle d'une voile qui invite au voyage : la goélette du comte disparaît à l'horizon.

De ce point de vue, il est intéressant de comparer le texte de Dumas et la fin réécrite par Didier Decoin en 2001 pour la télévision, avec Gérard Depardieu dans le rôle principal. Dans ce remake infidèle, Monte-Cristo abandonne ses biens et retrouve Mercedes, l'amour perdu de sa jeunesse, dans une calanque près de Marseille. La vie va recommencer comme si rien ne s'était passé : « On ne part plus. » Par là, le scénario se rapproche de celui de *La Dernière Tentation du Christ* de Scorsese, mais, cette fois, le Christ a cédé à la tentation de redevenir comme tout le monde. C'est une fin « psychothérapique », conforme à l'air du temps, où la vengeance grandiose s'efface pour laisser place au pardon et au bonheur paisible : un petit cabanon grand comme un mouchoir de poche. La variation « psychothérapique » de Didier Decoin aplatit le mythe, mais elle nous renvoie à une réalité psychologique : le complexe de Jésus-Christ est lourd à porter et il faut savoir se défaire de ce fardeau. C'est une des manières de sortir du scénario, mais par le bas.

La sortie par le haut de l'histoire originale de Monte-Cristo illustre aussi une des fonctions du mythe littéraire : tenir une revanche sur la vie par l'intermédiaire d'un héros vengeur. N'est pas Monte-Cristo qui veut. Vivre les émotions du comte par procuration est cathartique pour tous ceux qui ne peuvent se venger dans la réalité. Les mythes sont parfois plus psychothérapiques que les psys. La promesse de salut éternel dans un paradis où les premiers seront les derniers a longtemps fonctionné comme mythe psychothérapique.

La promesse de lendemains qui chantent sur terre, aussi. Depuis que ces idéaux se sont estompés, les cabinets des psys sont pleins.

Au fond, quelle est la véritable morale de l'histoire de Monte-Cristo ? Un ouvrage aussi lu dans le monde ne peut que renfermer un message fort. Dumas semble bien nous dire que nous pouvons tranquillement partir sur notre goélette avec Haydée, mais à condition d'avoir réglé énergiquement nos comptes en ce bas monde — ce qui est, quand on y réfléchit, plus difficile que d'attendre la justice divine ou la fin de l'Histoire. La valorisation irrévérencieuse du bonheur personnel à la fin du roman n'est pas toujours perceptible, tant l'auteur est habile à mettre de son côté la morale de son temps. Sans doute par peur de la censure, il termine très chrétiennement en faisant appel à Dieu. Avant de partir, Monte-Cristo laisse à ses amis une lettre où il écrit que « toute la sagesse humaine tient en deux mots : attendre et espérer ». Il vient pourtant, durant les quelque 1 500 pages du livre, de faire exactement le contraire, puisqu'il n'a pas cessé de se battre pour survivre et confondre ses ennemis...

La capacité de rebondir n'a rien à voir avec la résignation. Monte-Cristo est bien un mythe moderne, dont le thème central est la résilience, la survie et le bonheur. Il est à l'opposé du Christ programmé par Dieu. Il est donc au sens propre l'Antéchrist, son inverse. Après avoir été le metteur en scène de la vie des autres, amis ou ennemis, il devient, enfin, le maître de sa propre destinée.

Deux solutions au schéma d'infériorité

En rapprochant ces deux histoires, il est possible d'isoler une série d'oppositions qui font fonctionner le récit. Ce sont deux systèmes de croyances qui font agir les hommes tous les jours. J'utiliserai ici le terme de mythe pour rendre compte à la fois de la psychologie individuelle et de la dimension collective qu'il exprime.

Le mythe de Jésus-Christ

Il consiste à vouloir racheter tous les péchés du monde et à faire régner la justice. Le Christ se venge en étendant son empire sur le monde au nom de Dieu. En termes de psychologie cognitive, le mythe parcourt le schéma d'infériorité d'une extrémité à l'autre. Il va de l'infériorité réelle au triomphe. Le prix à payer est la Croix.

Le mythe de Monte-Cristo

Il consiste à triompher du destin et à trouver le bonheur personnel en ce monde. Le mythe va de l'infériorité réelle à la supériorité réelle : le dépassement de soi conduit au bonheur. Il s'agit aussi d'une théorie individualiste teintée d'anarchisme aristocratique. Monte-Cristo est tellement seul qu'il doit se démultiplier en plusieurs personnages. Le prix à payer est la prison qui permet de renaître ailleurs, sous une autre identité, avant de trouver une autre voie.

Le tableau suivant met les deux histoires en parallèle pour montrer leurs contrastes et leurs similitudes.

Deux mythes et un schéma :
sentiment d'infériorité et idéaux exigeants

Histoire du Christ
Infériorité réelle ◄——————► Triomphe spirituel
Message : Le bonheur est dans l'autre monde où les premiers seront les derniers.

Histoire de Monte-Cristo
Infériorité réelle ◄——————► Triomphe réel
Message : Le bonheur doit être cherché activement en ce monde.

CONCLUSION : LE DERNIER MESSAGE DE MONTE-CRISTO

Sur les quais du Vieux Port de Marseille, où je cherchais vainement une bouillabaisse acceptable, j'ai rencontré le comte de Monte-Cristo. Il semblait pressé. Tout en tirant sur le cigare qui porte son nom, il m'a dit : « Tous mes comptes sont réglés ici ; je pars vers l'Orient, ma goélette et Haydée m'attendent. » Puis il s'est retourné vers moi et m'a tendu une lettre en me disant : « Je suis trop pressé, pour m'attarder dans ce monde de vanités, faites donc passer le message. » Et, alors que la voile blanche, grande comme l'aile d'un goéland, croisait une dernière fois l'île du château d'If, avant de disparaître pour toujours à l'horizon, j'ai lu la dernière lettre de Monte-Cristo. Elle portait cette simple phrase : « Toute la sagesse du monde tient en ces deux mots : agir et espérer. »

Deuxième partie

LE PSY ET SON DOUBLE MYTHIQUE

Napoléon disait : « L'Histoire est un mensonge que nul ne conteste. » Un tel faiseur d'Histoire parlait, sans doute, en parfaite connaissance de cause. Mais une fois la vérité établie, faut-il la dire ou la taire ? La vérité est-elle d'un meilleur usage que le mythe ? Le mythe nous captive et nous guide sur ses chemins familiers. On s'habitue aux mythes, on redoute la réalité. Et il sera toujours plus facile d'être le colporteur d'illusions voulues que le pionnier de vérités mal acceptées.

Dans la deuxième partie de ce livre, nous avons cherché à distinguer les interprétations mythiques du personnage du psy de la réalité des pratiques. Cette enquête s'est fondée sur deux piliers :

1. La construction, puis la déconstruction du mythe du psy à travers le cinéma.

2. L'histoire de la psychothérapie.

À la fin de cette enquête, j'espère qu'une image plus authentique du psy émergera sur l'écran de notre conscience.

CHAPITRE V

Le mythe du psy au cinéma

« Magie et image ont les mêmes lettres, et c'est justice. »
Régis DEBRAY

L'image du psy véhiculée par le cinéma est presque toujours ambiguë et loin du quotidien plutôt banal des vrais professionnels. Le cinéma se sert d'une série de clichés qu'il transforme en œuvre d'art. Ces scénarios, où le cinéma donne sa version de l'activité du psy, entretiennent un rapport avec l'imaginaire collectif autour d'un métier qui suscite à la fois le rire et la crainte.

Le cinéma a construit une image du psy conforme à ses intérêts artistiques. Les cinéastes ne tournent pas de bandes vidéo destinées à l'éducation ou la supervision des apprentis psychothérapeutes : ils fabriquent du rêve qui transforme l'ordinaire en spectaculaire. Néanmoins, l'image du psy a considérablement évolué en un siècle, et cette évolution reflète toujours, dans une certaine mesure, les relations qu'entretient la société avec ses psys à chacune des époques. Il est donc possible d'étudier le cinéma comme un système d'interprétation du phénomène psy et d'en isoler les principales caractéristiques.

Dès les débuts du XXe siècle, le psy est un personnage de film autant que de roman. Freud apparaît très tôt dans la littérature et

Dick Diver, dont le nom (littéralement « Richard le Plongeur ») évoque la descente dans les profondeurs de l'inconscient, est l'un des premiers psychanalystes de papier. Au début de *Tendre est la nuit* de Scott Fitzgerald (1933), il va se former à Vienne auprès du Maître, avant d'affronter la névrose et l'alcoolisme de son épouse. De même, le psy est un personnage de film presque depuis l'existence du cinéma. Le *Dr Mabuse* de Fritz Lang en 1922 en est l'un des plus anciens avatars artistiquement aboutis à l'écran. Le tout premier film psy serait *Dr Dippy's Sanitarium*, vaudeville de 25 minutes mettant en scène un psy et ses patients[6]. Ce film muet date de 1906. Par la suite, le nombre de films psy est devenu tellement considérable que l'on peut dire qu'ils représentent un genre à part entière, au même titre que le western, le polar, le film de pirates, le film politique, le film d'espionnage. Comme tout genre, il a ses règles d'écriture et, donc, un style dont on peut suivre l'évolution sur un siècle.

LA PSYCHOTHÉRAPIE ET LA PSYCHIATRIE VUES PAR LE CINÉMA

Tour à tour, les différentes facettes de la « profession psy » ont été filmées et parfois tournées en ridicule.

La psychanalyse

Cinéma et psychanalyse sont nés ensemble, à la fin du XIXe siècle, le premier à Lyon, la seconde à Vienne, deux villes brumeuses où l'on peut se perdre et se cacher dans les ruelles des vieux quartiers, où l'on aime l'argent, la musique et le secret. Le cinéma a plus représenté la psychanalyse que les autres formes de thérapie, car elle est plus ancienne, mieux connue et plus aisée à scénariser.

Le premier film tourné sur la psychanalyse, malgré l'avis négatif de Freud, mais avec l'approbation de Karl Abraham, président de l'Association psychanalytique internationale, est de G.W. Pabst. Il s'agit des *Mystères d'une âme* (1926). Il raconte l'histoire d'un homme obsédé par l'idée de tuer sa femme. Ce film n'eut pas de succès et entraîna la brouille de Freud, qui apparaissait au générique malgré lui, avec Abraham et Sachs qui avaient conseillé Pabst.

On dit souvent que le premier film parlant sur la psychanalyse est *L'Étrange Rêve* (*Blind Alley*, 1941) de King Vidor, qui raconte l'histoire d'un gangster prenant en otage un psychanalyste qui le délivre de sa névrose infantile. À ma connaissance, le tout premier film parlant sur la psychanalyse est plutôt une comédie musicale de 1938, *Amanda*, que nous présenterons en détail un peu plus loin.

Les films de Hitchcock sont plus récents et on peut aussi mentionner *Les Nuits ensorcelées* (*Lady in the Dark*) de Mitchell Leisen (1944). Adapté d'une comédie musicale de Broadway, avec une musique de Kurt Weill, il raconte l'histoire d'une femme qui se fait psychanalyser (ses rêves sont même représentés !) parce qu'elle n'arrive pas à prendre de décision dans sa vie sentimentale.

La psychiatrie biologique

La psychiatrie biologique et la psychopharmacologie sont souvent abordées de manière plus ou moins allusive : par exemple, *L'Homme qui aimait les femmes* (Truffaut) se plaint de prendre des pilules contre le chagrin d'amour. Les noms de spécialités pharmaceutiques comme le Prozac® ou le Temesta® sont régulièrement cités dans les films récents. Toutefois, l'image de la psychiatrie biologique est présentée d'une manière exagérément dramatique et le psychiatre comme un aliéniste borné et sans humanité, assisté d'infirmières aigries et manipulatrices.

Deux films *Shock Corridor* et *Vol au-dessus d'un nid de coucous* (Milos Forman, 1975) ont stigmatisé les pratiques asilaires et l'utilisation de l'électrochoc. Cette méthode conserve, malgré les progrès de la psychopharmacologie, des indications limitées et spécifiques. Elle reste pourtant utile pour certaines formes particulièrement graves et rebelles de dépression. Le meilleur des deux films est *Shock Corridor* (*Le Couloir de l'électrochoc*, Samuel Fuller, 1963).

Shock Corridor

Le scénario du film

Un journaliste qui veut recevoir le prix Pulitzer (la plus haute récompense pour un travail journalistique aux États-Unis) souhaite enquêter sur un assassinat qui a eu lieu dans un hôpital psychiatrique. Pour arriver à ses fins, il se fait interner en se laissant accuser de tentative d'inceste par sa maîtresse qui est strip-teaseuse, et qui se fait passer pour sa sœur. Ayant reçu des conseils d'un psychiatre embauché par le directeur de son journal, il simule la schizophrénie en disant aux psys ce qu'ils ont l'habitude d'entendre. Au cours de son séjour, il découvrira l'assassin : un infirmier qui abusait de patientes déficientes mentales, mais à force de jouer au schizophrène il le deviendra réellement et devra rester interné.

Le message psychologique du film

Le prix Pulitzer sera attribué au journaliste, mais c'est un homme muet et figé qui le reçoit. À trop avoir joué de sa face Mr Hyde, le journaliste a trouvé sa vraie image : celle d'un fou. « Ceux que les Dieux veulent perdre, ils les rendent fous » : cette phrase d'Euripide est la morale du film. Elle recommande aux journalistes la discrétion, la modestie et d'éviter la tentation d'aller voir ce qui se passe de l'autre côté du miroir dans l'espoir de se rendre célèbre.

Le message social du film

Ce film, particulièrement dur, décrit un univers psychiatrique proche de la prison. Les psychiatres sont incompétents et ne savent pas distinguer un vrai patient d'un faux. Les patients vivent dans la promiscuité. Les soignants font ce qu'ils peuvent, avec des impératifs de sécurité. Le mélange de séquences de fantasmes délirants grandioses et de réalité asilaire parfois sordide paraît authentique, et la séquence d'électrochoc met les nerfs du spectateur à vif.

Shock Corridor est probablement l'une des sources de l'étude célèbre effectuée, quelques années plus tard, par le psychologue

David Rosenhan[9] et qui fut publiée par la très austère revue *Science*. L'étude s'intitulait « Être sain d'esprit dans des endroits fous ». Elle consistait à envoyer dans des hôpitaux psychiatriques des pseudo-patients qui disaient avoir des sensations de vide ou de creux. Au lieu de considérer qu'il s'agissait d'une métaphore concernant leur vécu, ces faux patients (de vrais psychologues) furent diagnostiqués comme souffrant de schizophrénie et internés. Comme ils prenaient beaucoup de notes, on décréta que leur délire prenait une forme écrite.

Après avoir dévoilé la supercherie, Rosenhan prévint les mêmes hôpitaux qu'il allait leur adresser de nouveaux faux patients et leur recommanda de faire attention. Plusieurs malades furent alors diagnostiqués comme des simulateurs alors que personne n'avait, en réalité, été adressé. Il y eut donc à la fois des faux positifs et des faux négatifs. Cette expérience fut certainement, à l'époque, un facteur de stimulation poussant la psychiatrie américaine à établir un système de diagnostic plus fiable.

Les thérapies comportementales

Les thérapies comportementales apparaissent rarement et souvent de manière indirecte à travers des procédés thérapeutiques qui sont un mélange de pratiques diverses.

— Dans *Sueurs froides* (*Vertigo*, 1958) de Hitchcock, on voit James Stewart, qui souffre d'une phobie des hauteurs après une chute de plusieurs étages, tenter de se rééduquer en montant les marches d'un escabeau. Une de ses amies tente sans succès de désensibiliser son vertige par cette méthode. Cette amie, qui n'est pas sans charmes, ne parviendra ni à guérir ni à conquérir le beau James. C'est en suivant Kim Novak en haut de la tour d'un couvent qu'il vaincra sa phobie, avant que la femme ne se jette dans le vide. Comme quoi, une thérapie ne fonctionne qu'avec la motivation du patient.

— Dans *Pas de printemps pour Marnie* (*Marnie*, 1964) l'héroïne est une jeune beauté kleptomane et phobique de la couleur rouge qui séduit un aristocrate de la côte est des États-Unis joué par Sean

Connery. Elle refuse toute sexualité, jusqu'à ce que, devant de nouveaux vols, son mari la fasse suivre par un détective privé, qui découvre que sa mère vit à Baltimore et qu'elle lui apporte l'argent de ses vols. Sean Connery va alors utiliser une méthode peu psychanalytique, mais franchement comportementale : il reconstitue le passé de Marnie en l'emmenant de force chez sa mère où elle apprend la vérité. Sa mère était prostituée, et elle a reçu un jour un marin ivre qui l'a brutalisée. Marnie, alors âgée de 5 ans, a tué à coups de tisonnier le marin qui était tombé par terre. De là la phobie du sang et du rouge. De là aussi la kleptomanie : la fille vole pour que sa mère n'ait plus à se prostituer. Après que cette confrontation aura produit une intense expérience émotionnelle, Marnie sera libérée de son passé et partira, apaisée, vivre avec Sean Connery. La dernière image du film représente un bateau à quai, au bout de la rue du port où vit la mère de Marnie. C'est un décor et le spectateur s'en rend compte. Sans doute Hitchcock a-t-il voulu nous dire qu'il s'agissait de la reconstruction d'un fantasme.

— Dans *Orange mécanique* de Stanley Kubrick (1971), le héros est un délinquant dangereux qui suit un traitement de conditionnement à base de chocs électriques et de produits chimiques destinés à modifier ses comportements violents et meurtriers. Bien entendu, ce programme thérapeutique fantaisiste échoue, mais l'image négative des thérapies comportementales sera fixée pour quelques années dans l'esprit du grand public.

— Dans *Pour le meilleur et le pire* (1997) de James Brooks, enfin, un patient obsessionnel (Nicholson) prend des antidépresseurs et suit une thérapie de groupe comportementale. Cependant, c'est par l'amour qu'il sera guéri : pour rejoindre sa belle, il devra renoncer à ses rituels.

L'hypnose

L'hypnose est souvent représentée sur le mode de la manipulation ou pour expliquer certains comportements aberrants. Le film qui représente le mieux la pratique de l'hypnose est un film peu connu de John Huston *Let there be light* (*Que la lumière soit*, 1945).

Ce film, négligé et jamais traduit en français, est un remarquable documentaire sur le traitement du stress post-traumatique de guerre. C'était d'ailleurs une commande de l'armée américaine. Les patients sont joués par des acteurs et le scénario s'inspire de cas réels. La représentation de scènes de thérapie qui mélangent l'hypnose à des considérations psychanalytiques est remarquable. C'est dans doute pourquoi ce film a longtemps été interdit de diffusion : il risquait de porter atteinte au moral des troupes encore en action.

Les thérapies humanistes

Les thérapies humanistes ont été représentées aussi bien par le cinéma américain que français. *Bob, Carole, Ted et Alice* (P. Mazursky, 1969) ou *Psy* (P. de Broca, 1980) nous invitent dans l'univers de groupes de rencontre évoluant dans des lieux bucoliques. Cadres et couples fatigués explorent leurs vécus et leurs impasses existentielles tout en contestant la société de consommation qui les fait vivre.

La psychologie du travail

La psychologie du travail a été récemment brocardée dans *Le Placard* (Francis Veber, 2001) où un ex-psychologue d'entreprise tire les ficelles d'une comédie de mœurs dont les méandres aboutissent à révéler l'homosexualité latente d'un macho joué par Depardieu.

LES MUTATIONS D'UNE ICÔNE MÉDIOLOGIQUE

Sur la vidéosphère[4], le psy joue le rôle d'un médiateur entre les fantasmes et la réalité. Son image a suivi une considérable évolution depuis les débuts du cinéma. Je laisserai de côté le cinéma muet, pour envisager cette évolution en trois périodes : l'époque classique, l'époque moderne et l'époque postmoderne.

L'époque classique

Le cinéma classique va de l'invention du parlant en 1929 à 1962. L'image du psy y est, en général, positive. On ironise parfois, mais avec affection et sur des musiques allègres. Le psy se présente sous trois visages qui restent sympathiques : celui d'un aimable charlatan qui profite de sa situation pour séduire ses patientes ; celui d'un libérateur qui aide le patient à se retrouver et trouver un sens à sa vie ; celui d'un oracle du message freudien : qui part à la recherche de l'inconscient où se tient la vérité. On retrouve ainsi les trois grands thèmes de ce livre : la trahison de soi, la prison du soi et la perte d'identité.

Le joyeux charlatan : comment se guérir de la trahison de soi

Les versions comiques de l'activité psy sont nettement moins fréquentes que les versions mélodramatiques ou policières. *Amanda* (*Carefree*) de Mark Sandrich (1938) est le premier film célèbre qui traite des relations entre psychanalyste et patient.

Amanda

Ce film met en scène Ginger Rogers et Fred Astaire ; la musique est d'Irving Berlin et la chorégraphie d'Hermès Pan. Ce cocktail de qualité donne un film léger et brillant qui propose les clichés habituels de la comédie musicale : rivalité sentimentale, danses, chansons, smokings et robes de satin, salacités de bon aloi, rombières en quête de gigolos, country clubs et homards pour le petit déjeuner. La vision humoristique donnée de la psychanalyse qui, à cette époque, est déjà une institution, représente une satire sociale, même si les bulles de champagne invitent au rire, et le désir mène la danse.

*Le scénario d'*Amanda

Un homme d'affaires assez ennuyeux, Steven, est fiancé avec Amanda, jeune chanteuse et danseuse (Ginger Rogers) qui ne se décide pas à l'épouser. Considérant qu'elle ne peut avoir qu'un problème névrotique pour refuser un homme tel que lui, il la confie à un de ses amis qui est psychanalyste : le Dr Flagg (Fred Astaire). Amanda trouve l'explication des principes de la psychanalyse sans intérêt, mais le docteur très séduisant. Après un repas copieux, elle rêve qu'elle danse avec lui dans un monde irréel et poétique. Lors la séance suivante, alors que le Dr Flagg lui demande de raconter ses rêves, elle en est incapable. Devant cette résistance, Flagg lui suggère de chercher un autre analyste. Elle invente immédiatement un rêve où elle est le petit chaperon rouge poursuivi par des loups qui la regardent. On notera au passage l'allusion directe à une des cinq psychanalyses de Freud, « L'homme aux loups », dont les scénaristes ont dû s'inspirer.

Amanda devient ainsi une patiente intéressante pour le sémillant docteur, un cas d'école dont l'inconscient mérite d'être étudié par une anesthésie au protoxyde d'azote afin de lever les résistances. Cette anesthésie va provoquer une série de quiproquos burlesques et Amanda, dont l'inconscient est déchaîné, bottera notamment les fesses d'un officier de police.

Petit à petit, le Dr Flagg comprend que sa patiente est amoureuse de lui. Pour se débarrasser du problème, il l'hypnotise et lui suggère qu'elle doit épouser Steven et qu'il n'est, quant à lui, bon qu'à être abattu comme un chien. La suggestion marche : Amanda retourne vers son fiancé et manque de tuer Flagg au cours d'un partie de ball-trap. Mais l'inconscient de Flagg lui apparaît dans la glace et lui fait entendre qu'il est amoureux d'Amanda. Le professionnel se rend compte qu'il est en train de trahir son propre désir, et part à la reconquête d'Amanda. Il ne pourra lever la suggestion hypnotique que le jour de son mariage, après qu'elle aura reçu un coup de poing providentiel qui la met KO — ce qui selon l'assistant de Flagg était le moyen le plus rapide d'arriver à son inconscient… Le film se termine sur un *happy end* au son de *Change Partners*.

*La morale d'*Amanda

Le Dr Flagg est souvent présenté comme un charlatan dans le film. Il fonctionne beaucoup plus comme un hypnotiseur qu'un psychanalyste et il évolue dans le monde riche et élégant de la bonne société. En réalité, lui et Amanda sont des êtres simples et en bonne santé qui tirent parti de leur position sociale. Leur problème est l'authenticité des sentiments. Ils vivent joyeusement la fin de l'ère du jazz aux États-Unis. Comme le titre original, l'indique, c'est encore une époque « sans souci » (*carefree*).

Le libérateur : la sortie de la prison du soi

Une femme cherche son destin d'Irving Rapper (*Now voyager*, 1942) est un film peu connu en France. Pourtant il repasse plusieurs fois par an sur les chaînes américaines pour cinéphiles diffusées dans le monde entier et existe en DVD. Sa musique est un tube langoureux de Max Steiner dont la partition et les enregistrements sont faciles à trouver. Il doit donc avoir une place privilégiée dans l'imaginaire américain. C'est aussi l'un des films les plus psy qui aient été jamais tournés et un des rares à donner une image aussi positive du psy, qui en est le personnage pivot.

Une femme cherche son destin

Le scénario

Charlotte Vale (Bette Davis) est une vieille fille défigurée par des lunettes, qui vit sous la coupe d'une mère tyrannique et milliardaire. Elle s'enlaidit à plaisir depuis que sa mère l'a surprise en train de flirter avec un jeune homme au cours d'un croisière. Très déprimée et n'osant plus sortir, elle est confiée au Dr Jacquith (Claude Rains), un homme un peu bourru qui fume la pipe et qui dirige une institution psychiatrique de luxe « Cascade », dont chacun ferait bien sa résidence secondaire, car on y fait du cheval, on y joue du piano et on y suit accessoirement des séances de psychothérapie.

Les séances avec le Dr Jacquith on lieu en face à face. Au cours de l'une d'elles, le médecin donne un conseil précis à Charlotte : explorer le monde et changer son apparence pour aller vers les autres. Il ne fait pas appel à la théorie psychanalytique ou l'exploration de l'inconscient, il fonctionne plutôt comme un thérapeute cognitiviste avant la lettre, bien que plus directif.

Le Dr Jacquith suggère à Charlotte de faire confiance à ses propres désirs et son propre jugement au lieu de se laisser dominer par sa mère. Au cours d'une autre séance, il lui fait lire un poème de Walt Whitman qui dit : « *The untold want by life and land ne'er granted, Now voyager sail thou forth to seek and find* », ce qu'il est possible de traduire librement par : « Le désir silencieux étant toujours refusé par la vie et la terre, tu dois, maintenant, voyageur, prendre la mer pour chercher et trouver. » Le psy conseille alors à Charlotte de partir en croisière. C'est le point central du film qui lui donne son titre : *Now voyager*.

Le deuxième acte se déroule en croisière. Charlotte Vale, totalement transformée, et parfaitement séduisante, tombe amoureuse d'un homme (Paul Heinreid) qui se révèle marié. Leurs relations restent assez chastes, malgré les superbes clairs de lune de Rio de Janeiro et la température tropicale. On peut néanmoins lire entre les images. Cet homme, qui souhaite divorcer, a lui aussi une fille qui, comme Charlotte, est un « vilain petit canard ». Charlotte décide alors de traiter la fille de cet homme en revenant à la « Cascade » où le bon Dr Jacquith la supervise dans cette première thérapie.

Le dénouement est rapide. La mère tyrannique meurt, après l'avoir une fois de plus culpabilisée, mais elle lui laisse un héritage confortable. Charlotte refuse un prétendant riche et ennuyeux. Elle transforme la maison familiale en un centre de psychothérapie pour les enfants qui ont souffert. Jacquith vient l'encourager. Son ami l'aide et espère plus d'elle, mais la réplique finale de Charlotte est : « Pourquoi demander la lune alors que nous avons les étoiles ? » Second degré, voulu ou involontaire ? Romantisme tardif ? L'histoire s'arrête là.

La morale du film

Un bon thérapeute donne des conseils judicieux, fait appel à l'énergie du patient et propose des tâches qui lui permettent de changer de décor et de vie. Cependant, certaines blessures sont tellement profondes qu'elle ne guérissent qu'en essayant de soulager celles des autres. La fin du film est ouverte. Peut-être Charlotte succombera-t-elle à son troublant ami. Peut-être finira-t-elle par épouser son thérapeute, le Dr Jacquith, et diriger « Cascade ». Elle peut aussi faire des études de psychiatrie et créer une fondation de recherche, devenir enfin une femme dominante comme sa mère, mais pour le bien de tous, et terminer en icône de la psychiatrie américaine. On est aux États-Unis : tout est possible.

Le pourvoyeur d'identité

À l'époque classique, les relations sexuelles entre patients et thérapeutes sont peu évoquées. Le thérapeute est un libérateur des chaînes qui entravent les portes de l'inconscient dans un climat de puritanisme et de professionnalisme qui n'exclut pas les arrière-pensées jamais exprimées : « *No sex please : we are analysts.* » De toute manière, le code moral qui pèse sur Hollywood ne le permettrait pas.

Pourtant, les deux films les plus célèbres sur la psychanalyse aboutissent à un mariage annoncé entre un psychothérapeute et son patient, une fois le *happy ending* assuré. Trois intrigues s'y mêlent : l'intrigue psy où le psy cherche à guérir un patient, l'intrigue policière où le psy enquête et l'intrigue amoureuse entre le psy et le patient.

Le premier est *Soudain l'été dernier,* (*Suddenly last summer*) de Joseph L. Mankiewicz (1959) qui présente une image positive du psy. S'il met en cause la psychochirurgie, alors en vogue aux États-Unis

Soudain l'été dernier

Un neurochirurgien est embauché par une dame richissime, Madame Venable (Katherine Hepburn), qui veut fonder un institut pour traiter les malades mentaux par lobotomie. En fait, elle veut surtout faire lobotomiser sa nièce (Elizabeth Taylor) qui a vécu avec son fils et qui est internée pour schizophrénie. Le neurochirurgien, joué par Montgomery Clift, tombe amoureux de la patiente, abandonne le scalpel et la sauve en lui faisant revivre un épisode douloureux de son passé. En fait, la jeune femme servait d'appât à son cousin homosexuel pour attirer des hommes. Le cousin est mort, tué par des pêcheurs en colère. Le neurochirurgien s'en va avec la patiente qu'il a guérie par psychothérapie. Madame Venable, en apprenant la vérité sur son fils, devient folle. Inconsciemment, elle voulait faire lobotomiser sa nièce pour dissimuler l'insupportable vérité : mère abusive, elle a couvé un fils qui est un poète homosexuel et qui satisfait ses penchants dans les pays pauvres. La morale du film est : pour résoudre ses difficultés psychologiques, mieux vaut un bon analyste qu'un mauvais neurochirurgien.

et en Europe, où on effectue des lobotomies cérébrales dangereuses et inefficaces, il est surtout centré sur la psychanalyse.

Même le génie du metteur en scène et le jeu remarquable des acteurs ne parviennent pas à rendre crédible une telle accumulation d'invraisemblances, sortie de l'imagination et de la vie tourmentée de Tennessee Williams. Reste que le spectateur se trouve face à un mythe où le psy est un devin qui, comme dans la tragédie grecque, remet chacun à sa place en lui disant sa vérité. Et puis, il y a le charme rétro et vénéneux du film auquel il est facile de succomber.

Le second film, le plus emblématique de cette époque, est *La Maison du Dr Edwardes* (*Spellbound*, 1945) de Hitchcock. Hitchcock, qui voulait tourner le premier film sérieux sur la psychanalyse, s'est adjoint pour l'occasion un psy : le Dr Romm.

La Maison du Dr Edwardes

Au début on peut craindre le pire, mais Hitchcock qui apparaît dans le film sous les traits d'un violoniste sortant d'un ascenseur va faire du cinéma et jouer avec nos émotions.

Une introduction pompeuse

Le film s'ouvre sur une citation de Shakespeare : « La faute n'est pas dans nos étoiles, mais en nous. » Puis, un long préambule écrit se déroule sur l'écran :

« Notre histoire a pour sujet la psychanalyse, méthode par laquelle la science moderne traite les problèmes des gens sains. La psychanalyse cherche seulement à induire le patient à parler de ses problèmes cachés de manière à ouvrir les portes verrouillées de son esprit. Une fois que les complexes qui perturbent le patient sont découverts, la maladie et la confusion disparaissent... Et les démons de la déraison sont expulsés de l'âme humaine. »

L'inconscient est donc assimilé au Diable et le psychanalyste comparé à un exorciste qui expulse les péchés cachés de l'âme.

Le scénario

Le Dr Edwardes (Gregory Peck), psychanalyste brillant, auteur d'un ouvrage intitulé *Le Labyrinthe du complexe de culpabilité*, arrive à la clinique de Green Manors pour remplacer un autre analyste sur le déclin, le Dr Murchison. Au passage, il séduit une jeune analyste glaciale, le Dr Petersen (Ingrid Bergman) qui fond littéralement à son contact. Mais les choses se gâtent : Edwardes présente une phobie des rayures, malmène ses patients et tombe en syncope au cours d'une intervention chirurgicale. Personne ne le connaissait à la clinique et petit à petit s'insinue l'idée qu'il est un imposteur, un paranoïaque avec une personnalité dédoublée qui a pris l'identité du vrai Edwardes.

L'homme s'enfuit, mais le Dr Petersen le rejoint et l'emmène chez son propre analyste, le Dr Brulov. Tous deux vont psychanalyser rapidement ce patient dangereux. Une séquence de rêve (réalisée par Salvador Dali) révèle deux traumatismes oubliés : il a assisté à la mort du vrai Edwardes dans une station de ski et a tué par accident son frère, alors qu'il était enfant. Il retrouve ainsi sa véritable identité : John Ballantine. Mais la police l'arrête, l'accusant du meurtre d'Edwardes. Le Dr Petersen retourne alors à la clinique où le Dr Murchison, qui en a repris la direction, révèle, par un lapsus, qu'il a tué Edwardes et que Ballantine n'y est pour rien. Il voulait simplement garder sa place de directeur. Il menace le Dr Petersen avec un revolver avant, finalement, de se suicider. Le Dr Petersen pourra épouser son patient...

Le message du film

Le film se veut une ode à la gloire de la psychanalyse alors en plein essor aux États-Unis, mais il y mêle habilement intrigue sentimentale et intrigue policière. Le Dr Brulov, qui ressemble à Freud âgé, est la référence psychanalytique. Il traite le Dr Petersen comme si elle était sa fille : elle habitait d'ailleurs chez lui durant son analyse et elle retrouve avec plaisir sa chambre de jeune élève. Il la sermonne pour qu'elle garde une attitude scientifique face à son patient. Enfin, il énonce sa philosophie : « Nous cherchons la vérité encore plus que la police. » Une telle image paternelle ne peut que rassurer ceux qu'inquiète la descente dans les profondeurs de l'inconscient.

On retrouve aussi les thèmes chers à Alfred Hitchcock : la perte d'identité, la prison de la névrose, la trahison, la culpabilité et la rédemption par l'amour. Le Dr Pertersen veut traiter le faux Edwardes, car il a su la réchauffer au cours de leur quête commune de la vérité. Le suspense se résoudra, comme souvent avec Hitchcock, par un mariage dont les premiers émois auront lieu dans un sleeping. Une fois de plus, le Maître nous dit que le meilleur cocktail aphrodisiaque est une femme glaciale et superbe, la fuite d'un danger et un voyage en train. À chacun de vérifier.

L'époque moderne

Jusqu'aux années 1960, le psy est donc un personnage positif, puis la situation se détériore. Le film de John Huston, *Freud, passions secrètes*, qui sort en 1962, est un échec au box-office. Le XXe siècle entre dans une autre période, particulièrement féconde et créative. Le romantisme n'est plus de mise, et la contestation sociale s'exprime sous toutes ses formes. Le psy, garant de la réalité et de la santé mentale, qui expulse les monstres de l'inconscient, laisse la place à une figure plus ambiguë. D'exorciste, il devient Diable. De scientifique, il devient manipulateur. De sain d'esprit, il se transforme en fou. De chaste, il devient la terreur des divans. La période moderne va de 1962 au milieu des années 1990. Lentement mais sûrement, l'image se dégrade, depuis les premiers films de Woody Allen et les remakes de Hitchcock par Brian de Palma jusqu'aux mélos-psy actuels d'Hollywood, lourds et parodiques. Deux thèmes majeurs dominent : celui du psychiatre fou et celui des relations sexuelles entre patients et thérapeutes.

Le psychiatre fou et le flic angélique

L'image du psychiatre fou va permettre de mélanger deux genres : le film policier et le film psy.

Le psychiatre fou se double souvent d'un assassin banal ou d'un serial-killer qui assouvit ses instincts sous le couvert de sa profession. Ce thème se retrouve aussi bien dans *Pulsions* de Brian de Palma (1981), que dans *Le Silence des agneaux* (Jonathan Demme, 1990) et *Hannnibal* (Ridley Scott, 2001). Le succès de ces deux derniers films qui présentent le psy, Hannibal Lecter, comme un serial-killer cannibale, repose sur un contraste manichéen opposant la sombre figure du psy à l'image lumineuse et courageuse d'une femme policière qui doit descendre dans les gouffres de la folie pour remettre un peu d'ordre dans ce monde. L'image du bon flic a remplacé celle du bon psy de la période précédente.

Les nuits avec mon thérapeute

Gabbard[6], en 1999 a recensé dans la production d'Hollywood le nombre, imposant, de films dont le ressort dramatique est la sexualité entre psychanalystes et patients. Le personnage du psy (homme ou femme) se situe toujours dans un climat fortement érotisé et de manipulation mutuelle. Il existerait au moins 17 films où un thérapeute tombe amoureux d'une patiente contre 27 où une thérapeute tombe amoureuse d'un patient. Dans 32 films, un thérapeute de sexe masculin traite avec efficacité une femme. Beaucoup de films cités par Gabbard n'ont pas été diffusés en France.

Vu le nombre de scénarios de ce genre, je me contenterai d'examiner un seul film, un standard : *Sang chaud pour meurtre de sang froid* de Phil Joanou (*Final Analysis*, 1992). Il a toutes les caractéristiques d'une production hollywoodienne de l'époque : un casting prestigieux, un mélange de sexualité torride et de psychologie des profondeurs et une démarcation peu habile des grands maîtres du cinéma.

Sang chaud pour meurtre de sang froid

Un psychanalyste est piégé par deux sœurs, dont l'une est sa patiente. Elles le font soupçonner d'un meurtre que l'une des deux a commis. Non seulement ce psychanalyste est ignorant : sa patiente lui raconte un rêve qui a été rapporté par Freud dans *L'Interprétation des rêves* sans qu'il le reconnaisse, mais il a une déontologie élastique, car la sœur de sa patiente devient sa maîtresse. Finalement, le psy ne doit son salut qu'à son sens de la manipulation psychologique. Il utilise un de ses patients, un délinquant, comme détective privé et découvre la vérité sur la meurtrière grâce à l'aide d'un policier noir, qui lui sauve la vie. L'image du psy, jouée consciencieusement par Richard Gere, est donc celle d'un professionnel incompétent, manipulateur, veule, et qui n'établit pas de limites très claires entre sa vie privée et sa vie professionnelle.

Cette histoire rocambolesque est une démarcation de *Vertigo* (*Sueurs froides*) de Hitchcock. Le moment de vérité dans *Sang chaud pour meurtre de sang froid* se situe dans un phare et reproduit la séquence finale de *Vertigo* où James Stewart doit monter un escalier dans une tour. De même, dans *Vertigo*, il y a deux femmes qui se ressemblent dont on se demande si ce n'est pas la même déguisée ; dans *Sang chaud pour meurtre de sang froid*, il s'agit de deux sœurs. Enfin, la partition musicale de *Sang chaud* est un hommage plus qu'appuyé à celle de Bernard Hermann dans *Vertigo*, qui était elle-même une démarcation habile de la fin de *Tristan et Isolde* de Richard Wagner.

Le thème des relations sexuelles entre patients et psychothérapeutes est ancré dans la réalité. Il repose sur les statistiques de l'Association psychiatrique américaine qui a suspendu ou interdit définitivement d'exercice 113 membres entre 1981 et 1991[1] à la suite de plaintes de patients. Le plus souvent, la relation avait débuté durant la thérapie ou juste après. Dans 80 % des cas, les relations sexuelles avaient eu lieu entre un psychothérapeute et une de ses patientes.

L'Association américaine de psychiatrie a mis au point un programme de prévention, car il a été montré qu'il ne s'agissait pas de passages à l'acte rapides et sans réflexion, mais d'un dérapage progressif. Le conseil est donné aux thérapeutes qui ont le sentiment de glisser sur cette pente de chercher de l'aide ou une supervision pour reprendre de la distance. En France, selon l'Ordre des médecins, la section disciplinaire du Conseil national a eu à connaître une quarantaine d'affaires de ce type au cours des dix dernières années[2].

L'époque postmoderne

Cette époque nous semble débuter avec les films récents de Woody Allen (*Harry dans tous ses états*, 1997) et de certains metteurs en scène français. De miroir, de référence scientifique, ou d'ambassadeur de la réalité, le psy devient un simple acteur de fantasmes dont on ne sait pas si ce sont ceux du patient, les siens propres ou ceux de la société. Ce psy imaginaire est une projection sur écran. C'est aussi une projection au sens psychologique du terme : il lui est attribué ce qui est à l'intérieur de la tête du metteur en scène qui représente à la fois le spectateur et la société. Le psy devient ainsi le reflet du malaise individuel et social. Il existe de moins en moins de distance entre lui et le patient. Psy et paranoïaque finissent par se confondre comme dans *Passage à l'acte* de Francis Girod (1996). L'ambassadeur de la réalité est désormais le flic qui mène l'enquête.

Désabusement et thérapie par la créativité

L'image du psy s'est détériorée progressivement chez Woody Allen. Au début, il est au centre du film et semble aider les personnages à vivre. Dans *Annie Hall* (1977), Woody Allen et sa compagne en font grand cas, puisqu'ils sont tous les deux en thérapie, ce qui fait évoluer leur couple dans un climat doux-amer, nostalgique après la séparation, mais qui reste toujours positif et léger. Annie Hall porte un nom qui évoque celui d'Anna O, une des célèbres patientes de Freud. À cette époque, Allen se prend un peu pour Freud.

Au fil des années, cette image se dégrade. Le psychanalyste est décrit comme un névrotique qui entretient la névrose des autres et celle de ses proches. Même sympathique, le psy reste sévèrement perturbé, aux frontières de la marginalité mentale et sociale, et il ne sert plus à rien. Dans *Meurtres mystérieux à Manhattan* (1992), Woody Allen répond, ainsi à Diane Keaton qui lui conseille de faire une thérapie : « Il n'y a aucun problème qui ne puisse être guéri par du Prozac et un maillet de polo. » La noirceur est encore plus grande dans *Harry dans tous ses états* (*Deconstructing Harry*, 1997).

Harry dans tous ses états

La psychanalyse

Woody Allen transpose sa vie dans celle de Harry Block, écrivain célèbre qui est devenu incapable d'écrire, et dans celle de ses personnages. En particulier, il est clair qu'il fait allusion à ses démêlés avec son épouse et à sa liaison avec sa belle-fille. Il fait dire à Harry Block qu'il a suivi six psychanalystes différents et que rien n'a changé. Finalement, il épouse une psychanalyste avec qui il a une enfant, puis il se brouille avec elle, car il n'a rien trouvé de mieux que de draguer une de ses patientes. Sa femme interrompt à plusieurs reprises la séance avec un patient pour le mettre à la porte en hurlant sa colère. L'un comme l'autre consomment des tranquillisants et sont perturbés, colériques, anxieux et instables.

Une sexo-thérapie
Une prostituée noire aide alors Harry à résoudre ses problèmes sexuels, bien mieux que ses analystes, ses trois autres épouses et ses multiples maîtresses. Elle accepte même de l'accompagner à une cérémonie organisée en son honneur par son université. Là, Harry fait une crise d'angoisse où il se dépersonnalise : il se sent devenir flou et son image devient également floue sur l'écran. La prostituée le calme et l'aide à affronter la situation et tous deux vivent une suite d'épisodes burlesques où Harry montre son incapacité à gérer sa vie et ses émotions.

L'art comme thérapie
Le message du film est dans la scène finale qui est une rêverie. Tous les personnages que Harry a créés organisent une cérémonie pour le remercier de leur avoir donné la vie. C'est la seule scène sereine du film. Harry Block peut se remettre à écrire en se disant que s'il fonctionne mal dans la vie, il fonctionne bien comme artiste. La morale du film est : l'écriture, et les prostituées qui sont des artistes à leur manière, aident plus à vivre que les psys.

Le film psy français et la perte d'identité

Le film psy est un genre qui présente une très proche parenté avec le film policier. Le thème commun au polar et au film psy est la recherche de la vérité. De même que le polar est, souvent, une suite de scènes nocturnes aux frontières du réel et du rêve, le film psy explore le clair-obscur de la vie mentale. Franchir les portes de la nuit est favorable aussi bien aux meurtres qu'aux confessions.

Le thème central du film psy français actuel est la perte d'identité et de limites aussi bien chez les psys que chez leurs patients. Les patients sont impulsifs, kleptomanes ou assassins : les psys aussi. Les personnages de Woody Allen étaient simplement loufoques, anxieux et incapables de vivre d'une manière stable ; dans les films psy français récents, on monte d'un cran dans la pathologie.

Dans *Généalogies d'un crime* de Raul Ruiz (1996) Catherine Deneuve joue le rôle d'un psy qui tue plusieurs jeunes garçons, selon un rituel meurtrier immémorial, fixé par une vieille légende chinoise. Un autre personnage, un psychanalyste, se suicide. Les réunions de psychanalystes ressemblent à des réunions de secte. Chacun est au bord de la folie et finit par y succomber.

De façon plus générale, le psy est décrit comme un inquiétant homme de pouvoir — une sorte de Tartuffe de la science des profondeurs, qui peut devenir criminel. Il peut aussi se suicider par amour, ayant perdu toute illusion, y compris sur sa valeur professionnelle. Le téléfilm policier n'en donne pas une image plus positive. Un épisode de *Julie Lescaut* intitulé *Propagande noire* (1997) montre ainsi une psychanalyste qui séduit le mari d'une de ses patientes et qui est sous l'influence d'une secte qui cherche à infiltrer le milieu médical.

On aboutit à un jeu de miroirs. Le psy est le miroir du patient, qui est le miroir du metteur en scène, qui est le miroir d'un monde éclaté. Je choisirai pour illustration *Mortel Transfert* (2000) de J.-J. Beineix. Il représente une tentative intéressante, surtout par la conduite du récit qui repose sur un contrepoint très sophistiqué. Beineix est un metteur en scène baroque qui écrit une partition à plusieurs niveaux et à plusieurs voix. Le film est donc difficile à suivre, mais il vaut d'être revu.

Mortel transfert

(Comme *Passage à l'acte*, le film est tiré d'un roman de J.-P. Gattegno.)

Le scénario

Une jeune analyste, Michel Durand, a pour patiente une jeune femme, Olga, qui est kleptomane et qui a des relations sado-masochistes avec son mari. Au cours d'une séance, il s'endort et sa patiente est tuée par son mari car elle lui a volé sept cents millions. Il lui faut alors se débarrasser du corps qu'il va enterrer au Père-Lachaise la nuit... Il découvrira à la fin que c'est son propre analyste qui lui a adressé Olga qu'il continuait à suivre en même temps que lui, pour faire une expérience psychologique intéressante. Son maître voulait également faire main basse sur l'argent pour financer sa société : le Cercle analytique. Après avoir menacé Michel Durand avec un pistolet pour lui demander où est passé l'argent, il se reprend et raconte son histoire. C'est lui qui a tué le mari d'Olga avec qui il était en affaires.

Dégoûté de lui-même, il se suicide, non sans avoir conseillé à Michel Durand de rester un « analyste digne ». Et c'est un balayeur sympathique et pyromane qui mettra finalement la main sur l'argent et pourra s'offrir une analyse chez Michel Durand. Ce dernier trouve, de son côté, le bonheur auprès d'une jeune peintre qui l'a attendu et soutenu dans sa crise.

Les niveaux de lecture du film

Le film est baroque. Il se déroule souvent dans des décors vénitiens splendides, le style est ornementé et une musique au clavecin accompagne l'apparition du vieux psychanalyste Slibovitch joué par Robert Hirsch. Ce dernier s'est fait le look de Jacques Lacan : même ton de voix, nœud papillon, style volontiers prophétique et archaïque. Il énonce aussi quelques vérités lacaniennes telles que : « L'analyste est un saint, et plus on est de saints, plus on rit » ou encore : « L'analyste est là pour écouter la jungle » — aphorisme plus original et assez bien venu.

Les deux psychanalystes du film, dont l'un est l'analyste interminable de l'autre, ont des problèmes sexuels et financiers qui les poussent soit au crime, soit au mensonge professionnel. Manquant totalement de distance, ils sont contaminés par les fantasmes et les comportements de leurs patients avec lesquels ils finissent par se confondre. Michel Durand interrompt les séances de ses patients dès que leurs propos le mettent mal à l'aise. Des trois patients qu'il suit, aucun ne va mieux : Olga provoque de plus en plus son mari qui finit par la tuer ; une autre patiente, qui est inhibée et passive, présente une substitution de symptôme et devient kleptomane en cours d'analyse ; le troisième, un homme, reste enfermé dans sa peur des femmes.

Les patients mènent le jeu. Tout le monde est manipulé par Olga, que ce soit son époux qui la bat, car elle est masochiste, Slibovitch qui la désire, Michel Durand qui lui procure un alibi pour un vol, un autre patient qui paie ses contraventions ou le balayeur qui l'aide à résoudre ses problèmes avec son mari. Elle fait deux analyses en parallèle. Et elle finit assassinée par son mari, ce qui est le comble du masochisme.

Le film, au passage, titille l'œil du spectateur au point de devenir une anthologie filmée des perversions : nous avons droit successivement à plusieurs scènes de flagellation, une scène de nécrophilie burlesque au Père-Lachaise, quelques peep-shows et vidéo-

clips sado-maso, et je passe le récit de la fellation, la scène d'amour sur le divan, les dessins érotiques...
Dans *Mortel Transfert*, les références freudiennes sont essentiellement une mise en scène du rêve du fameux « homme aux loups » raconté par Freud dans *Cinq Psychanalyses* et une histoire d'observation des rapports sexuels de ses parents par Michel Durand dans son enfance. Le film se déroule aussi dans le temps d'une enquête policière : Michel Durand a un double qui, lui, est parfaitement rationnel : son meilleur ami est un commissaire de police qui le soupçonne, puis le blanchit.

La morale du film

Le *happy end* et le retour à la réalité et à une sexualité plus banale du héros apparaissent quelque peu artificiels. À moins que le film ne soit le songe d'un metteur en scène en train de rêver à la psychanalyse et d'essayer de donner une cohérence à la confusion des rôles que vivent ses personnages. Le message final est : « Une psychanalyse, c'est long. » On doute, à la fin du film, que l'allongé et l'allongeur, dont les histoires se confondent, y trouvent beaucoup de sens.

Les trois fils du polar-psy

Mortel Transfert est la version psy de la fameuse scène de la galerie de glaces à la fin de *La Dame de Shanghai* d'Orson Welles. Un coup de feu final fait voler en éclats les miroirs et révèle une réalité meurtrière : la Dame de Shangaï tient un revolver et veut tuer le héros, tout comme Slibovitch menace Durand. Les masques tombent : l'enjeu était le sexe et le pouvoir.

Serions-nous tous des assassins pour nous passionner pour le polar-psy ? Ou sommes-nous en quête d'une invraisemblable vérité ? Le film psy postmoderne combine à la fois le polar, la psychothérapie et l'enquête policière. Il doit donc dénouer les trois fils qui font la trame de son récit. Il lui faut trouver la vérité psychologique, confondre les assassins et réunir les amants. Ces trois objectifs aboutissent à concentrer le scénario sur trois questions : le psy est-il un assassin ? Quels sont la vie sexuelle et les désirs authentiques des psys et des patients ? La vérité psychologique qu'atteint le psy est-elle le miroir de la vérité policière ? Pour que l'histoire fonctionne, elle doit se dérouler sur ces trois niveaux qui passent tous par le cabinet du psy, mais, en miroir du psy, il existe toujours un policier qui représente la réalité. Et, pour résoudre le problème, le psy ou son double, le policier, ont peu de temps — en tout cas pas celui d'une thérapie, même brève, sinon le fil du suspense serait rompu.

On est donc très proche de la règle des trois unités. Unité de lieu : le cabinet du psy, peuplé des fantasmes des patients, est un microcosme où s'agite le monde réel. Unité de temps : quelques jours, quelques séances. Unité d'action : qui a fait le coup ? le psy ou quelqu'un autre ?

Si l'on examine attentivement le récit de *Mortel transfert*, il possède une frappante analogie avec celui de *La Maison du Dr Edwardes*, bien que les deux films aient des styles totalement différents. Il y a un bon psy dans les deux cas et un mauvais qui se suicide à la fin (Slibovitch dans *Mortel transfert* et Murchison dans *La Maison du Dr Edwardes*). Les relations entre patients et analystes sont ambiguës ; la sexualité y est présente sous une forme assez directe. Les psychanalystes se psychanalysent entre eux, puis se retrouvent dans des soirées. Freud est présent indirectement. Les liens de dépendance entre les jeunes psychanalystes et leurs propres analystes persistent : de père à fils dans *Mortel transfert* ; de père à fille dans *La Maison du Dr Edwardes* Dans les deux films, l'enjeu pour les jeunes analystes est l'amour et pour les plus anciens le pouvoir. En mêlant enquête policière et psychanalyse, le film conduit chacun à sa vérité.

Le film psychanalytique : depuis Hitchcock jusqu'à Beineix

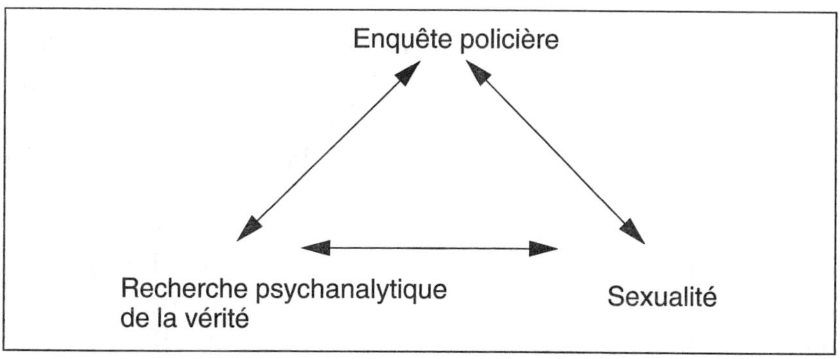

DOCTEUR FREUD ET MR HYDE

Sherlock Holmes utilise, on le sait, une méthode présentée comme parfaitement rationnelle alors qu'elle est en réalité illogique et parfaitement intuitive. Par là, elle annonce celle de Freud dans ses récits de psychanalyse : l'imagination féconde du Maître remplit les trous du récit du patient et fait subir à l'histoire une série de constructions interprétatives de plus en plus éloignées du texte initial.

La création du mythe freudien et du mythe du psy doit donc à Conan Doyle. On se souvient que l'homme aux loups, au cours de sa longue analyse, apprend que Freud lit beaucoup Conan Doyle et qu'il l'apprécie[10], mais il nous semble que le mythe du psy se fonde aussi, et peut-être surtout, sur un court roman[11], celui de Robert Louis Stevenson : *Dr Jekyll et Mr Hyde* (1886).

Selon nous, la plupart des films psy renvoient à ce texte fondamental, dont il a été tiré de nombreux remakes. Ce court roman, d'une cinquantaine de pages, est un condensé mythique. Il date de 1886. Il est donc contemporain des premiers travaux de Janet sur le subconscient et antérieur de neuf ans à ceux de Freud. Tout en semblant reprendre le vieux thème du double, issu du folklore écossais, et développer une parabole sur le péché, et son nécessaire châtiment, il va, en fait, beaucoup plus loin.

Dr Jekyll et Mr Hyde : l'original et les remakes

Le thème central en est simple : ce qui est refoulé à l'intérieur est forcément maléfique. Mr Hyde (en anglais *to hide* signifie « cacher ») représente ce qui est enfoui chez l'homme. L'idée n'est pas neuve : « Le cœur de l'homme est plein d'ordure », disait déjà Pascal. Il vaut de souligner que ni Freud ni Stevenson n'effectuent de renversement : le double d'un délinquant pervers devrait être un homme bon. En toute logique, si l'inconscient est l'inverse des apparences, celui qui apparaît mauvais doit être bon de l'autre côté du miroir. Comme dans *Le Portrait de Dorian Gray* (1890) d'Oscar

Wilde, Stevenson s'attaque aux apparences de la bonne société victorienne tout en envoyant un message conformiste. Jekyll est tué comme Dorian Gray. D'éducation calviniste, vivant sous le contrôle d'une épouse plus âgée et dominatrice après avoir mené une jeunesse libertine, Stevenson ne pouvait faire mieux que de raconter l'histoire d'une expiation.

Le combat entre les deux tendances, la bonne conscience et le mauvais inconscient libéré par la drogue qu'invente par hasard, Jekyll, est daté. Il montre la place de l'inconscient à la fin du XIXe siècle : forcément inversé et diabolique. Tout comme chez Freud, les tendances cachées sont les pulsions sexuelles, les désirs ignobles, la haine, la violence. D'autres conceptions de l'inconscient ont été proposées à cette époque et le seront après, mais l'image retenue par Stevenson, Wilde et Freud est celle d'un inconscient qui est le double pervers de l'homme civilisé.

Dr Jekyll et Mr Hyde

La version cinématographique la plus connue est celle de Victor Fleming (1941) avec Spencer Tracy dans le double rôle, Ingrid Bergman dans le rôle de la maîtresse « vulgaire » de Hyde et Lana Turner dans celui de la douce et convenable fiancée. Les deux personnages féminins sont à l'opposé de leur réalité, car Ingrid Bergman était fort convenable dans la vie et Lana Turner menait une vie très osée pour l'époque. Ils n'existaient d'ailleurs pas dans le roman de Stevenson, mais l'autocensure est passée par là.

Jekyll est un grand médecin plein d'avenir qui veut secourir les malades mentaux. Le film débute dans une église où l'office est perturbé par un malade mental que l'on emmène de force. Le Dr Jekyll se jure de trouver un remède à la folie. Il s'enferme dans son laboratoire, refusant de gagner de l'argent avec la riche clientèle que lui propose son futur beau-père. Il essaie sur lui-même le remède qu'il a mis au point et devient alors une brute exaltée, à la force irrésistible. Il va alors alterner deux personnalités contrastées, tantôt normal et bienveillant, tantôt sadique et brutal. Il vit tantôt avec sa riche fiancée, tantôt avec sa maîtresse qu'il maltraite.

Le récit prend souvent un ton glacial et médical. On peut se demander si Jekyll n'annonce pas un des plus beaux fleurons de la psychiatrie du xxe siècle : la psychopharmacologie des antidépresseurs. Finalement, tout se règle entre médecins, car le Dr Lanyon, l'ami de Jekyll, après avoir observé la transformation à vue de son ami en un monstre qui a assassiné sa maîtresse, ne peut que le tuer dans son laboratoire pour sauver sa propre vie. Jekyll retrouve son apparence de bon docteur, une fois mort, et c'est au son d'un cantique que le mot fin apparaît sur l'écran. Jekyll est un héros de la science : il n'a pas voulu risquer la vie d'un malade et a fait son expérimentation sur lui-même. Sa découverte aura peut-être un futur...

Le thème de Hyde et Jekyll a été repris plusieurs fois à Hollywood, que ce soit sous forme de parodie dans *Dr Jerry et Mr Love* de Jerry Lewis (*The Naughty Professor,* 1963) ou de manière plus décalée, comme dans le film de science-fiction *Planète interdite* (Fred Wilcox, 1956) qui s'inspire aussi de *La Tempête* de Shakespeare.

Planète interdite (Forbidden Planet)

En 2250 un vaisseau spatial arrive sur une planète pour rechercher une expédition que l'on croyait perdue. La race qui régnait sur cette planète, les Krells, a disparu en laissant les restes d'une technologie grandiose qui fonctionne encore. Les seuls survivants de l'expédition sont le Dr Morbius et sa fille, et, bien sûr, le capitaine de l'expédition se met à draguer la fille du médecin. C'est alors que l'expédition est attaquée par une force bestiale et invisible qui tente de détruire le vaisseau spatial. On découvre que c'est l'inconscient de Morbius qui se matérialise, car il veut garder sa fille pour lui. La haute civilisation des Krells, elle aussi, a péri, car elle ne contrôlait pas son inconscient. Morbius mort, la fusée repart avec sa fille et le capitaine, joué par Leslie Nielsen, alors jeune et beau. *Happy end.*

Les trois grands scénarios issus du mythe

Le film psy a pour matrice *Dr Jekyll et Mr Hyde*. Chronologiquement, cette histoire apparaît peu de temps avant les travaux sur l'inconscient de Janet puis de Freud et peu de temps avant l'invention du cinéma. Elle contient les six situations principales qui sont traitées à l'écran :

— Jekyll est un savant qui explore avec courage l'inconscient et sa biologie.

— Hyde est un fou dangereux.

— Jekyll est un libérateur qui veut soigner les personnes qui souffrent psychologiquement.

— Hyde est un pervers manipulateur qui torture et fait souffrir.

— Jekyll enquête sur son propre dédoublement de personnalité et s'arrange pour être tué par son ami médecin : il est donc détective et juge.

— Hyde est un assassin qui tue sa maîtresse dans le film (un vieillard dans le roman).

Dit autrement, toutes les histoires de films psy pourraient se résumer à trois dimensions, celles de l'échelle LIR : la logique, l'impulsivité et la relation de dépendance[3]. Cette hypothèse demande bien entendu, à être confirmée par un travail plus approfondi.

Trois dimensions pour le film psy (modèle LIR)

Logique		
Le psychiatre fou	◄──►	Le savant
Impulsivité		
Le criminel	◄──►	Le détective
Relation de dépendance		
Le manipulateur	◄──►	Le libérateur

LES FONCTIONS DU PSY DANS LE SCÉNARIO CINÉMATOGRAPHIQUE

Le cinéma se plaît dans la pénombre des salles obscures et des âmes, et son intérêt pour les psys enrichit la palette des scénaristes. Le mythe du psy représente la projection sur écran des espoirs et surtout des peurs de chacun. Il a aussi une fonction dans le récit cinématographique car il représente une cheville qui permet de justifier certaines scènes et de présenter certaines émotions. En ce sens, il fait partie de la logique du récit. Voici six des fonctions principales du psy dans les scénarios.

Le psy dans le rôle du libérateur

Le *happy end* du film psy, quand il existe, renvoie à deux désirs communément exprimés : le désir de vérité et le désir de changement. Polar et psychothérapie se rejoignent sur ce point. L'aube d'une vie nouvelle se lève. Cette fonction de renaissance que projette souvent le *happy end* transforme la nuit en une aube où se résolvent les tensions accumulées au cours du film.

Le marché de la culpabilité fonctionne grâce au désir de rédemption. Être en thérapie peut consister à racheter ses fautes réelles ou imaginaires, parfois au prix fort. Chaque personne qui arrête une thérapie payée en espèces voit du même coup augmenter ses revenus réels. Autrefois, donner une partie de ses biens ou la totalité était une manière d'entrer en religion et d'assurer le salut de son âme. Il s'agit bien d'un mythe, car la thérapie remboursée marche ni mieux ni plus mal que la thérapie payée en espèces. Cette version rédemptrice de la psychanalyse est souvent montrée à l'écran. Libérateur de la prison de soi, révélateur de la trahison de soi ou pourvoyeur d'une nouvelle identité, le psy est l'agent du *happy end*. En prime, il explique tout. Le « psy imaginaire » agit vite et d'une manière révolutionnaire. Tout va changer demain, en quelques phrases et grâce au retour de quelques souvenirs. Malheureusement, la réalité quotidienne des psys est moins simple.

Le psy dans le rôle du fou qui dit la vérité

La personne qui présente un trouble mental est valorisée dans certains films, car elle détient les clés de la vérité — ce qui, dans la réalité, semble discutable. Le psy, qui est à l'image de ses patients et dont le comportement est souvent paradoxal, a parfois pour fonction de dire la vérité à ceux qui la cachent ou la travestissent : vérité des passions, des mesquineries ou de la bassesse humaine. C'était le rôle autrefois dévolu au « fol », ou bouffon, dans les cours des princes, tel Rigoletto dont la fille a été violée par le duc de Mantoue et qui en dénonce la débauche, l'arbitraire et la violence avant de le tuer.

Le psy dans le rôle du malade imaginaire

D'une certaine façon, le psy a repris le rôle des médecins de Molière, forts en rhétorique, faibles en pratique et vivant des croyances puériles de leurs patients. Il est obligé de composer avec ce mythe qui le met dans le rôle du « magicien malgré lui ». Parfois aussi, le psy devient un « malade imaginaire » : le mythe lui attribue encore plus de troubles psychologiques ou de vices cachés qu'à ses patients. C'est ce qu'on voit dans la plupart des films de Woody Allen, ou dans *Pulsions* de Brian de Palma.

Le psy dans le rôle du balayeur d'âmes

Le psy est aussi le dépositaire, voire le dépotoir, de ce qui ne va pas chez l'individu et dans la société. En cela, il est proche du « privé » traditionnel dans le polar classique, ou du chauffeur de taxi qui véhicule tous les jours et nettoie tous les soirs l'écume de la société comme le fait l'anti-héros de *Taxi Driver* de Martin

Scorsese. Cette confrontation ne le laisse ni indifférent ni intact. Tout comme le chauffeur de taxi du film de Scorsese, le psy finit souvent par déjanter. Dans le meilleur des cas, le rôle du psy reprend celui du notaire, du médecin de famille ou de l'avoué chez Balzac : Derville, dans *Le Colonel Chabert*, aide, sans y parvenir, le héros oublié de la bataille d'Eylau à retrouver son identité, sa position sociale et son honneur. La situation particulière du psy, observateur de la destinée des autres, permet au scénariste de montrer des rencontres autrement improbables entre différents univers sociaux : pauvres et riches, morts et vivants, assassins et victimes, sains d'esprit et malades mentaux.

Parfois, le psy se tait, quand il devrait s'indigner et parler. Il occupe alors la fonction du traître ou du salaud. Ainsi dans *Sept Morts sur ordonnance* (Jacques Rouffio, 1975), film fondé sur un fait divers réel, le psy sait tout, mais n'empêche pas le massacre annoncé de sa famille par un chirurgien psychotique, car cela sert les intérêts du clan auquel il appartient. Quoi qu'il en soit, le film psy permet au réalisateur de dire : la « vérité » ou, plus exactement, ce qu'il pense de la société et de ses égouts.

Le psy dans le rôle du confident

Avec l'invention du cinéma parlant, on est sorti de la mimique comportementale ou de la représentation des fantasmes dans le clair-obscur. La parole autorise le commentaire subjectif et le récit en voix off. Le psy peut alors jouer le rôle du récitant qui commente l'action en prenant la position de celui qui sait tout : Dieu.

Plus modestement, le psy au cinéma est surtout un médiateur pour le metteur en scène. Il lui donne la liberté de se focaliser sur des pensées ou des images mentales, et de représenter la vie intérieure telle qu'elle est dite. Le psychiatre joue alors le rôle tenu par le confident dans la tragédie classique qui écoute le récit des états d'âme du héros malheureux. Dans le film, ces états d'âme seront ensuite représentés et mêlés aux images de la situation psychothérapique, transformant ainsi le spectateur en voyeur et en « écouteur aux portes » de l'intimité des autres, comme dans beaucoup de films de Woody Allen.

Le psy dans le rôle du purificateur d'émotions

Dans émouvoir, il y a mouvoir. Les Anglo-Saxons, encore plus directs, parlent de *movies* ou *motion pictures* pour parler du cinéma. Rappelons que cinéma vient d'un mot grec qui signifie mouvement. Le cinéma est un médiateur culturel qui met en forme la biographie et les émotions de chacun par l'intermédiaire des scénarios présentés à l'écran, favorisant ainsi un espace de réflexion et de choix. C'est, du moins, l'hypothèse la plus positive. Le film psy aurait une fonction cathartique : expurger les passions vécues par procuration devant l'écran. Toutefois, cette fonction peut aussi être portée par des films où il n'y a pas de psy comme personnage. Les films qui dépeignent des personnes et des personnalités prises dans des scénarios de vie activent les schémas cognitifs qui mettent en forme les émotions du spectateur et permettent de leur donner un sens et de les rendre acceptables. Le film confronte ainsi celui qui le regarde à une tranche de sa vie.

Certains films déclenchent des émotions spécifiques

Les films ont souvent été utilisés en psychologie expérimentale pour induire des émotions[8]. Une étude[7] a ainsi été réalisée avec 250 films qui ont été visionnés par 494 personnes. Elle visait à dégager les meilleurs films pour chacune des huit émotions cibles sélectionnées : la joie, la colère, le contentement, le dégoût, la peur, la tristesse, la surprise et la neutralité émotionnelle. Il s'agissait de sujets et de films américains. Les personnes interrogées évaluaient leurs émotions grâce à un questionnaire. Pour chaque film avait été choisie une scène particulière à fort impact. Les clips utilisés allaient de 9 secondes à 7 minutes et 59 secondes. Comme scènes neutres étaient présentées des formes abstraites et des barres colorées qui permettaient de définir et de comparer un niveau faible d'émotion.

Huit émotions et quinze films

Joie	*Quand Harry rencontre Sally* et *Sit-com*
Colère	*Bodyguard* et *Cry Freedom*
Contentement	*Waves* et *Beach Scene*
Dégoût	*Pink Flamingos* et *Amputation*
Peur	*Shining* et *Le Silence des agneaux*
Tristesse	*Le Champion* et *Bambi*
Surprise	*Capricorn One* et *Sea of love*
Neutralité émotionnelle	*Formes géométriques banales*

Quand le film est triste : les bases neurologiques de l'empathie

Ressentir et partager les émotions des autres est appelé empathie en psychothérapie. Être empathique pour un thérapeute, c'est ressentir les mêmes émotions que son patient. L'inverse de l'empathie est donc l'imperméabilité aux sentiments d'autrui, l'absence de réponse émotionnelle, la froideur, le détachement, la centration sur soi qui témoignent de l'incapacité à se mettre à la place des autres. D'une manière générale, sympathie et empathie correspondent à une orientation vers les autres plutôt que vers soi.

L'empathie a été étudiée de manière objective[5] par des chercheurs qui ont effectué des enregistrements de caméras à positons sur des sujets qui voyaient des vidéo-clips où des acteurs racontaient des histoires tantôt tristes, tantôt neutres, comme s'ils les avaient vécues eux-mêmes. Ces histoires étaient racontées avec des attitudes et des comportements qui étaient soit en rapport, soit sans rapport avec l'émotion. À la fin de chaque film, les sujets devaient évaluer l'humeur de l'acteur et également dire à quel point ils trouvaient cette personne susceptible d'être aimée. On a constaté que les histoires tristes, en comparaison avec des histoires neutres, étaient associées à un accroissement d'activité dans les structures qui sont en relation avec le traitement des émotions. Les régions pariétales droites inférieures du cortex cérébral, qui appartiennent au réseau des représentations partagées, étaient également activées. Ce réseau n'était pas activé, en revanche, quand les sujets regardaient des comportements sociaux inappropriés.

Empathie et thérapie cognitive : le film intérieur

L'histoire que raconte le patient en thérapie suscite aussi des images dans l'esprit du thérapeute, qui est l'auditeur et l'observateur décalé des histoires de vie des autres. Ces histoires activent les réseaux de neurones « miroirs », qui sont à la base de l'empathie, quand il imagine l'histoire qu'on lui raconte. En effet, tout récit d'histoire implique une action et des actes, tout comme le cinéma. De même, l'empathie du patient pour le héros de cinéma lui fait éprouver des émotions qu'il peut ensuite mettre à distance en essayant de comprendre ce qui l'émcut dans la situation que raconte le film.

CONCLUSION : LE FILM PSY SANS PSY

À y bien regarder, tout film est psy, à moins de raconter l'histoire d'une rivière, d'une montagne ou d'un désert. Les meilleurs films psy n'ont pas de psy pour héros et parlent directement des émotions qui sont liées à la perte d'identité, au sentiment de trahison de soi ou à l'enfermement dans la prison du soi. Ils n'ont pas non plus de psy pour donner une explication toute faite de l'action et des émotions vécues par les spectateurs. Ils font confiance au jugement du public. C'est ce que réalise à merveille *Mulholland Drive* (2001) de David Lynch. Ce film rappelle à bien des égards le chef d'œuvre de Billy Wilder *Boulevard du crépuscule* (*Sunset Boulevard*, 1950). Dans ce classique, l'histoire d'une star sur le déclin est racontée par le cadavre de son gigolo qui flotte dans une piscine luxueuse : la star a tué le gigolo qui voulait la quitter.

Mulholland Drive

Mulholland Drive représente sans doute au mieux le film psy du siècle nouveau. Sa force est de plonger directement le spectateur dans un univers de rêve, qui est présenté comme la vraie vie. Progressivement, cet univers se fissure et la réalité apparaît au bout d'une heure et demie : elle est sordide et bien plus folle que le rêve. Le scénario est simple alors que le récit est sophistiqué. Une starlette, Betty, arrive à Hollywood, et tombe amoureuse d'une star en ascension, Camilla. Elles ont une liaison et Camilla facilite la carrière de Betty qui joue des petits rôles. Mais Camilla abandonne Betty pour épouser un metteur en scène dont les films sont financés par la maffia, et elle lui montre clairement qu'elle a eu d'autres liaisons homosexuelles. Devant cet échec complet de ses ambitions et de sa vie sentimentale, Betty engage un tueur qui exécute Camilla. Ensuite, elle devient folle et se suicide d'un coup de revolver. L'histoire du début est donc la rêverie de Betty avant de mourir, c'est une belle histoire, celle d'une starlette à qui tout réussit, et dont Camilla, amnésique, est amoureuse. C'est une rêverie compensatoire par rapport à son sentiment d'infériorité et une revanche sur ses humiliations dans la vie réelle.

Cette dissection de l'empire hollywoodien et la mise en scène des illusions perdues montrent comment un scénario de vie se transforme en scénario de mort. Mais, par-delà la représentation des conséquences tragiques de la perte d'identité, *Mulholland Drive* pose une simple question : la vie serait-elle un rêve dont l'approche de la mort nous réveille ?

CHAPITRE VI

Histoire et mythologie de la psychothérapie

« Heureux ceux
qui croient sans voir. »
Évangile selon saint Jean

La recherche de soi à travers la psychothérapie a une plus longue histoire qu'on ne le croit généralement. On doit le terme de psychothérapie à Reil, auteur allemand qui publia, en 1803, un ouvrage intitulé *Rhapsodies sur l'utilisation de la thérapeutique psychique dans les troubles de l'esprit.* Reil inventa aussi le terme de « psychiatrie »[57]. Pourtant, si la psychothérapie européenne est issue d'un courant thérapeutique s'inspirant du romantisme, d'autres travaux et d'autres méthodes psychothérapeutiques existaient déjà, notamment en Asie.

LA MÉDECINE CHINOISE, LE QI GONG ET LES MÉTHODES DE RELAXATION

Le Qi Gong (prononcer « Ch'in Kong ») est décrit dans les *Canons de médecine interne de l'Empereur Jaune* qui paraissent en 475 avant Jésus-Christ. L'ouvrage est parvenu jusqu'à notre époque et la méthode de gymnastique et de relaxation qu'il propose est toujours utilisée en Chine. Elle s'est diffusée également en Europe où elle a connu de nombreuses variantes.

Une approche du corps et de l'esprit

C'est vraisemblablement le premier système de psychothérapie jamais publié. Le Qi Gong postule qu'il existe une unité entre le fonctionnement psychologique et les fonctions corporelles, en particulier le système nerveux végétatif, et propose des méthodes de respiration et de gymnastique pour améliorer les relations entre le corps et l'esprit. Les *Canons de médecine de l'Empereur Jaune* sont donc aussi le premier traité de psychosomatique.

On y trouve également un traitement par la domination mutuelle des émotions (le calme s'oppose à la colère, la relaxation à l'anxiété, etc.), ce qui est une anticipation du principe d'inhibition réciproque développé plus tard par Joseph Wolpe[74] pour les images anxiogènes associées à la relaxation. Le Qi Gong propose, enfin, des techniques de soutien et de réconfort. Il conseille au thérapeute de donner des explications, d'effectuer des suggestions et de promouvoir la méditation et la prière.

Qi Gong et relaxation

Le Qi Gong[75] est à l'origine des différentes relaxations occidentales qui, toutes, lui ont emprunté un certain nombre de procédés. Qu'il s'agisse de la relaxation de Schultz[63], qui est mentale et propose au patient de se concentrer sur une image calme, ou de la relaxation de Jacobson[30] qui prône une contraction et une décontraction musculaires, on retrouve les composantes qui ont été répertoriées par Benson dans *La Réponse de relaxation*[11].

Le Qi Gong insiste en particulier sur la respiration abdominale comme le font la plupart des relaxations et suggère qu'un « centre de l'énergie » important se situe à ce niveau appelé Dan Tian. Malgré ses explications mythologiques qui correspondent au

Réponse de relaxation : conditions

1. Environnement calme, silence, tranquillité.
2. Attitude passive (position allongée ou assise dans un fauteuil).
3. Concentration sur un mot, un son, une image visuelle, une image mentale, pendant une dizaine de minutes.
4. Diminution du tonus musculaire.

Réponse de relaxation : résultats

1. Relâchement musculaire.
2. Respiration lente.
3. Ralentissement cardiaque.
4. Chaleur et dilatation des vaisseaux.

savoir de la médccine de l'époque, le Qi Gong apparaît comme une technique tout à fait valable qui a eu certainement une très grande influence sur le développement de la plupart des psychothérapies occidentales.

LES MIRACLES ET L'ÉGLISE

Outre la résurrection de la chair, l'Église nous annonce la guérison des âmes et des corps en ce bas monde. Cependant, si nous examinons, avec un autre regard, les miracles attestés par les Évangiles, une série de questions se pose.

Charcot[12] avait, à la fin du XIXe siècle, rapproché la guérison des manifestations hystériques des guérisons miraculeuses rapportées dans les chroniques du XIIIe siècle. Ces miracles consistaient en la guérison de paralysies devant le tombeau de saint Louis. Tout comme chez les hystériques, les symptômes étaient apparus chez des femmes jeunes frappées subitement de contractures de l'un des membres inférieurs ou des deux membres du même côté du corps avec une perte considérable de la sensibilité dans cette région. Ces femmes avaient été guéries de manière immédiate par le « miracle », tout comme les hystériques du service de Charcot grâce aux méthodes d'hypnose et de suggestion.

J'ai assisté à Rome à un congrès de psychosomatique en 1975, où l'ensemble des congressistes était reçu en audience par sa Sainteté le Pape Paul VI. Le Saint Père, après avoir condamné l'IVG, alors en débat en France, présenta le Nouveau Testament comme un véritable traité de psychosomatique. Voici un extrait de son discours tel que le reproduisit le lendemain l'*Osservatore Romano*[54].

Un message du Vatican

« La cure spirituelle, psychologique ou morale peut faire du bien et renouveler les forces corporelles. Sur ce point, nous avons des exemples dans les récits évangéliques : interprétés avec prudence et sagesse, ils peuvent appuyer votre pensée qui est aussi la nôtre. Oui, même les remèdes psychologiques ou spirituels peuvent apporter, sinon la guérison au sens strict, du moins un grand réconfort à l'être humain aussi sous son aspect corporel. L'Évangile nous offrirait des exemples caractéristiques de ce point de vue ; moyennant une prudente exégèse, ils pourraient commenter favorablement vos études scientifiques (*cf.* l'épisode du possédé de Gafsa, Marc V, 1-20). » Paul VI

Dans ce discours pontifical, le Christ est donc présenté comme un précurseur des psy modernes. Que sont alors les miracles réalisés ? Il peut s'agir de pure médecine : un « paralytique » peut être victime d'une simple luxation de l'épaule ou de la hanche, qu'un médecin peut réduire sans trop de difficultés avec ses mains et un aide. Il peut s'agir de psychothérapies : les guérisons mentionnées dans les Évangiles seraient des cures par suggestion de symptômes hystériques. Les miracles peuvent aussi représenter l'amélioration de patients dépressifs ou anxieux, dont le comportement se trouve modifié par l'imitation d'un personnage charismatique, qui annonce une bonne nouvelle et réchauffe les cœurs. Ainsi, la mort apparente de Lazare pourrait être un état cataleptique hystérique et le possédé

Promenades dans Lourdes

Les miracles entraînent toujours des conflits parmi les médecins. Il m'est arrivé de participer, il y a quelques années, à un colloque organisé à Lyon sur le thème « Psychiatrie et Religion ». L'un de nos collègues, qui faisait partie de la commission validant les miracles à Lourdes, raconta un miracle attesté, vérifié et dûment certifié par la science. Il s'agissait d'une personne présentant des attaques de panique et une agoraphobie qui avait été emmenée dans une procession à Lourdes où elle avait parcouru la ville pendant deux heures. Après quoi, elle s'était sentie beaucoup mieux, avait progressivement repris de l'autonomie et pu vaincre son anxiété.

Je me risquai à faire observer à ce collègue qu'on pouvait douter du caractère miraculeux de cette guérison dans la mesure où cette patiente avait été guérie par une méthode habituelle : la thérapie comportementale. Celle-ci, en effet, consiste à encourager par tous les moyens le patient à s'exposer aux situations anxiogènes jusqu'à ce qu'il s'y habitue — ce qui prend, en général, 45 minutes : l'anxiété, ensuite, retombe. Le patient est alors encouragé par ce résultat à affronter de nouveau la situation qui lui faisait peur. Une procession de deux heures ne pouvait donc que faciliter le réapprentissage.

Inversement, j'avais pu observer le cas d'une patiente claustrophobe et agoraphobe qui avait été emmenée sans ménagement dans la grotte de Lourdes. Elle y avait déclenché une attaque de panique et avait dû sortir précipitamment de la grotte. Tous les comportementalistes savent qu'une immersion trop brutale et trop brève dans une situation phobique aggrave les symptômes des patients.

Le collègue, après quelques secondes de silence, me répondit : « Effectivement, ce que vous dites est troublant. » Néanmoins, dans l'assistance, j'entendis des remous provenant de personnes scandalisées par mes propos. Deux collègues psychiatres m'attendaient à la sortie, pour me faire observer que j'avais, indûment, mêlé science et religion. D'autres vinrent me féliciter d'avoir osé dire ce qu'ils pensaient tout bas.

Mon propos n'était pas de prendre Lourdes à la légère, mais d'émettre un doute raisonnable, et de réinterpréter d'une manière psychologique les processus de la guérison par la foi.

de Gafsa présenter une forme particulière d'obsession-compulsion sensible à la persuasion. Le Christ après chaque miracle, ajoutait modestement : « C'est ta foi qui t'a sauvé. »

Jésus est d'ailleurs en avance sur ses successeurs, puisque, au Moyen Âge, de nombreuses personnes victimes d'hystérie ou d'obsession-compulsion meurent sur le bûcher, car elles sont considérées comme possédées par le Démon.

L'exorcisme peut avoir des effets psychothérapiques et entraîner des changements psychologiques importants, même de nos jours. Barlow[6], avec une certaine sophistication dans l'analyse comportementale, a observé les effets d'un exorcisme sur un transsexuel. Après trois séances d'exorcisme, celui-ci avait repris son identité sexuée « normale ».

MESMER, LE MAGNÉTISME ANIMAL ET L'HARMONIE UNIVERSELLE

On peut rapprocher l'histoire de la grotte de Lourdes des aventures du médecin autrichien, Mesmer, qui promettait à chacun l'« harmonie universelle », à condition de se soumettre au magnétisme d'aimants trempés dans un baquet. Franz Anton Mesmer (1734-1815), médecin viennois, après avoir échoué dans sa ville à guérir une jeune fille de la bonne société, trouva fortune à Paris, à la fin du XVIIIe siècle. Il obtint un immense succès en France et développa un système « psychothérapique » qui lui survécut pendant presque un siècle.

Mesmer effectuait des cures spectaculaires de troubles psychologiques et physiques, dus, selon lui, à un blocage des fluides magnétiques dans le corps. La remagnétisation qu'il induisait était transmise par des baquets d'eau aimantée selon une procédure secrète, où se trouvaient des morceaux de fer.

Mesmer, intrigant habile, sut se glisser dans l'intimité de la famille royale et devint une célébrité fréquentée par toutes les classes de la société. Le nombre de ses adeptes grimpa de façon considérable[15], la société des initiés s'engageant à ne pas révéler les secrets du Maître. Les droits d'initiation étaient élevés : 100 louis d'or. Il y eut 430 mesméristes à Paris, et de nombreuses succursales ouvrirent dans les villes de province. La méthode de Mesmer avait un avantage : elle était moins dangereuse que la médecine de l'époque, avec ses remèdes drastiques comme la saignée, la purgation ou le mercure, qui souvent dépêchait le patient dans l'autre monde, dans les règles de l'art.

Mesmer fonda la Société de l'harmonie qui avait pour but d'assurer sa fortune et la propagation de ses idées. Progressivement, cette société se transforma en un cercle philosophique qui participa aux mouvements d'idées avant la Révolution française par des publications critiquant les ministres en place. Le pouvoir finit par réagir.

Louis XVI fut sans doute l'un des monarques français les plus éclairés : on lui doit la création des États-Unis, et les voyages de La Pérouse dans le Pacifique Sud. Et il est aussi à l'origine des essais contrôlés en psychiatrie. En 1784, il désigna une commission pour étudier le magnétisme animal. La commission était composée, entre autres, d'Antoine Lavoisier, Joseph Guillotin et Benjamin Franklin, l'inventeur du paratonnerre. Cette commission réalisa une première scientifique : une étude en double aveugle. Certains baquets d'eau étaient magnétisés selon le procédé de Mesmer ; d'autres pas. Les savants induisaient ensuite des croyances chez les sujets participant à l'expérience. Ceux à qui l'on avait fait croire que l'eau était magnétisée présentaient les réactions attendues, que l'eau fût magnétisée ou non : les troubles pour lesquels ils étaient venus diminuaient. La commission aboutit alors à la conclusion logique qu'il s'agissait d'un simple effet de suggestion.

Mais là ne s'arrête pas l'histoire. Mesmer affirma haut et fort que la magnétisation de l'eau n'avait pas été conduite dans les règles et le mesmérisme continua de jouir d'un grand succès et survécut à cette déconvenue expérimentale. Il conserva de nombreux partisans « médiatiquement dominants », dans tous les camps de la société, dont les moindres n'étaient pas le marquis de La Fayette, la reine Marie-Antoinette et Wolfgang Amadeus Mozart. La Fayette propagea d'ailleurs le mesmérisme aux États-Unis à travers son réseau d'amitiés maçonniques.

À l'inverse, Lavoisier mourut sur l'échafaud : un des attendus du Tribunal révolutionnaire disait que « la Révolution n'avait pas besoin de chimistes ». Guillotin périt sous le couperet de son invention. Benjamin Franklin regagna l'Amérique pour devenir l'un des Pères fondateurs des États-Unis. On connaît le sort de Louis XVI et de Marie-Antoinette... Mais l'histoire a encore une leçon ironique à nous donner. Ce sont les portraits de Louis XVI et de Marie-Antoinette qui accueillent, aujourd'hui, les visiteurs au premier Parlement américain de Philadelphie et le verbe *to mesmerize* est passé dans la langue anglaise courante pour désigner la fascination hypnotique qu'une personne exerce sur une autre, notamment dans le domaine de la séduction.

Au XIXe siècle encore, de nombreux esprits éminents croyaient au magnétisme animal et aux fluides — en particulier, Victor Hugo, Alexandre Dumas et Honoré de Balzac. Ils y ont fait allusion dans leurs ouvrages. Le personnage de Mesmer apparaît même dans le merveilleux roman d'Alexandre Dumas, *Le Collier de la Reine*, qui décrit une séance de baquet où de belles femmes décolletées tombent dans les convulsions. Victor Hugo y voyait, lui, un moyen de communiquer avec sa fille, Léopoldine morte tragiquement.

Commencée dans la science, l'histoire de Mesmer se termine un siècle après dans le spiritisme et le discrédit, lorsque les premières études neurologiques sur l'hypnotisme et la suggestion sont effectuées par Charcot à La Salpetrière et par Bernheim à Nancy. Elles confirment la justesse du point de vue du physicien Max Planck[58] et du philosophe Roland Kuhn[38] sur l'évolution de la pensée scientifique. Pour eux, les idées scientifiquement erronées ne disparaissent pas lorsqu'on a démontré à la fois leur fausseté et la validité d'idées nouvelles. Elles meurent seulement lorsque leurs défenseurs sont morts ou perdent le pouvoir. Alors, une nouvelle génération prend leur place et instaure un nouveau modèle scientifique. Ce paradigme, à son tour, disparaîtra après une lutte plus ou moins longue, au profit d'un paradigme meilleur. La science appartient provisoirement à ceux qui la rendent meilleure.

JANET ET L'ANALYSE PSYCHOLOGIQUE

La figure la plus importante pour la psychologie est sans doute Pierre Janet (1859-1947) qui reprit un certain nombre de problèmes classiques à son époque pour en effectuer une synthèse originale. Son premier travail important fut sa thèse, intitulée *L'Automatisme psychologique. Essai de psychologie expérimentale sur les formes intérieures de l'activité humaine* (1889). Janet[32] se réfère à la psychologie expérimentale et suit Claude Bernard et son *Introduction à la médecine expérimentale* qui entendait fonder les traitements sur des données scientifiques, persuadé que l'excès de généralités et de théorie créait une science idéale sans rapport avec la réalité.

Janet fut associé au travail de Charcot sur l'hypnose au début de sa carrière. Toute sa vie, il travaillera avec des patients et essayera de fonder ses travaux sur des observations minutieuses, publiées dans leur totalité sur plusieurs centaines de pages et pouvant donc donner lieu à une réinterprétation ultérieure. Janet fut professeur au Collège de France de 1902 à 1938. Il eut une influence mondiale, qui persiste encore, notamment aux États-Unis.

Janet et l'inconscient

Janet est l'auteur de la première théorie scientifique de l'inconscient, six ans avant Freud et Breuer[24]. Comme l'a fait observer Ellenberger, Freud suit Janet à la trace. Janet écrit un livre en 1889 sur le rôle du traumatisme psychologique sur la dissociation mentale, la fragmentation de l'esprit et les souvenirs subconscients ; Freud, en 1895, traite avec Breuer du souvenir traumatique chez les hystériques comme étant une réelle nouveauté. Janet parle d'analyse psychologique pour son travail sur les souvenirs traumatiques ; Freud parle de psychanalyse. La postérité de Janet apparaît tout à fait importante si on l'examine dans une perspective actuelle. Les concepts qu'il met au point ont été utilisés par la psychiatrie. De Clérambault reprend sa notion d'automatisme mental pour désigner l'état des patients schizophrènes qui ont l'impression que leur esprit est contrôlé de l'extérieur par des influences spirites ou des ondes électromagnétiques. Une partie de ses travaux sur les débuts de l'intelligence aideront Piaget à élaborer sa théorie du développement de l'intelligence. Il met aussi au point une théorie du subconscient qui aura une influence sur les surréalistes : ceux-ci se serviront de l'écriture automatique pour accéder aux processus les plus élémentaires de la pensée et réinventer la poésie[4].

Janet a également développé les premières thérapies comportementales par exposition qu'il intitule « exercices d'activité » et « exercices émotionnels ». Cette antériorité a été reconnue par des comportementalistes comme Isaac Marks[46] qui dit clairement s'être inspiré de ces conceptions. Lorsque je séjournai à Londres pour apprendre les thérapies comportementales, en 1975, c'est d'ailleurs Isaac Marks qui me conseilla vivement de lire Janet, poussant l'humour britannique jusqu'à me proposer de me prêter l'édition anglaise, puisque Janet était oublié en France. Il est tout à fait étrange que la France ait négligé ce chercheur et penseur au point que la seule réédition française de son ouvrage *Les Obsessions et la Psychasthénie* (1903) soit le fait d'un éditeur américain[33]. Janet peut aussi être crédité d'avoir développé les thérapies cognitives. On peut faire un rapprochement entre l'automatisme psychologique et la pensée automatique de Beck. Il proposait des exercices intellectuels pour faciliter la synthèse mentale et invitait également les patients à effectuer un travail sur les mécanismes de la mémoire et les mécanismes de l'attention.

Enfin, le modèle de Janet sur le rôle du traumatisme et la dissociation et les souvenirs connaît, actuellement, un succès important chez les spécialistes américains contemporains du stress post-traumatique[69]. Le modèle de l'inconscient de Janet est antérieur et plus large que celui de Freud. Janet a critiqué Freud, d'une part, parce qu'il estimait avoir une antériorité et, d'autre part, parce qu'il considérait que l'étiologie sexuelle exclusive des névroses mise en avant par Freud n'avait qu'une valeur explicative limitée.

La rupture entre Janet et Freud

Elle se concrétise en 1913 lors d'un congrès de médecine de Londres où Janet critique la conception psychanalytique de la névrose d'angoisse qui serait liée selon Freud au coït interrompu. Janet ironise et dit que l'invention d'un contraceptif efficace guérirait certainement les névroses. Il est pris à partie par Jung qui l'accuse de ne pas savoir lire l'allemand et donc de ne rien comprendre à la psychanalyse. En fait, Freud a bel et bien mis par écrit une telle théorie[41].

Freud ne reconnaîtra l'antériorité de Janet dans la découverte des relations entre traumatisme et inconscient qu'en 1915[62]. Conflits et rivalités persisteront. Et ceux qui voulaient tout arranger aggraveront le conflit, comme souvent. Le gendre de Janet, Pichon, qui était psychanalyste, lui conseilla de rencontrer Freud pour régler leur différend. Janet tenta de voir Freud en 1937, lors d'un voyage qu'il fit à Vienne. Freud, malade, refusa de le recevoir et le fit éconduire par sa bonne[60]. Comme l'ont souligné les historiens, le conflit entre les deux hommes se livrait sur fond de guerre entre la France et l'Allemagne, ce qui aggravait les relations entre les scientifiques des deux blocs. En particulier, Janet refusa toujours de lire l'allemand. Freud, lui, se rattachait fermement au mouvement intellectuel germanique et postromantique. Très affaibli, il pensait ne rien risquer, car il était citoyen autrichien. Il fut sauvé de justesse de l'holocauste par une Française, son élève la princesse Marie Bonaparte, en 1938, qui parvint à le faire partir pour Londres.

Par-delà la mort de Freud en 1939, et celle de Janet en 1947, les comptes continueront à se régler : les psychanalystes français chercheront à minimiser ou nier le rôle de Janet, jusqu'à la réédition en 1994 de l'ouvrage d'Ellenberger[17] sur la découverte de l'inconscient, avec une préface objective d'Élisabeth Roudinesco. On imagine ce que pourrait tirer un bon cinéaste de cette histoire de frères ennemis...

FREUD ET LA PSYCHANALYSE : LA CONSTRUCTION D'UN MYTHE

Il existe une « freudologie » positive qui encense le héros de la découverte de l'inconscient. Et aussi une « freudologie » négative qui dissèque la vie de Freud et espère trouver des révélations fracassantes dans les Archives Sigmund Freud, déposées aux États-Unis à la Bibliothèque du Congrès.

Plusieurs historiens[10, 17, 18, 64, 68] ont souligné que Freud a organisé lui-même sa propre mythologie : celle d'un héros. Pour cela, il a détruit à plusieurs reprises une grande partie de sa correspondance pour brouiller les pistes. Nous possédons néanmoins suffisamment de documents pour aborder l'œuvre de Freud dans deux perspectives : la première consiste à évaluer l'œuvre scientifique de Freud et de ses successeurs en fonction des critères scientifiques actuels (*cf.* chapitre VIII) ; la seconde est de comprendre le fonctionnement mythologique de la psychanalyse. Rien ne sert de dynamiter les mythes : mieux vaut les étudier comme une forme particulière de scénario de vie.

Le scénario de vie de Freud : une vie de héros ?

Le scénario de vie de Freud (1856-1939) peut se résumer de la manière suivante. Un héros, Freud, dont l'objet est la recherche de la vérité, fait un séjour initiatique à Paris en 1885. Au contact d'un « Vieux Sage » tutélaire, le professeur Jean Martin Charcot (1825-1893), il apprend un secret. Dans sa splendide demeure donnant sur de délicats jardins à la française (aujourd'hui la Maison de l'Amérique latine), Charcot révèle que le secret de l'hystérie est toujours... *toujours* un problème sexuel. Le discours ne lui est pas adressé, mais Freud entend cette parole et comprend la portée de la révélation. Il vénérera Charcot toute sa vie et un de ses enfants portera même le prénom du Maître.

De retour à Vienne, Freud forge à lui seul un instrument entièrement nouveau : la psychanalyse, qu'il va devoir imposer au monde au prix de grandes épreuves, car il y a de nombreux opposants (tous ceux qui refusent la vérité) et un traître, lui aussi élève de Charcot (Pierre Janet, qui revendique injustement sa découverte). Dans cette lutte, il a peu d'alliés, sinon sa famille, ses disciples et quelques pairs dans le monde médical (adjuvants). Finalement, Freud triomphera et deviendra l'homme qui a révélé l'inconscient au monde, qui est le destinataire réticent du message. Mais d'où Freud tient-il sa mission ? Quel est le destinateur ? Il semble bien que ce soit Charcot qui la lui ait donnée sans le savoir. Le schéma suivant résume le scénario de vie de Freud qui consiste à répéter « sa vérité », quelles que soient les preuves objectives qui vont à l'encontre de celle-ci.

Scénario de vie de Freud
(d'après Greimas, 1966)

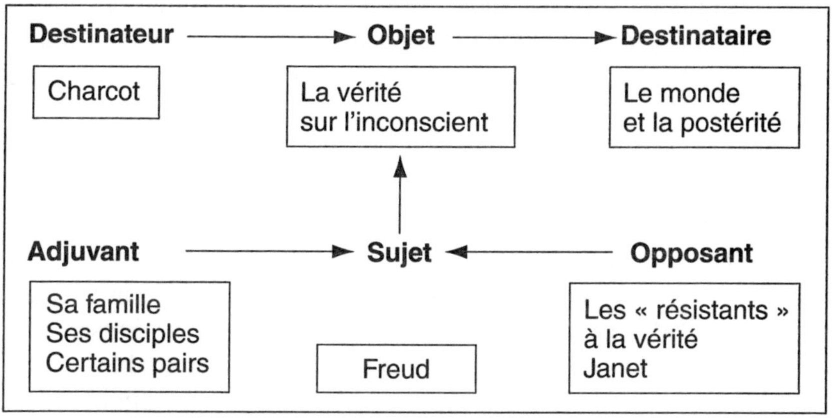

Croyances freudiennes et dissonance cognitive

En fait, Freud n'est pas le premier à avoir publié sur l'inconscient. Une longue lignée de philosophes et de psychologues l'a fait avant lui[73] et de nombreux auteurs le feront après lui et d'une manière différente. Les prédécesseurs immédiats de Freud dans la description des phénomènes inconscients sont Janet et aussi un auteur allemand, von Hartmann, qui publia en 1868 *La Philosophie de l'inconscient*, best-seller traduit en français et en anglais et qui eut neuf éditions en allemand. L'étude des associations d'idées qui conduisent à des pensées sous-jacentes et illogiques est, par ailleurs, due au psychologue et statisticien anglais, Francis Galton, au milieu du XIXe siècle.

Contrairement à la légende, Freud bénéficia toute sa vie des soutiens officiels qui lui permirent de mener une carrière à la fois de consultant privé et d'universitaire. La psychanalyse ne fut guère combattue, même si sa théorie soulevait des réserves et sa pratique semblait peu efficace aux psychiatres viennois. Les cercles médicaux lui reprochaient son manque d'originalité par rapport aux travaux de Charcot, de Janet ou de Moriz Benedikt, grand neurologue viennois et ami de Charcot, qui décrivit, le premier, l'agoraphobie et le rôle des secrets de famille dans l'hystérie[18].

Sigmund Fraude ?

Des faits plus graves apparaissent dans les réévaluations historiques plus récentes. Pour de nombreux historiens, très bien documentés, la théorie psychanalytique est une imposture que personne n'ose plus dénoncer[10, 21, 50, 64, 70]. En particulier, on assisterait à un camouflage systématique des échecs, pour préserver la « découverte » jugée capitale du rôle de la sexualité infantile dans les névroses — « la pierre angulaire de la psychanalyse » selon Freud.

Il est nécessaire de savoir sur quelles données un modèle s'est élaboré : or la majorité des cas sur lesquels s'est fondée la psychanalyse apparaissent comme des échecs, habilement minimisés. Ces échecs sont recouverts de gloses théoriques interminables et de références multiples à des travaux antérieurs donnant l'impression d'une masse d'écrits démonstratifs, alors qu'ils proviennent tous du même auteur ou d'un cercle restreint d'admirateurs. Les histoires de cas sur lesquels repose la psychanalyse sont peu nombreuses et leur étude approfondie ne permet pas de parler de guérison ni même d'amélioration substantielle.

L'homme aux loups : soixante ans d'analyse

Le cas le plus célèbre reste « L'homme aux loups », publié dans *Cinq Psychanalyses*[23]. Si l'on reprend l'histoire, on se trouve devant un montage qui a plus à voir avec la littérature et l'intuition qu'avec une observation scientifique rigoureuse et un ensemble de déductions. Freud prétendait rattacher les sources de la symptomatologie obsessionnelle de l'homme aux loups à des expériences sexuelles infantiles qu'il avait découvertes de manière purement intuitive à partir de ses rêves : celui-ci aurait assisté au coït de ses parents et transposé cette scène primitive dans un rêve où des loups sur un arbre le regardent avec des yeux brillants.

Après une analyse de quatre ans et demi, Freud considéra que son patient était guéri. Cependant, celui-ci rechuta plusieurs années après, présentant, à ce moment-là, des troubles délirants qu'un deuxième psychanalyste, R. M. Brunswick, diagnostiqua comme une forme hypochondriaque de paranoïa, que Freud n'avait pas prise en compte. Une fois de plus, on le considéra comme guéri[26]. Mais durant le reste de sa vie, qui se termina à Vienne en 1979, à l'âge de 92 ans, l'homme aux loups continua à souffrir de problèmes psychiatriques graves et fut suivi par divers psychiatres et une dizaine de psychanalystes, dont Kurt Eissler. Il vivait grâce à une pension des Archives Sigmund Freud.

Bien qu'ayant gardé une grande affection pour Freud, il était très sceptique quant à la façon dont avait été conduite son analyse. Dans une interview qu'il donna à une journaliste, Karin Obholzer, en 1974[10], il mettait en doute l'interprétation renvoyant systématiquement toute sa pathologie à l'observation supposée du coït de ses parents. On découvre, ici, les limites entre la fiction et la science : il ne s'agissait pas de névrose, mais de psychose ou d'un trouble borderline de personnalité ; le patient ne fut pas guéri et il doutait lui-même de la valeur des interprétations données par Freud de son cas. Aucune théorie scientifique ne peut se construire sur un échec aussi flagrant et camouflé.

Pourtant la légende, une fois imprimée, a connu un énorme succès. Elle est devenue un mythe, plus vrai que vrai, témoignant de la puissance de la psychanalyse et de la validité de la théorie sexuelle des névroses. Des milliers d'étudiants en psychiatrie et en psychanalyse, le grand public et de nombreux cinéastes ont été fascinés par cette histoire, qui est un montage d'éléments réels et d'interprétations construites les unes sur les autres comme un château de cartes.

Abandon de la théorie de la séduction précoce et construction du mythe œdipien

Une histoire moins connue est celle de l'abandon de la théorie de la séduction précoce par Freud entre 1897 et 1903. La théorie de la séduction précoce par un adulte pour expliquer certaines névroses a été remplacée sans arguments solides par une autre théorie selon laquelle ce sont les enfants qui désirent les adultes et fantasment à propos d'eux. Cette théorie fait du complexe d'Œdipe une phase obligatoire du développement psychologique et affectif.

Une enquête à partir des Archives Sigmund Freud[50] a montré que cette théorie résultait de l'échec du traitement d'Emma Eckstein, successivement par la psychanalyse et par une opération du nez effectuée par Wilhelm Fliess, ami et correspondant de Freud. Cette intervention se fondait sur la correspondance symbolique entre le nez et les organes sexuels. Selon Fliess, les dysménorrhées, la fatigue et les troubles de la marche de cette patiente étaient liés à la masturbation, et l'opération du nez devait résoudre le problème en modifiant ses réflexes. L'intervention effectuée par Fliess tourna à la catastrophe, et la patiente dut être réopérée par un chirurgien compétent.

Emma Eckstein se plaignait d'avoir été séduite par un adulte dans son enfance. Devant les échecs successifs de la psychanalyse et de l'intervention chirurgicale, Freud aboutit à la conclusion qu'Emma lui avait menti et qu'il n'y avait pas de séduction réelle, mais un simple fantasme. La correspondance de Freud et de Fliess fut publiée, mais expurgée des lettres qui racontaient en détail le cas d'Emma Eckstein et Masson, le psychanalyste qui avait découvert et publié cette histoire, fut licencié des Archives Sigmund Freud dont il avait la charge.

Bien que la personnalité de Masson soit controversée[44], ses conclusions s'appuient sur des documents solides et ont du sens au regard des données actuelles de l'épidémiologie. Elles montrent que la séduction réelle par des adultes, la violence et la négligence familiale sont des faits qui peuvent conduire à des troubles de personnalité graves à l'âge adulte[34], ce que tout psy peut constater chaque jour.

Évolution de la psychanalyse

Il existe plusieurs versions de la psychanalyse. Le courant orthodoxe est représenté par l'Association psychanalytique internationale (IPA), fondée par Freud en 1912. En France, c'est la Société psychanalytique de Paris (SPP) et l'Association psychanalytique de France (APF). L'IPA, elle, a été désignée par Freud comme la légataire de son œuvre, et les critères de formation des psychanalystes y sont draconiens : dix années sont nécessaires, en incluant la supervision des premiers cas. Elle publie une liste officielle de psychanalystes. Actuellement, elle comprend environ 10 000 membres : un tiers en Amérique du Nord, un tiers en Europe et un tiers en Amérique du Sud.

Toutefois, deux des principaux révisionnistes de la psychanalyse, Alfred Adler[1, 2] et Carl Gustav Jung[36], ont chacun fondé leur propre école dans l'entre-deux-guerres et ont toujours des disciples aux États-Unis ou dans les pays germaniques. La psychanalyse a ensuite connu une version américaine, la psychologie du moi (*Ego Psychology*) et subi un schisme conduit en France par Jacques Lacan.

Adler passe dans le camp de Janet : un précurseur de la thérapie cognitive

En 1910, Alfred Adler[66] (1870-1937), qui était freudien, passe dans le camp de Janet, déclarant à propos de Freud : « J'ai beaucoup appris de ses erreurs. » Il développe alors une psychologie sociale dans les milieux pauvres de Vienne, se fondant sur des notions comme l'estime de soi et le complexe d'infériorité. Il propose une thérapie visant à modifier le style de vie et à réorienter les buts de l'existence. Elle consiste à augmenter d'abord l'estime de soi, puis à trouver de nouveaux plans d'existence.

Adler aura une influence importante en Amérique, où il se rendait régulièrement. Son influence sur la thérapie cognitive a été reconnue par Beck[72]. Son point de vue a été opposé à celui de Freud en ce qui concerne le problème de l'inconscient. Pour lui, conscient et non-conscient correspondent aux choses que l'on fait sans complètement les comprendre, ce qui l'amène à parler de connaissance tacite.

La thérapie d'Adler consistait à aider les patients à mieux comprendre leur organisation cognitive et leur style de vie. Son approche est également écologique : tout comme les thérapeutes cognitivistes, il considère que l'existence humaine prend place dans un contexte interpersonnel et social. La société propose un ensemble de standards, par rapport auxquels chacun évalue son propre style de vie. Adler estimait, aussi, qu'on ne pouvait pas comprendre les autres sans comprendre leur contexte social.

Il est possible qu'Adler soit un des premiers à avoir décrit les schémas cognitifs. Il parle ainsi de « schéma d'aperception » pour rendre compte de la vision personnelle que chacun a du monde et de lui-même dans son ouvrage *La Science de la vie* (1929). Selon lui, la psychopathologie reflète les schémas névrotiques individuels. Cette description des schémas cognitifs précède de peu celle de Bartlett[7], qui rattache les schémas cognitifs à la mémoire sémantique, soit la mémoire qui conserve les significations, les concepts, les plans d'action et les scénarios de vie.

Jung et l'inconscient collectif

Le mouvement jungien reste très vivace en Suisse, pays de son chef de file[16]. Jung (1875-1961) a rompu avec Freud en 1913, après avoir proposé une théorie de l'inconscient divisé en deux : l'inconscient individuel, qui correspond à l'histoire personnelle, et l'inconscient collectif, qui serait un « inconscient commun à tous les humains et la condensation moyenne de l'histoire ». Comme Adler, Jung se démarque de la théorie freudienne de l'origine sexuelle des névroses. Il ne peut donc qu'être hérétique. Bien que sa pensée soit parfois contradictoire, sa théorie des archétypes correspond à une tentative originale de formalisation des récits des patients. Il fait tourner le récit en thérapie autour de grands symboles de l'humanité qu'il appelle « archétypes ». Ce terme d'archétype vient de saint Augustin qui le définit comme « une empreinte archaïque contenant des motifs mythologiques ». Dans le langage courant, on parle d'archétype pour désigner une représentation collective qui sert de modèle ou de référence[29].

Selon Jung, le rêve est en relation avec ces archétypes qui sont situés dans l'inconscient collectif. Ces images universelles correspondraient à la structure du cerveau. Les archétypes jungiens sont des symboles qui représentent le moi — l'ombre, l'âme féminine, l'âme masculine, le vieux sage, l'enfant ou le mandala, figure tibétaine circulaire ornée de symboles et divisée en quatre parties. En somme, ils représentent une collection d'images, qui se situent hors du temps.

En pratique, la psychanalyse jungienne utilise les images mentales et leurs associations pour relier l'inconscient personnel et l'inconscient collectif à la conscience de manière à faciliter un processus d'acceptation de soi.

*La révision de la psychanalyse par la psychologie du moi (*Ego-Psychology*)*

La version américaine de la psychanalyse est plus pragmatique et se fonde sur l'étude et le développement des processus qui permettent à chacun de s'adapter à la réalité. À partir des années 1940-1950, l'intérêt des psychanalystes nord-américains va se recentrer sur l'étude du « moi » et des mécanismes d'adaptation, ce qui va les rapprocher du courant de psychologie expérimentale et des premiers thérapeutes comportementalistes ou cognitivistes.

La « psychologie du moi[28] » décrit une sphère du moi libre de conflit. Le développement non conflictuel de la pensée représenterait une intériorisation des réponses à l'environnement. Ce décentrement aboutirait à l'autonomisation du sujet par rapport au monde extérieur. Finalement, moins que les conflits entre les pulsions, le moi et la réalité, et les avatars du complexe d'Œdipe, c'est un processus cognitif hors de tout conflit qui serait le moteur du développement de la personnalité normale. Chaque individu aurait des mécanismes de contrôle cognitif propres et un style cognitif particulier jouant un rôle régulateur dans la satisfaction des pulsions et la régulation des comportements. Ces fonctions de contrôle cognitif seraient incluses dans le moi autonome.

Lacan et le schisme gallican

Lacan, qui avait été psychanalysé par Lowenstein, un des fondateurs de la « psychologie du moi », a réagi fortement contre celle-ci en essayant de ridiculiser ses partisans qui, selon lui, exhaussaient les moi faibles les jours pairs et abaissaient les moi forts les jours impairs. Il a alors proposé un retour à Freud qui se confond, en fait, avec la création d'une version gallicane de la psychanalyse. Il y a quelque chose d'un de Gaulle en Lacan. Et aussi beaucoup de Sacha Guitry. Tout le portait à être homme de théâtre, mais il devint le prédicateur mondain de la France d'après 1968.

L'autre Cène : le complexe de Ponce Pilate

Dans une conférence, peu connue, donnée à Lyon, en 1967[40], qui s'intitulait en toute simplicité : « Place, origine et fin de mon enseignement », Lacan refusait le rôle du Christ que ses disciples voulaient lui voir jouer, mais il se voyait bien dans celui de Ponce Pilate, celui qui pose la question de la vérité. Il y affirma également que la psychanalyse ne pouvait représenter un traitement.

« Au premier abord, la psychanalyse est-elle purement et simplement une thérapeutique, un médicament, un emplâtre, une poudre de perlimpinpin ? Tout ça qui guérit. Pourquoi pas ? Seulement la psychanalyse, ça n'est absolument pas ça. Il faut d'ailleurs avouer que si c'était ça, on se demande vraiment pourquoi ça serait ça qu'on s'imposerait, car c'est vraiment, de tous les emplâtres, un des plus fastidieux à supporter. » Jacques Lacan (1967)

Jacques Lacan, en 1963, fonda sa propre école en France, après avoir rompu avec l'Association psychanalytique internationale. Sa pratique assez personnelle de la psychanalyse aboutissait à des séances de plus en plus courtes, à la discrétion du psychanalyste qui percevait les mêmes honoraires, quel que soit le temps octroyé au patient. Une autre raison de ce conflit était les divergences sur la formation du psychanalyste. Dans le système classique, chaque analyste devait suivre une analyse, puis être supervisé durant la conduite de deux psychanalyses complètes. Lacan proposa un système peu clair de formation, la « passe », où l'analyste s'autorisait « de lui-même » et présentait sa candidature avec l'aide d'un « passeur ». Le juge final n'était autre que Lacan lui-même. Il fonda aussi une revue *Scilicet* (*Tu peux savoir*) où toutes les contributions étaient anonymes, sauf bien-entendu, celles du Maître.

Il est étonnant de constater qu'un tel mandarinat n'ait pas choqué ceux qui passèrent du maoïsme au lacanisme. La soumission au nom du père était sans doute satisfaite dans un cas comme dans l'autre. Une attitude aussi excentrique ne pouvait évidemment qu'attirer les foudres des gardiens d'une conception plus classique de la psychanalyse.

On peut aisément comparer la version française et lacanienne de la psychanalyse avec le catholicisme. Lacan, pour annoncer la bonne nouvelle de sa relecture personnelle de l'œuvre de Freud, ne peut faire un discours ailleurs qu'à Rome[39]. Le « Nom du Père », tout comme le « Grand Autre », sont des incantations essentielles de sa liturgie. Son style, volontiers emphatique, est proche de celui de saint Augustin, auquel il a beaucoup emprunté. D'une certaine façon, le lacanisme n'a eu qu'à occuper le terrain laissé vacant par le catholicisme. Ce dernier reconnais-

Le syndrome de la Saint-Barthélemy

L'intolérance est souvent de règle dans le monde des psychanalystes. Les conflits à l'intérieur du mouvement s'accompagnent du rejet vers les ténèbres extérieures des autres écoles de pensée. L'intolérance prend parfois le visage des guerres de religion françaises et épouse les vieux contours de l'Histoire.

Je me souviens d'un congrès de psychiatrie, dans les années 1990, où j'étais invité à présenter les thérapies comportementales et cognitives. J'avais apprécié ce geste œcuménique, mais, le président de séance, un psychanalyste, me fit le reproche de pratiquer des « thérapies d'origine protestante dans un pays fondamentalement catholique ». Il me fut facile de lui répliquer que la Réforme n'était pas sans mérite et que la Saint-Barthélemy n'était pas l'action la plus glorieuse de l'histoire de France. Il est frappant de voir que la psychanalyse reste surtout vivace dans deux pays catholiques, la France et l'Argentine.

sant en Lacan l'un des siens dépêcha quelques jésuites qui, devenus psychanalystes et provinciaux, évangélisèrent la France profonde, alors que les penseurs de la cour et de la ville, ainsi que les médias, tombaient sous le charme de la Nouvelle Parole. Plus le discours de Lacan devenait abscons, plus une assistance choisie se pressait à ses séminaires en faisant semblant de comprendre ses jeux de mots. Le piège Lacan se referma sur des disciples éblouis, que le Maître ne se privait pas de fustiger. Certains, et non des moindres, ne pouvaient s'endormir sans avoir relu quelques pages de leur idole.

Une papauté à la française s'établit ainsi à Paris, devenu l'Avignon d'un schisme qui vit s'affronter les lacaniens et ceux qu'ils appelaient les ipéistes, soit les membres de l'Association psychanalytique internationale (IPA), suspects d'être des suppôts du Grand Satan américain. Ces disputes continuent d'enchanter le microcosme des psys français, pour qui les discussions byzantines ont toujours présenté beaucoup d'attrait. Les places fortes lacaniennes conquises sont défendues âprement, aussi bien dans l'université que les hôpitaux, en France comme en Belgique.

Lacan termina sa carrière en gourou, réunissant des assistances médusées par ses silences interminables qui les interpellaient au plus profond de leur être. Son école freudienne de Paris a éclaté en de nombreuses factions peu avant sa mort, en 1981. Actuellement, le courant lacanien est surtout vivace en France et en Argentine. Il existe une Association mondiale de psychanalyse d'orientation lacanienne depuis 1992 : elle comprend environ 1 000 membres[3]. Certes, le cantique lacanien se fait désormais entendre sur le mode mineur, mais, bien au-delà de la structuration nécessaire à tout groupe humain, il règne toujours dans le lacanisme une atmosphère de ferveur et un climat de passion qui laissent songeur l'observateur extérieur qui n'a pas la chance de partager la même foi.

L'intégrisme lacanien n'est que la face la plus visible de la religiosité psychanalytique : il ne fait que radicaliser une des tendances de ce mouvement. En se positionnant comme détentrice de la vérité sur l'homme et l'inconscient une fois pour toutes défini par l'œuvre de Freud, la psychanalyse s'est figée dans le dogmatisme. Elle y a gagné le statut de religion, mais perdu celui de science. Jean-Paul Sartre, qui fut le scénariste du film de John Huston, *Freud, passions secrètes* (1962), met dans la bouche du Maître une phrase apocryphe qui décrit bien la situation actuelle : « Je voulais réaliser une expérimentation scientifique et non pas fonder une religion. » Les religions qui marchent suivent un long chemin. Une fois le temps de la révélation passé, restent le dogme et la papauté ; les œuvres scientifiques sont plus éphémères que les pierres sur lesquelles sont construites les Églises. Le destin de Freud fut ainsi de remplacer Dieu dans une France qui n'en avait plus. Il en rirait, probablement, lui qui était athée.

Esquisse d'une sociologie du mouvement psychanalytique en France

Solidement incrustée dans le tissu social français, la psychanalyse est devenue, à partir des années 1960, une force sociale influente, un moyen de parvenir et une méthode de conservation du pouvoir dans les hôpitaux et l'université, en particulier dans les facultés de lettres et de médecine. Elle n'échappe donc pas à l'investigation sociologique, bien que les travaux à ce sujet soient peu nombreux.

Psychanalyse : le scénario économique

La position de pouvoir de la psychanalyse a sans doute participé à la stagnation de la recherche psychiatrique en France dans les années 1960-1990, où la psychanalyse était à son zénith. À cette époque, il était rare de voir de jeunes psys intéressés par la recherche biologique, pharmacologique, épidémiologique, ou par des formes modernes de psychothérapies comme les thérapies comportementales et cognitives.

Le système de formation et de recrutement des psychanalystes en est certainement une des causes. Pour accéder à la profession de psychanalyste, il faut avoir soi-même suivi une analyse didactique et fait valider deux psychanalyses supervisées selon les critères de l'Association psychanalytique internationale. La plupart des psychiatres et des psychologues arrivant sur le marché à la fin des années 1960 ont dépensé beaucoup de temps et d'argent dans une formation psychanalytique payée de leur poche avec de l'argent gagné en travaillant dans les institutions psychiatriques.

Un système économique circulaire s'est mis en place, avec ses propres règles de fonctionnement par rapport au marché. Ce système conduisait progressivement le jeune psychanalyste à abandonner le service public et le système privé conventionné. En effet, une analyse didactique qui permet de devenir psychanalyste dure au moins cinq ans. Pour obtenir un remboursement, puis un retour sur investissement, il faut donc prendre à son tour des patients privés au juste prix. Une étude économique en France, effectuée en 1975, par un psychanalyste[13], a montré que les frais de l'analyse didactique, si elle durait cinq ans, n'étaient remboursés qu'après cinq ans de pratique analytique... L'âge venant, l'ambition du jeune analyste est de devenir un analyste didacticien qui forme lui-même d'autres psychanalystes, en augmentant le prix des séances.

Ce système de reproduction des analystes est une pyramide dont la base est constituée par les jeunes aspirants analystes. Au passage, il permet de traiter un certain nombre de « vrais patients » souvent sélectionnés en fonction de leurs revenus — ce qui peut expliquer les luttes féroces, au sein du monde analytique, pour le maintien de l'orthodoxie et la longueur de plus en plus importante des analyses didactiques, payées « cash ». Celles-ci sont en effet plus rentables pour ceux qui sont au sommet de la pyramide. En outre, elles ne sont jamais remboursées, sinon par une adhésion à vie au système. Remboursement et plus-value ne peuvent donc résulter que de la pérennisation d'une organisation économique, de son idéologie et de son image de marque. Une image triomphaliste de la psychanalyse est donc nécessaire dans les médias pour recruter de nouveaux adeptes et de nouveaux patients formant la base de la pyramide.

Un tel système suffit à remplir toute une vie avec une formation longue et un nombre limité de patients. Un psychanalyste travaillant 35 heures par semaine, à raison de 3 à 4 séances d'une heure par patient, ne peut pas suivre plus d'une dizaine de patients en même temps. Les patients se renouvelant environ tous les cinq ans, sur une trentaine d'années de pratique, une soixantaine de personnes auront ainsi été traitées complètement. Et il s'agit là de l'hypothèse optimiste selon laquelle l'aspirant analyste devient analyste reconnu à 35 ans et prend sa retraite à 65 ans, ce qui est rarement le cas.

La nécessité de rembourser l'investissement initial se traduit aussi par le manque d'intérêt pour de nouvelles formes de psychothérapies plus brèves et mieux validées. En effet, se former à des méthodes plus modernes risquerait de mettre en cause le système dans lequel l'aspirant analyste s'est engagé. Comme le disait un de mes collègues, qui devint ensuite psychanalyste didacticien : « Il vaut mieux ne pas faire de recherche sur la validité de la psychanalyse, car si ces recherches étaient négatives, le désappointement serait terrible. »

Science de l'inconscient ou technique d'enrôlement ?

Une étude rétrospective portant sur 43 cas suivis par Freud[43] a montré que, lors des psychanalyses, celui-ci faisait très souvent le contraire de ce qu'il recommandait. Il utilisait beaucoup la suggestion directe, imposant son point de vue et recommandant des choix de vie à ses patients. De plus, 72 % de ses analysants faisaient partie de son cercle relationnel proche — on sait qu'il psychanalysa, entre autres, sa propre fille Anna. Une telle pratique est plus proche du fonctionnement d'un parti politique que de la neutralité analytique.

La réticence à tester scientifiquement les résultats et à mettre à l'épreuve les théories est une caractéristique de la psychanalyse depuis ses débuts. Celle-ci s'en justifie en avançant l'argument selon lequel elle n'a pas de comptes à rendre à ceux qui ne participent pas à son monde. Autrement dit, celui qui n'est pas psychanalyste ne peut émettre aucune réserve, critique ou idée alternative. S'il le fait, il ne peut qu'être « résistant » à la vérité freudienne pour des raisons personnelles, conscientes ou inconscientes, mais de toute manière innommables. Comme fort peu de psychanalystes prennent le risque de la critique, la fermeture du système est parfaite.

De ce fait, la psychanalyse s'est coupée de la psychologie scientifique. Elle a ignoré longtemps les données des neurosciences et méprisé les autres thérapies, taxées de se servir « du cuivre de la suggestion au lieu de l'or pur de la psychanalyse ». Elle a, du même coup, perdu de son influence dans beaucoup de pays, qu'il s'agisse des États-Unis ou de l'Europe, où elle est enseignée au chapitre historique. Devant les déconvenues des travaux expérimentaux qui introduisaient une dissonance cognitive dans les esprits, le groupe des psychanalystes s'est replié sur son système de croyances en diabolisant ceux qui le critiquaient. La réponse était simple : il faut toujours plus d'analyse, et ceux qui ne sont pas suffisamment analysés n'ont qu'à se taire. On se trouve ainsi devant un modèle cognitif bien connu, celui de Festinger (*cf.* chapitre III) : le modèle de non-confirmation des croyances. Plus une croyance est mise à mal par la réalité, plus le groupe qui la porte considère qu'il a raison, se ferme sur lui-même et devient prosélyte. Le recrutement de nouveaux adeptes devient le seul moyen de perpétuer et de régénérer la croyance.

Piège abscons et recherche d'identité

Des sociologues ont montré que cette propagation de la foi induisait les personnes qui souffrent à s'engager dans un « piège abscons » dont elles espèrent sortir guéries[35, 67].

Je compléterais volontiers cette description du « piège abscons » par une analyse des motivations qui rendent le leurre aimable : tout comportement possède des renforçateurs, sinon il s'éteint.

La recherche de la guérison peut être un renforçateur, mais, souvent, en cas d'échec patent, l'analysant fait appel au traitement pharmacologique ou aux thérapies comportementales et cognitives. Quelquefois aussi, malgré un bon résultat avec le nouveau traitement qui prouve le contraire de ce qu'il croyait, il conserve sa foi dans la psychanalyse.

La quête d'une appartenance est sans doute un renforçateur plus important que la guérison. Elle explique les résistances au changement idéologique et les phénomènes de dépendance. Le processus d'enrôlement de la psychanalyse est proche des mécanismes de recrutement des sectes et de certaines religions qui demandent un engagement douloureux et coûteux. La promesse est celle d'une identité nouvelle. Être enrôlé, c'est trouver enfin un rôle et une place au soleil.

L'identité d'analysant, puis celle d'analyste offrent une solution aux difficultés identitaires de la société actuelle, ce qui pourrait expliquer le succès de la psychanalyse en France depuis les débuts de la crise. Celle-ci permet de se rattacher à un groupe dont l'image est encore forte et de transformer la souffrance psychologique en

Psychanalyse : un piège abscons ?

Joule et Beauvois[35] ont décrit à partir des méthodes de la psychologie sociale le « piège abscons » (en anglais, *entrapment*) qui consiste, à partir d'un engagement initial dans une activité, à y persévérer de plus en plus énergiquement malgré des résultats négatifs. Plusieurs études ont été effectuées dans différentes situations sociales d'engagement — en particulier, le marketing, la politique et les techniques de vente. Elles ont montré que l'on ne pouvait sortir d'un piège abscons qu'en prenant une décision inverse de la décision initiale, ce qui est souvent difficile. En effet, nos comportements nous engagent, surtout si nous avons l'illusion de les accomplir librement. L'engagement qui, au début, est l'adhésion à une idée ou une pratique qui nous est étrangère finit par faire partie de nous-même. Se dégager, c'est donc se renier soi-même.

La psychanalyse a toutes les propriétés d'un piège abscons :

1. Le patient a décidé de s'engager dans un long processus de dépense en argent, temps et énergie.
2. L'atteinte du but n'est pas certaine, que le patient en soit conscient ou non. Souvent, le psychanalyste considère la guérison comme un fantasme ou bien pense que la guérison est donnée de « surcroît » et ne représente qu'un simple produit dérivé de la cure, sans grand intérêt.
3. La situation donne au patient l'impression que chaque dépense le rapproche davantage du but, un peu comme dans le jeu.
4. Le processus se poursuit, sauf si le patient a décidé activement de l'arrêter.
5. Le patient n'a pas fixé au départ de limite à ses investissements.

un sentiment d'appartenance. Chaque analysant est censé refaire le parcours initiatique de Freud : la recherche de soi devient la recherche de Freud et, vu le peu de résultat de la psychanalyse, il lui faut espérer toujours plus. Finalement, il finira par dominer ses frustrations en devenant psychanalyste à son tour et en se faisant le propagandiste du « piège abscons ». La psychanalyse devient alors un moyen de trouver un statut, une appartenance philosophique et un tissu social protecteur.

La présence de nombreux psychanalystes à des postes de pouvoir explique pourquoi, dans notre pays, l'étude objective des effets des psychothérapies se soit longtemps heurtée à une *omerta*. En effet, un enseignant en psychologie ou psychiatrie, qui est aussi un psychanalyste de renom, recrute souvent ses patients parmi ses étudiants. Il est redevable au système psychanalytique de la part privée de ses revenus qui peut dépasser son salaire. Cette activité privée ne lui laisse que peu de temps pour une recherche scientifique, à laquelle il n'a de toute manière aucun intérêt, puisqu'elle risque de mettre en question son style de vie.

Il est évident que tous les analysants ne veulent pas devenir analystes, mais beaucoup veulent tenter leur chance. Le « piège abscons » a donc pour eux l'attrait d'une réussite sociale possible. Même si l'analysant ne se relève pas du divan pour s'asseoir dans le siège de l'analyste, il peut en nourrir le sentiment d'appartenir à une élite. Il peut aussi utiliser ce qu'il croit comprendre de la psychologie des autres comme un moyen de domination sociale — « Moi qui suis analysé, je comprends le sens secret de vos propos... »

Les effets positifs de la psychanalyse sur la psychiatrie française d'après 1968

Si la psychanalyse est dans une impasse sur le plan scientifique, elle a produit du lien social, donné une idéologie commode à beaucoup de psys et permis la diffusion des attitudes psychothérapiques dans le grand public. En France, elle n'est concurrencée par les autres formes psychothérapeutiques que depuis une dizaine d'années. Les psychanalystes, silencieux dans leur pratique, parlent de tout et parfois de rien, quand ils sont dans les médias. Cette diffusion du gospel freudien, souvent plus directive qu'il n'y paraît, peut néanmoins modifier favorablement les mœurs en inclinant à plus de respect d'autrui[51].

L'idéologie psychanalytique a eu, par ailleurs, le mérite de stimuler l'humanisation des hôpitaux psychiatriques et d'éviter le « tout pharmacologique ». La psychanalyse a tempéré le blues collectif des psys et, en cela, aidé indirectement de nombreux patients.

Cependant, le taux de suicide a toujours été élevé dans les milieux psychiatriques et analytiques, tout comme chez les premiers compagnons de Freud[10]. Les causes en sont probablement multiples et n'ont jamais été étudiées sérieusement à ma connaissance. Une étude des facteurs de résilience chez les apprentis psys serait utile...

Quoi qu'il en soit, la psychanalyse a donné du courage à des psychiatres désabusés par la grisaille des hôpitaux psychiatriques, qui ont ouvert des foyers pour faire sortir les patients chroniques, ouvert les portes des services et développé les soins dans le secteur extra-hospitalier. En fait, il s'agissait de psychiatrie sociale bien conduite, mais l'idéologie analytique est arrivée à point nommé. Elle a été l'étendard brandi par la psychiatrie française pour se séparer de la neurologie après 1968. L'espoir qu'elle engendrait a servi de moteur à l'activité de désaliénation qui avait commencé après la Seconde Guerre mondiale. Ce n'est pas la première fois dans l'histoire que des illusions conduisent à un réel progrès.

Mutations

Les illusions de la psychanalyse ont un passé haut en couleur, mais quel est leur avenir ? Il est probable que la véritable postérité de la psychanalyse se trouve ailleurs que dans les rangs des sociétés de psychanalyse. Pratiquement tous les pionniers des thérapies nouvelles, qu'elles soient comportementales, cognitives, humanistes ou interpersonnelles, avaient suivi une formation psychanalytique avant de changer de chemin. Chaque religion a ses défroqués et ses réformateurs, et chaque espèce produit des mutants. De toute manière, la sélection naturelle favorise les mutations : elles représentent le seul gage de survie de l'espèce en cas de changement de l'écosystème. Manifestement, l'écosystème où s'est épanouie la psychanalyse est en train de changer, même en France. Des psys mutants sont là aussi. La nature a horreur du même.

LES THÉRAPIES COMPORTEMENTALES ET COGNITIVES

L'histoire des thérapies comportementales et cognitives est brève. Elle ne compte pas de héros véritable ni de traître notoire et aucun excommunié. Quelques brouilles ont eu lieu, et une révolution tranquille : la révolution cognitive. Ses participants ont rendu un dernier hommage à celui qui les avait combattus, Joseph Wolpe, alors très souffrant, dans un dîner d'adieu au Danieli à Venise, peu avant sa mort en 1997.

L'histoire des thérapies comportementales et cognitives est aussi l'histoire d'un collège international d'abord invisible et uni par un certain nombre d'idées, dont la principale est la croyance aux vertus de l'approche expérimentale en psychothérapie et de l'adhérence à des règles méthodologiques. L'autre caractéristique est le goût de l'innovation clinique et de l'action, l'esprit pionnier et l'esprit de contradiction élevés à la hauteur d'une institution. La tribu a pour habitude de régler ses différends par l'accumulation des travaux expérimentaux, ce qui a l'avantage d'expulser les idées fausses plutôt que les personnes. Ce mouvement qui débuta véritablement à la fin des années 1950 a compté de nombreux précurseurs.

Le tournant des années 1920 : le débat sur les thérapies actives

Janet s'était peu intéressé aux théories de l'apprentissage qui allaient dominer la pratique psychothérapique de la seconde moitié du XXe siècle. Cependant, il reste un précurseur des thérapies comportementales et cognitives en ce qu'il a proposé une théorie et une pratique active de la psychothérapie. Dans les médications psychologiques de 1919, il décrit l'exposition dans les phobies et les obsessions-compulsions et suggère au patient d'accomplir des actions jusqu'au bout pour aller au-delà du sentiment d'incomplétude ou d'absence de terminaison[31]. De plus, il essaie de modifier les idées fixes par des techniques qu'on qualifierait aujourd'hui de cognitives. *Les Médications psychologiques* de Janet en 1919 ont montré l'efficacité des thérapies actives. De manière symétrique, Freud, en 1919[25], écrira qu'on réussit à guérir l'agoraphobie seulement quand on peut par « l'influence de l'analyse induire les agoraphobes à aller dans la rue et à combattre leur anxiété ».

Si on examine la filiation historique des méthodes comportementales d'exposition dans l'agoraphobie, la première publication dans un journal médical est due à un médecin des hôpitaux de Lyon, Perroud. Le tableau suivant résume la chronologie des travaux sur l'exposition dans les troubles anxieux, appelés autrefois névroses.

Principe d'exposition dans les troubles anxieux : historique

Trouble	*Auteur*	*Pays référence*
Agoraphobie	Perroud (1873)	France[56]
Obsessions, phobies	Janet (1903)	France[33]
Phobie sociale	Janet (1919)	France[31]
Agoraphobie	Freud (1919)	Autriche[25]
Phobie sociale	Hartenberg (1921)	France[27]
Phobies	Wolpe (1958)	États-Unis[74]
Obsessions	Meyer (1967)	Royaume-Uni[52]
Phobies, obsessions, stress post-traumatique	Marks (1981-1987)	Royaume-Uni[46, 47]

Sandor Ferenczi, élève hongrois de Freud, proposera une technique active pour traiter les névroses, mais, à partir de 1925, sur les instances de Freud, cette technique sera abandonnée au profit de toujours plus d'analyse, et de recherche des problèmes sexuels supposés être à la racine de toute névrose[41]. On peut donc situer la coupure épistémologique vers 1925 quand la psychanalyse abandonne la technique active et se recentre sur la prise de conscience de conflits refoulés, de plus en plus profonds, ce qui rend les analyses de plus en plus longues et de moins en moins efficaces. De son côté, la psychologie expérimentale étudie des lois de fonctionnement qui vont progressivement servir de base à l'élaboration de méthodes thérapeutiques comportementales, puis cognitives. À partir de cette époque, deux continents vont dériver loin l'un de l'autre : la psychanalyse et le comportementalisme.

Le béhaviorisme (comportementalisme)

Tout d'abord, vont se développer les théories de l'apprentissage[55]. Les théories comportementales de cette époque sont dues essentiellement à Watson (1878-1958) qui, avec Rayner et Mary Cover Jones, effectue des expériences de conditionnement et de déconditionnement sur les peurs chez les enfants (1924). Watson sera renvoyé de l'université après une liaison jugée scandaleuse avec une de ses élèves qui deviendra son épouse. Il deviendra ensuite un des fondateurs de la publicité moderne. Sa doctrine est fixée dans *Le Comportement, une introduction à la psychologie comparée* (1914) et, surtout, dans un manifeste *La Psychologie telle que la voit un béhavioriste*, publié en 1919.

En réaction contre l'introspection[71], Watson se lance dans l'étude des stimuli et des réponses, dialysant leur type, leur débit, leur intensité. La table rase à laquelle il procède sera assez bien accueillie en France par le philosophe Georges Politzer[59] qui propose en 1928 une nouvelle psychologie se fondant sur l'étude du drame humain par des méthodes issues à la fois du béhaviorisme de Watson et de la psychanalyse freudienne. Un ouvrage de Pierre Naville[53], publié en 1942, *La Psychologie du comportement*, n'hésite pas à affirmer que Watson est le Descartes de la psychologie. Certes, Watson est allé trop loin dans son élimination des processus mentaux et dans sa réaction contre l'introspection, mais son radicalisme a permis à d'autres, ensuite, de reconstruire progressivement la psychologie et la psychothérapie.

La seconde figure importante est celle de Skinner (1904-1990)[65] qui utilise le conditionnement opérant pour expliquer les comportements humains et proposer un modèle d'analyse fonctionnelle. Les principes du conditionnement opérant seront appliqués dans les domaines de l'enseignement programmé, de la recherche sur les primates, de la recherche sur la dépression et également de la réhabilitation psychosociale des états psychotiques[42].

Des thérapies comportementales aux thérapies cognitives

Par la suite, d'autres théoriciens de l'apprentissage comme Bandura[5] proposeront d'intégrer les apprentissages par imitation et les systèmes de pensée dans la psychothérapie à partir des nombreux travaux expérimentaux effectués. La scène est désormais prête pour le développement des thérapies comportementales qui a lieu à partir de 1958, avec pour principales personnalités, Hans J. Eysenck (1916-1997), Joseph Wolpe (1916-1997) et Isaac Marks. À partir de 1958, les applications cliniques des principes d'apprentissage et de la psychologie cognitive se multiplient et s'étendent à la plupart des troubles psychologiques ainsi qu'à la psychologie de la vie quotidienne. Le succès des thérapies comportementales puis cognitives se renforce avec leur efficacité thérapeutique, progressivement validée par des essais thérapeutiques contrôlés. Actuellement, le nombre de ces essais est de plus de 600.

Le développement des thérapies cognitives

Il est habituel de faire remonter les thérapies cognitives à la morale stoïcienne, celle de l'esclave Épictète et de l'empereur Marc Aurèle.

— *Marc Aurèle.* Un péplum récent, *Gladiator* de Ridley Scott (2001) a remis au goût du jour cet empereur philosophe qui professait que les hommes sont émus, moins par les faits eux-mêmes, que par l'interprétation qu'ils en donnent.

— *Albert Ellis et la thérapie rationnelle-émotive.* La référence à Épictète, Marc Aurèle et les autres stoïciens se retrouve chez Albert Ellis[20] qui reprend la dichotomie entre raison et émotions. Selon lui, le comportement « névrotique » est un comportement stupide, mis en actes par une personne intelligente. Le problème commun à beaucoup de troubles névrotiques serait l'idée grandiose que les sujets se croient obligés d'avoir d'eux-mêmes, ce qu'Ellis appelle *Shouldism* et *Musturbation*. Les *Must* et les *Should* irrationnels deviennent un fardeau émotionnel qui accable le sujet. Le but de la psychothérapie doit être l'acceptation inconditionnelle de soi-même et de ses limites. Le patient doit ne plus porter des jugements généraux sur lui-même, mais considérer avec relativisme les accidents de son existence. Pour cela, Ellis a proposé de traiter les distorsions cognitives, par étapes, selon un système A-B-C-D-E.

A – Tout d'abord sont isolées les activités ou les situations qui déclenchent les pensées irrationnelles.

B – Ensuite sont déterminés les systèmes de croyances irrationnels.

C – Ces systèmes de croyances irrationnels constituent les réponses internes aux événements et donnent lieu à des pensées, des émotions négatives et des comportements défaitistes.

D – Le thérapeute aide le patient à corriger son système de croyances irrationnel.

E – Le résultat est la mise en place d'une conception du monde plus rationnelle.

— *La thérapie cognitive de Beck.* La thérapie rationnelle-émotive a été critiquée en raison de la méthode thérapeutique très directive et souvent caricaturale utilisée personnellement par Ellis. Progressivement, la thérapie cognitive d'Aaron Temkin Beck a pris le dessus et s'est diffusée dans le monde. Elle se fonde sur un modèle de traitement de l'information et la notion de schéma. En 1955 déjà, Kelly[37] avait forgé le terme de « construction personnelle » pour décrire le même phénomène.

D'une façon générale, les schémas reflètent des convictions concernant le style de vie. Beck, à partir de 1963, affine la notion de schéma cognitif, considérant, que les problèmes psychologiques ont deux niveaux, le niveau des structures symptomatiques et le niveau des schémas sous-jacents. Depuis, Young, en 1990, a décrit les schémas précoces inadaptés et les neurosciences cognitives ont confirmé le concept de schéma. Les thérapies comportementales se sont ainsi transformées en thérapies cognitives et comportementales sous l'impulsion du groupe de Philadelphie. Beck a développé ensuite une forme de thérapie nouvelle, la thérapie cognitive centrée sur la modification de la pensée consciente et préconsciente, qui aura une influence grandissante dans le monde à partir de 1980[8, 9]. Par la suite, la thérapie cognitive s'étendra au traitement de tous les troubles anxieux, des états psychotiques, et sera aussi appliquée aux troubles de la personnalité. La théorie des schémas cognitifs s'articule aujourd'hui à un modèle de l'inconscient cognitif[14].

Les thérapies comportementales et cognitives dans le monde

Désormais, on parle de thérapies comportementales et cognitives ou de thérapies cognitives et comportementales, ce double label correspondant assez bien à la pratique la plus fréquente : selon une enquête[19], 67 % des membres de l'Association américaine pour l'avancement de la thérapie comportementale disaient ainsi pratiquer des thérapies à la fois cognitives et comportementales. De façon significative, cette association, fondée en 1966, est devenue en 2003 une association de thérapie comportementale et cognitive. Elle avait été précédée sur cette voie par l'Association européenne de thérapie comportementale, devenue l'Association européenne de thérapie comportementale et cognitive en 1990. Signalons qu'il existe également une Association internationale de thérapie cognitive et une Académie de thérapie cognitive, fondée par A.T. Beck à Philadelphie en 1999. Le développement des thérapies comportementales, puis cognitives, s'est effectué d'abord dans les pays anglo-saxons et d'Europe du Nord, au début des années 1960, avant de gagner l'ensemble du monde, comme en témoigne le caractère international et multinational des recherches et des ouvrages publiés.

Les thérapies comportementales et cognitives en France

Ces thérapies se sont implantées en France à partir du début des années 1970 grâce à des associations privées, dont les deux principales sont l'AFTCC (Association française de thérapie comportementale et cognitive), fondée en 1972, et l'AFFORTHECC (Association francophone de formation et de recherche en thérapie comportementale et cognitive), fondée en 1994. Ces deux associations proposent une formation de base et une formation continue sous la forme d'ateliers et de congrès.

Le premier ouvrage publié en français à leur sujet est dû à Jacques Rognant en 1970[61] et la première consultation de thérapie comportementale s'est ouverte à la même époque dans le service du professeur Pierre Pichot à Sainte-Anne, grâce à Mélinée Agathon, qui appartenait au CNRS. De mon côté, j'ai créé à l'université Lyon-I en 1980 le premier diplôme universitaire français de thérapie comportementale, qui est passé d'un an en 1980 à deux ans en 1990, puis à trois ans en 2000. Cette croissance correspond au développement de la spécialité.

Actuellement, en France, la thérapie comportementale et cognitive représente un courant majeur de psychothérapie qui doit beaucoup aux développements récents des études contrôlées. La recherche française en TCC a pu se développer grâce à des financements publics, privés ou des travaux universitaires. Les médias et les maisons d'édition leur font bon accueil, surtout depuis une dizaine d'années.

Un refus d'héritage : généalogie des thérapies comportementales et cognitives

Si l'on reprend de manière globale ce tableau historique, on s'aperçoit que les racines françaises des thérapies comportementales et cognitives sont importantes et reconnues dans le monde entier, sauf en France.

Il me semble que ce refus d'héritage pourrait expliquer que les thérapies comportementales et cognitives aient été acceptées avec autant de difficultés en France. Leur origine est française pour une part, mais elles proviennent du principal rival de Freud, Pierre Janet.

La motivation de ce refus d'héritage a sans doute été la protection de l'idéologie psychanalytique. On peut faire les mêmes remarques à propos de la médecine fondée sur les preuves issues des essais contrôlés. Cette médecine qui nous revient *via* les pays anglo-saxons a permis de valider les thérapies comportementales et cognitives, mais elle apporte peu de données favorables à la psychanalyse, comme nous le verrons dans les chapitres suivants. Son origine est, là encore, française puisqu'elle correspond au travail pionnier de la commission royale de 1784 qui inventa l'essai en double aveugle dans les psychothérapies. Cependant, là encore, elle représente une menace pour l'idéologie psychanalytique, qui devrait fournir les preuves de ce qu'elle a avancé.

Toutes ces données historiques permettent de dresser l'arbre généalogique des thérapies comportementales et cognitives. Le schéma suivant résume l'ensemble des faits détaillés dans ce chapitre.

Une généalogie des thérapies comportementales et cognitives

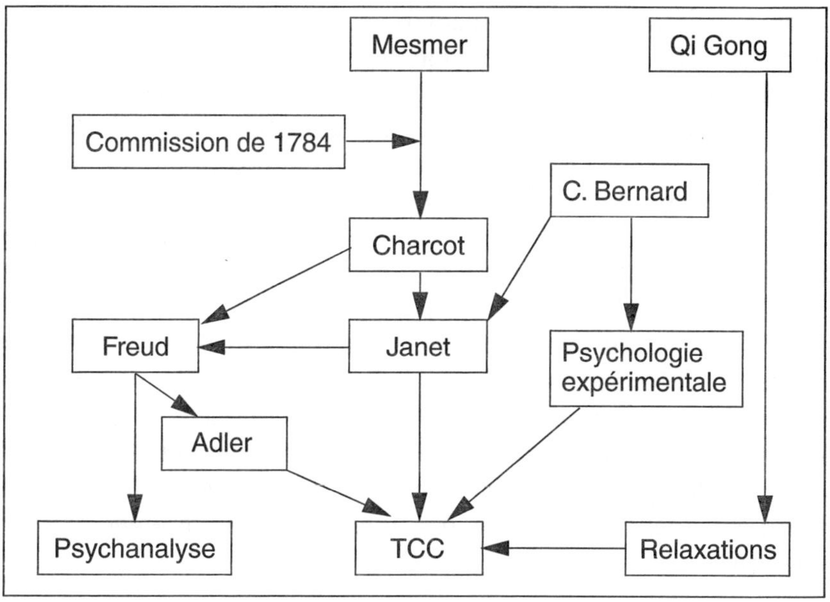

TCC : thérapie comportementale et cognitive.

LA THÉRAPIE INTERPERSONNELLE

Créée par Weissman et Klerman, la thérapie interpersonnelle est issue du courant américain de la psychiatrie sociale et se rattache à la version culturaliste de la psychanalyse américaine.

Centrée sur les relations entre le début des symptômes dépressifs et les problèmes relationnels du moment présent, la thérapie interpersonnelle s'intéresse aux problèmes actuels plutôt que passés, elle se focalise sur le contexte social immédiat du patient et cherche à intervenir sur les symptômes et les dysfonctionnements sociaux associés plutôt qu'à modifier les aspects durables de la personnalité. Elle se fonde sur une psychologie de l'adaptation à l'environnement social et se différencie donc clairement de la psychanalyse.

Parmi les causes des maladies mentales, le courant social souligne le rôle de la civilisation industrielle, de l'urbanisation, du stress et des effets pervers de l'organisation de la société en classes sociales, ainsi que la persistance des structures psychiatriques asilaires qui participent plus au maintien de la maladie mentale qu'à sa guérison. La thérapie interpersonnelle met l'accent sur l'importance des rôles sociaux en soulignant que leur perturbation sert d'antécédents aux perturbations psychopathologiques. L'absence d'estime de soi et la dépression qui en résulte pourraient produire un déficit des capacités individuelles à assumer un rôle social, la personne entrant alors dans la spirale descendante de la dépression.

L'approche interpersonnelle fait l'hypothèse que les perturbations des relations interpersonnelles sont à la fois des antécédents et des conséquences de la maladie mentale. Elle donne une grande place à la notion de pathologie réactionnelle et aux interactions sociales comme facteurs de déclenchement et de maintien des troubles psychopathologiques. Dans la pratique, la thérapie interpersonnelle est proche des thérapies comportementales et cognitives.

LA TROISIÈME VOIE : LA THÉRAPIE HUMANISTE

La « troisième voie », aussi appelée « troisième force » (*Third Force*), est apparue à la fin des années 1950. Elle représentait une tentative originale pour sortir des deux courants dominants à cette époque : la psychanalyse et le comportementalisme. La thérapie humaniste a été fondée par d'anciens psychanalystes déçus du système et n'ayant aucune envie de se jeter dans les bras du comportementalisme, alors assez rigide et diabolisé comme une approche mécaniste de la psychologie (*cf.* chapitre XI).

Le développement personnel

Abraham Maslow (1908-1970) est le principal idéologue de la troisième voie. Il décida de développer une psychologie et une psychothérapie centrées sur que ce qui était « pleinement humain ». D'où le terme de « thérapie humaniste[48, 49] ».

À l'intérieur de cette troisième voie, plusieurs courants ont existé, dont certains se prolongent encore aujourd'hui. De nombreux instituts se sont alors mis en place : instituts de Gestalt-thérapie, de bioénergie, d'analyse transactionnelle, centres de thérapie inspirée de Carl Rogers (1902-1987), centres de thérapies systémiques avec l'étude des paradoxes de la communication, mises au point par le groupe de Palo Alto sous l'impulsion de l'anthropologue Gregory Bateson (1904-1980).

Ces instituts ont connu à l'époque un grand succès et attiré des disciples fervents, presque toujours psychologues diplômés, qui pratiquaient leur technique en groupe ou en individuel. D'autres mouvements n'ont duré que quelques saisons. Depuis, des centres de développement du potentiel humain se sont implantés partout dans le monde pour propager ce nouveau modèle de thérapie.

Parmi ces nouvelles thérapies, les thérapies dites californiennes avaient pour point commun de mettre l'accent sur le retour à la nature, au corps, et à l'ici et maintenant. Les groupes étaient conduits par des leaders charismatiques refusant toute forme d'intellectualisme et qui soulignaient l'importance des désirs personnels enfermés dans le carcan de la morale traditionnelle. En cela, la thérapie humaniste participait d'une contre-culture du corps, du narcissisme et de l'égocentrisme, celle de la *Me Generation* en quête de liberté personnelle et de créativité.

Esalen

La thérapie humaniste a eu sa Mecque : l'institut d'Esalen, fondé en 1962 par Michael Murphy. Cette communauté était située sur la côte Pacifique, entre San Francisco et Los Angeles, près de Big Sur. Elle se voulait un havre de méditation, en réaction contre la culture dominante matérialiste des États-Unis et connut un grand succès grâce à ses groupes de rencontre, constitués de participants vivant ensemble de 8 jours à 1 mois ou plus. Ces groupes proposaient un mélange de relaxation, de massage californien, de bouddhisme, de parapsychologie et de Gestalt-thérapie, méthode centrée sur le vécu émotionnel actuel due à Fritz Perls (1893-1970). On y développait une philosophie de l'instant présent et un mode de vie alternatif à la société de consommation.

CONCLUSION : LA MULTIPLICATION DES PSYS

Depuis les années 1960, on assiste à une multiplication des psychothérapies et une démultiplication des psychothérapeutes. Actuellement, le nombre des « marques » de psychothérapies semble sur le point d'exploser. Beaucoup d'entre elles se rattachent au courant humaniste ou s'intitulent globalement « nouvelles thérapies ». En témoigne la liste, qui ne prétend pas à l'exhaustivité, que nous avons dressée à partir de diverses sources[22, 45] et de documents personnels accumulés au fil des voyages et des séminaires de formation en particulier aux États-Unis et en Angleterre. Apparemment, plus le marché de la psychothérapie se diversifie et moins ce qu'il propose est fiable et évalué par les méthodes scientifiques modernes : une très large majorité des 209 formes de psychothérapies recensées dans cette liste n'ont en effet qu'une efficacité autoproclamée.

Il faut donc faire un tri. C'est pourquoi j'ai décidé de regrouper les différentes formes de psychothérapies selon trois grands groupes : les thérapies psychanalytiques, les thérapies comportementales et cognitives, les thérapies humanistes. Un quatrième courant sera également pris en compte : la thérapie interpersonnelle, qui se situe entre les trois tendances précédentes, mais qui est tout de même plus proche des thérapies comportementales et cognitives. C'est sur ces quatre courants que je vais axer la présentation des méthodes psychothérapiques et de leurs résultats.

Troisième partie

LES PSYCHOTHÉRAPIES AU BANC D'ESSAI

Après avoir confronté le mythe du psy aux données objectives de son histoire, nous allons maintenant aborder le problème délicat de l'évaluation des psychothérapies. Ici encore la mythologie va entrer en collision avec la réalité. Toutes les écoles de psychothérapie pensent, en effet, avoir gagné et mériter un prix, selon la formule consacrée. Pourtant, le mythe de l'uniformité de l'efficacité thérapeutique, quelle que soit la thérapie, ne tient pas dès qu'on examine les travaux scientifiques sérieux. Il faut dire que les personnes intéressées par l'évaluation sont moins les psychothérapeutes que les patients, leurs familles, les associations de patients, les organismes scientifiques et les pouvoirs publics...

En un demi-siècle, les méthodes d'évaluation ont fourni des données pour chacun des principaux troubles psychologiques répertoriés. Elles ont montré que certaines thérapies étaient actives dans certains troubles, et pas du tout dans d'autres. Elles ont également montré que certaines thérapies ne marchaient pas du tout. Elles ont enfin souligné qu'il était impossible de se prononcer sur un grand nombre d'écoles de psychothérapie puisqu'elles n'avaient pas été évaluées par les méthodes modernes d'essais thérapeutiques contrôlés.

Je me contenterai, dans cette partie, de passer au banc d'essai les courants psychothérapiques qui sont actuellement les plus influents, les plus étudiés et pour lesquels il existe des données solides sur le plan de la pratique et de la formation. Un autre critère de cette sélection est l'existence d'études contrôlées permettant de se faire une idée précise de l'efficacité et des indications des différentes psychothérapies.

CHAPITRE VII

Le fardeau de la preuve

« Ce que nous connaissons nous empêche
de connaître ce que nous ne connaissons pas. »
Bram STOKER

L'évaluation des psychothérapies est un sujet qui fâche en France, car elle confronte une image souvent idéalisée du psy à la réalité de son pouvoir et parfois de son impuissance. La question est rarement abordée et souvent remplacée par de longues dissertations théoriques ou des affirmations péremptoires. Pourtant, il paraît normal que le consommateur de psychothérapie soit au courant de ce qu'il va utiliser pour son mieux-être.

L'évaluation des psychothérapies a donné lieu à des milliers de publications dans le monde et une bonne centaine d'ouvrages à l'étranger, où les recherches systématiques ont commencé dès la fin des années 1950. Ces recherches ont pris un nouvel essor autour de 1977, après le premier choc pétrolier, quand la progression des coûts de santé a amené plusieurs pays à se poser la question du remboursement des psychothérapies par le tiers-payant en fonction du rapport coût/efficacité.

QUE FAUT-IL ÉVALUER ?

Notre pays a longtemps évité ce problème, jusqu'à une date récente où des travaux de synthèse ont été publiés sur l'anxiété généralisée et la dépression aboutissant à des recommandations pour la pratique clinique[1, 2].

Le retard français

Peu de recherches contrôlées sur l'évaluation des psychothérapies ont été publiées par des Français aussi bien sur la scène nationale qu'internationale. Ce retard n'est que le reflet d'un retard plus global de notre pays dans le domaine de la psychiatrie et de la psychologie, comme le montre une enquête effectuée par Fava[7], qui mesure l'impact d'un pays sur la scène internationale par le nombre de fois où les articles écrits par des chercheurs français sont cités dans les revues internationales.

1981-1998 : impact et citation des papiers en psychiatrie et psychologie (Fava, 2001)

⇨ 1. USA	11. Finande
⇨ 2. UK	12. Hollande
⇨ 3. Suède	13. Australie
⇨ 4. Irlande	14. Israël
⇨ 5. Danemark	15. Allemagne
⇨ 6. Belgique	16. Italie
⇨ 7. Canada	17. Autriche
⇨ 8. Nouvelle-Zélande	18. Espagne
⇨ 9. Norvège	19. Inde
⇨ 10. Suisse	20. France

Quoi, comment, pour qui, par qui et pourquoi ?

Paul[12] a présenté d'une manière concise l'ensemble des questions que soulève l'évaluation des effets thérapeutiques et des processus en jeu dans les psychothérapies : « Quel traitement, par quel thérapeute, est le plus efficace, pour quel sujet, dans quel problème, dans quelles circonstances, et comment ? » Cette simple phrase ouvre sept grandes directions de recherche :

1. Définir avec précision les traitements.
2. Définir l'efficacité thérapeutique.
3. Définir les problèmes psychologiques en termes opérationnels.
4. Définir les sujets en termes opérationnels.
5. Définir les comportements et les attitudes psychologiques qui ont un effet psychothérapique.
6. Définir comment agissent les traitements.
7. Définir les conditions d'environnement qui permettent aux traitements d'agir.

LES MÉTHODES POUR ÉVALUER LES PSYCHOTHÉRAPIES

Développer un programme de recherche, c'est prendre le risque de voir ses croyances contredites. Comme l'a montré Karl Popper[13], la recherche scientifique est beaucoup moins la quête de la vérité que la mise en place de dispositifs dont le but est d'éliminer progressivement les erreurs. On dispose actuellement de plusieurs méthodes[4].

— *Les études de cas individuels.* Simples histoires sans mesure permettant d'évaluer le changement, elles ne présentent qu'un intérêt limité.

— *Les cas individuels et les séries de cas identiques* qui sont traités de la même manière. Ils sont évalués avant et après traitement, puis après un suivi plus ou moins long.

— *Les protocoles de cas individuels.* Ils évaluent par des mesures répétées les changements par rapport à l'état initial ou bien comparent des phases de traitement et de non-traitement[9].

— *Les protocoles contrôlés et les études comparatives.* C'est le noyau dur de la recherche sur le comportement humain. En général, on compare une thérapie que l'on pense active et un placebo, après avoir attribué au hasard les patients entre chacun des deux groupes.

La plupart des projets comparant une thérapie à un groupe contrôle placebo ou une autre thérapie reposent sur l'utilisation d'échelles multiples mesurant les symptômes cibles, les syndromes, la personnalité, auxquelles s'ajoutent souvent des échelles mesurant la relation thérapeutique ou la qualité de l'alliance thérapeutique et d'autres échelles encore mesurant la croyance des thérapeutes et des patients face à un traitement tiré au sort. Dans certaines études, on effectue, en outre, des mesures de paramètres biologiques, ou neurophysiologiques ou encore des mesures du fonctionnement cérébral (caméra à positons, IRM fonctionnelle).

EFFET PLACEBO ET PSYCHOTHÉRAPIE

Toute thérapie qui prétend avoir une efficacité spécifique doit faire la preuve qu'elle est supérieure soit au passage du temps (c'est-à-dire au processus spontané d'autoguérison), soit à un traitement placebo. On parle de placebo (« je dois plaire ») pour toute médication prescrite plus pour plaire au patient que pour lui être utile. En psychothérapie, on appelle placebo une substance ou une procédure sans activité spécifique pour le trouble psychologique étudié. Cet effet psychologique trouve une inscription dans le système nerveux.

Neurobiologie du placebo

Une étude a comparé l'effet placebo à l'effet des antidépresseurs. La caméra à positons mesurait le métabolisme du glucose chez des hommes qui avaient été hospitalisés pour un trouble dépressif et qui recevaient soit un placebo soit de la fluoxétine selon un protocole de 6 semaines en double aveugle. On a alors constaté que les modifications du métabolisme du glucose avaient lieu dans les mêmes régions cérébrales chez les patients améliorés sous placebo et chez les patients améliorés sous fluoxétine[11]. Une influence environnementale peut donc provoquer des changements de fonctionnement cérébral similaires à ceux induits par la biochimie.

Le placebo et la psychothérapie

Constituer un groupe contrôle pour évaluer une méthode de psychothérapie pose des problèmes particuliers. En effet, il est pratiquement impossible de comparer, après tirage au sort et en double aveugle, une psychothérapie active et un placebo inerte sur le modèle des études pharmacologiques. D'une part, les phénomènes relationnels et les attentes des thérapeutes et des patients sont des composantes actives de toute psychothérapie. Des attentes favorables vis-à-vis d'un traitement nouveau peuvent gonfler les résultats, car l'effet placebo sera fort. D'autre part, il n'est pas possible d'ignorer la nature du traitement tiré au sort, car il n'est pas possible d'effectuer une psychothérapie sans que le thérapeute et le patient sachent ce qu'elle est : le double aveugle est exclu.

Le contrôle de l'efficacité

Plusieurs solutions ont été proposées pour résoudre le problème du placebo en psychothérapie. Il est possible de comparer la thérapie que l'on cherche à valider avec différents groupes contrôles, les patients étant répartis au hasard entre les groupes et étant d'accord avec cette procédure d'attribution des traitements (consentement informé). Parmi les différents groupes contrôles possibles, citons :

— le groupe « attention placebo » avec contact minimum avec un thérapeute (par exemple une demi-heure tous les quinze jours) ;

— la liste d'attente durant plusieurs mois avec simple contact téléphonique ;

— le contrôle par une pseudo-thérapie présentée comme une vraie thérapie ;

— la comparaison d'une thérapie de référence déjà validée à la thérapie étudiée.

Comme il n'y a pas de solution idéale, il est important de disposer d'une évaluation indépendante et aveugle aux traitements tirés au sort ou, du moins, d'évaluer en début de traitement la croyance des patients et des thérapeutes dans le traitement qui a été tiré au sort et d'étudier la corrélation de ces mesures avec les résultats.

RELATION THÉRAPEUTIQUE ET RÉSULTATS DES PSYCHOTHÉRAPIES

Un certain nombre de facteurs liés à l'attitude et au comportement du thérapeute vis-à-vis du patient ont longtemps été considérés comme thérapeutiques.

La personne du thérapeute

La force de persuasion, la capacité à créer une atmosphère amicale, l'action antidémoralisatrice, la chaleur, l'empathie, l'authenticité des sentiments, la considération positive inconditionnelle du patient : toutes ces qualités ont été invoquées. Il faut leur ajouter la compétence, le statut socioprofessionnel, la crédibilité, le décor, la célébrité. Ces facteurs souvent invoqués ont, en réalité, été peu étudiés. On tend à leur préférer, actuellement, l'étude de l'alliance thérapeutique qui renvoie à l'interaction des deux personnes et non à des qualités personnelles.

L'alliance thérapeutique

La notion d'alliance thérapeutique est due à Freud[8]. En thérapie analytique, l'alliance thérapeutique se réfère aux aspects les plus rationnels de la relation thérapeutique et se distingue du transfert qui correspond aux sentiments irrationnels que projette l'analysant sur l'analyste. Luborsky et son équipe[10] ont réalisé une étude comparant la thérapie cognitive associée au conseil, la thérapie analytique associée au conseil, et le conseil seul chez des toxicomanes sevrés. Thérapie cognitive et thérapie analytique se sont révélées égales entre elles et supérieures au conseil seul. Les qualités du thérapeute ne sont *pas* apparues corrélées aux résultats ; une bonne alliance thérapeutique correspondait, en revanche, à un bon résultat en thérapie cognitive ou en thérapie analytique. La pureté technique était un facteur de résultat : les thérapeutes qui suivaient le manuel consciencieusement avaient de meilleurs résultats, aussi bien en thérapie psychanalytique qu'en thérapie comportementale.

La relation de collaboration

Beck[3] a défini la relation thérapeutique en thérapie cognitive comme une relation de « collaboration empirique » comparable à celle de deux savants travaillant sur un problème commun. Cette relation serait à la base de l'apprentissage. Le changement en thérapie, cependant, est dû aux capacités du patient, pas uniquement à la relation, et il doit se généraliser dans d'autres contextes que la thérapie. Beck conseille donc de laisser la responsabilité du changement au patient, sans exagérer l'importance du rôle du thérapeute.

Image du patient, image du thérapeute : résultats

Dans une perspective voisine, un travail regroupant plusieurs équipes françaises[5] a évalué la relation thérapeutique avec une échelle composée de 12 paires d'adjectifs bipolaires permettant de mesurer sur 6 points le thérapeute vu par le patient et le patient vu par le thérapeute (*cf.* échelle en annexe de ce chapitre).

MÉTA-ANALYSE DES PSYCHOTHÉRAPIES

Lorsqu'un grand nombre d'études contrôlées ont été réalisées, avec des résultats parfois contradictoires, on donne un sens à l'ensemble de ces données chèrement acquises par une méta-analyse[14] qui permet d'étudier de manière globale les effets des psychothérapies. La méta-analyse consiste donc à regrouper des études, à coder des résultats et à calculer la « taille de l'effet thérapeutique » (*effect size*)[6].

La taille d'effet reflète la différence entre le groupe traité et le groupe de comparaison en fin de traitement. Cette différence est standardisée. Plusieurs formules permettent de la calculer, que les amateurs de mathématiques retrouveront en annexe de ce chapitre.

Connaître la taille de l'effet permet de mettre en évidence le gain ou l'absence de gain du groupe traité par rapport au groupe de comparaison. Le groupe de comparaison peut représenter soit un groupe non traité (liste d'attente ou groupe placebo), soit un autre traitement déjà validé. Le barème est le suivant :

— une taille d'effet voisine de .00 correspond à une absence de différence ;

— la taille d'effet entre .20 et .50 est petite ;

— la taille d'effet entre .50 et .80 est moyenne ;

— la taille d'effet au-delà de .80 est grande.

Il n'est pas rare de trouver des tailles d'effet qui dépassent 1 dans le domaine des psychothérapies.

LA FORCE DE LA PREUVE

La règle d'or est d'analyser la littérature scientifique de manière hiérarchisée. Sont prises en compte, dans l'ordre, les méta-analyses, les études contrôlées et les études non contrôlées.

En l'absence de méta-analyse et d'études contrôlées ou d'études non contrôlées, l'existence d'un consensus fort chez les professionnels concernant les traitements sera prise en compte. Les critères de l'Agence nationale d'accréditation et d'évaluation en santé (ANAES) permettent un classement facile des données issues de la recherche aussi bien que de la clinique pour éclairer les décisions[1].

Grades des recommandations selon l'ANAES

Niveau de preuve scientifique fourni par la littérature (études thérapeutiques)	Grades des recommandations
Niveau 1 — Essais comparatifs randomisés de forte puissance — Méta-analyse d'essais comparatifs randomisés — Analyse de décision fondée sur des études bien menées	**A** Preuve scientifique établie
Niveau 2 — Essais comparatifs randomisés de faible puissance — Études comparatives non randomisées bien menées — Études de cohorte	**B** Présomption scientifique
Niveau 3 — Études de cas comparés à des témoins **Niveau 4** — Études comparatives comportant des biais importants — Études rétrospectives — Séries de cas	**C** Faible niveau de preuve

CONCLUSION : PREUVES ET ÉPREUVES

Le fardeau de la preuve pèse sur les épaules de tous ceux qui affirment l'efficacité et la pertinence de leur modèle psychothérapique. Tout traitement pharmacologique doit passer l'épreuve des études contrôlées avant d'être mis sur le marché — ce qui n'est pas le cas des psychothérapies. Or de nombreux travaux permettent actuellement d'avoir une idée assez précise des résultats et des changements obtenus par les différentes psychothérapies. Nous allons maintenant consacrer un chapitre à chacune des quatre formes de thérapies qui ont montré un degré certain d'efficacité dans des indications spécifiques. Il s'agit de la psychanalyse et des thérapies analytiques, des thérapies comportementales et cognitives, des thérapies interpersonnelles et des thérapies humanistes. Chacun de ces courants sera envisagé avec ses forces et ses faiblesses, de manière à ce que chacun puisse avoir les éléments d'information nécessaires.

CHAPITRE VIII

Psychanalyse et thérapies psychanalytiques brèves

« Marx a dit : tout est argent,
Freud a dit : tout est sexe,
Einstein a dit : tout est relatif. »
ANONYME

Il ne faut pas confondre le mythe freudien avec les aspects positifs d'une œuvre qui reste une étape historique importante. Pour ne pas jeter le bébé avec l'eau du mythe, je vais essayer ici d'établir ce qui reste encore valide dans le courant psychanalytique.

Freud n'est guère plus responsable des freudiens que Marx des marxistes, et Jésus des jésuites. Le véritable problème de la psychanalyse vient de ce que ses défenseurs, à de rares exceptions près, ont refusé de tester scientifiquement leurs hypothèses et d'évaluer leurs résultats. De ce fait, son histoire s'est figée, et beaucoup de ses partisans ont émigré vers des lieux où la parole, la pensée et l'action étaient plus libres. On peut sérieusement se demander, aujourd'hui, si la psychanalyse n'a pas survécu à son utilité scientifique et pratique.

Néanmoins, face à cette crise, le début d'une évolution se fait jour chez les plus lucides des psychanalystes anglo-saxons[15, 20]. Déjà Freud, en 1927, dans *L'Avenir d'une illusion*[18], avait tenté de séparer mythe et science : « Non, la science n'est pas une illusion, écrivait-il, mais ce serait une illusion de croire que nous puissions trouver ailleurs ce qu'elle ne peut pas nous donner. » Cette forte pensée a été peu suivie d'effet pour le moment.

LE MODÈLE PSYCHANALYTIQUE DES NÉVROSES (OU TROUBLES ANXIEUX) ET DES TROUBLES DE LA PERSONNALITÉ

Les problèmes névrotiques (troubles anxieux), la dépression et les troubles de personnalité sont les troubles qui provoquent le plus souvent la recherche de soi et les demandes de psychothérapie. La thèse psychanalytique à leur propos est bien connue. Chacun de nous possède un inconscient où gisent des désirs refoulés. Ces désirs sont reliés aux instincts biologiques primaires, principalement sexuels, que la censure (le surmoi) maintient hors de la conscience. Le conflit entre ces désirs (le ça) et cette censure produit les symptômes d'anxiété, de dépression ou des troubles physiques qui envahissent le « moi » du patient.

La cure

Selon la psychanalyse, seule une cure prolongée, de 5 à 10 ans, avec 3 à 5 séances par semaine, permet d'accéder aux désirs inconscients qui sont sous-jacents aux symptômes et de les faire disparaître à tout jamais. Le patient est allongé sur un divan. Il ne voit pas l'analyste qui énonce au début de la toute première séance la règle fondamentale : « dire tout ce qui passe par l'esprit ».

Cette règle, bien entendu, sera transgressée, et la résistance à tout dire ou à le dire de manière voilée va faire l'objet de l'analyse. Le psychanalyste se contente d'interpréter les associations d'idées qui sont verbalisées. Il facilite par cette attitude le retour vers le passé du patient, qui va vivre une triple régression : une régression temporelle (de l'adulte vers l'enfant), une régression topique (de la conscience vers l'inconscient) et une régression formelle (de la pensée logique vers la pensée irrationnelle). Le patient retraversera les stades successifs du développement psychologique et affectif (stade oral, stade anal, stade phallique, stade génital). Cette triple régression va faciliter le transfert qui consiste à déplacer sur l'analyste des émotions et des désirs infantiles. Comme ceux-ci ne peuvent se réaliser, il ne reste plus qu'à vivre, interpréter le transfert, s'apercevoir de son inutilité et en sortir.

Ce faisant, le complexe d'Œdipe, qui est le problème central dans les névroses, sera mis au jour. Bien que de nombreux cas de figure triangulaire ou duelle soient possibles, c'est la compréhension et l'acceptation de l'interdit du désir d'avoir des relations avec le parent de sexe opposé qui jouent un rôle structurant. L'acceptation de cet interdit permet de trouver la porte de sortie du cabinet de l'analyste sur lequel le fantasme s'est projeté. L'analyste n'est rien d'autre que le miroir d'une aliénation fondamentale qui oblige tout être humain à parcourir à nouveau le chemin d'Œdipe, en repartant du stade où il s'est fixé (oral, anal à phallique). Cette fixation entraîne un déficit dans le fonctionnement affectif et des perturbations dans les relations avec les autres. L'interprétation du transfert par l'analyste permet de sortir de l'impasse œdipienne ou préœdipienne où le sujet se trouvait bloqué. Il y a donc une aristocratie de l'Œdipe réalisé et dépassé.

Les rêves sont la voie royale qui permet d'avoir accès aux désirs inconscients. Leur fonction est de protéger le sommeil, en permettant de réaliser des désirs que nul n'accepterait d'avoir à l'état de veille. Le processus analytique est long, car le désir œdipien est long à mourir. Le transfert possède un prix émotionnel : la dépression qui résulte de l'abandon de l'idéal de la toute-puissance infantile (être plus fort que son père et coucher avec sa mère), mais il a aussi un coût, celui de l'analyse qui s'arrête le jour où le sujet a compris la vanité d'une entreprise qui lui revient fort cher et qui restera de toute manière sans issue dans la réalité.

Quels sont les buts de la cure psychanalytique ?

Il est difficile de savoir si le but de la psychanalyse est l'amélioration du fonctionnement de l'individu ou d'un ensemble de symptômes anxieux, dépressifs ou psychotiques, ou bien si l'analyse doit être assimilée à une enquête de durée indéfinie permettant éventuellement à l'individu d'atteindre une certaine vérité sur lui-même. Les récents travaux publiés en France sur ce point sont peu explicites[11] et il est plus simple de remonter jusqu'à Freud[19] qui, dans *Analyse terminée et analyse interminable*, énonce des critères. Abordant le problème de la fin de la psychanalyse, il propose d'abord une réponse tautologique — « une analyse se termine quand l'analyste et le patient cessent de se rencontrer l'un, l'autre pour des séances », puis ajoute de façon plus sérieuse que deux conditions doivent être remplies « approximativement » :

1. Le patient ne doit plus souffrir de ses symptômes et doit avoir dominé ses anxiétés et ses inhibitions.

2. L'analyste doit juger que suffisamment de matériel refoulé a été rendu conscient pour que ce qui n'était pas intelligible soit expliqué et que suffisamment de résistance a été vaincue pour qu'il n'y ait pas lieu de redouter une répétition des processus pathologiques en cause.

Si une difficulté extérieure ne permet pas d'atteindre ces buts, mieux vaut parler de psychanalyse incomplète que de psychanalyse non terminée. Freud ajoute que le but le plus ambitieux de l'analyse serait que l'analyste ait eu une influence si profonde sur le patient qu'il n'y ait pas de changement supplémentaire à attendre si l'analyse devait être continuée. Il propose même un but encore plus ambitieux et encore plus mal défini : atteindre un niveau de *normalité psychique absolue*, qui resterait stable, comme si l'on avait réussi à résoudre chacun des refoulements du patient et à remplir tous les trous de sa mémoire.

La recherche de la vérité psychanalytique varie selon les théories : dépassement du complexe d'Œdipe ; élaboration de positions dépressive et schizoparanoïde ; découverte du vrai soi « psychotique » protégé par le faux soi « névrotique et suradapté[35] ». Certains psychanalystes ont considéré que la « cure » était simplement une construction à deux, l'analyste et l'analysant. Dans cette perspective, la cure est une petite cantate qui s'écrit pour deux voix, un silence et la basse obstinée du divan. C'est un événement unique qui n'a de valeur et de sens que pour ses protagonistes : ce serait une forme d'art. En revanche, pour d'autres psychanalystes, la psychanalyse aurait pour objectif de soigner la souffrance psychique et en cela rejoindrait les autres psychothérapies. La souffrance s'exprimerait à travers les symptômes et surtout des dysfonctionnements importants dans les relations avec les autres. Cela étant, comme le transfert augmente la souffrance et les symptômes, en particulier dépressifs, le patient guérit-il d'autre chose que du transfert — ou bien fuit-il dans la guérison ?

Ces deux points ont été défendus avec le plus grand sérieux[11]. Pour parodier Molière mieux vaut souffrir selon les règles de la psychanalyse qu'aller mieux contre elles, ce qui a fait dire au journaliste Karl Kraus, contemporain de Freud : « La psychanalyse est l'aliénation qu'elle prétend guérir. »

La psychanalyse, même moderne, ne permet guère de répondre à la question des processus qui guériraient dans la psychanalyse. Les réponses habituelles sont la relation, le transfert, la levée de l'amnésie et la restitution des souvenirs infantiles, la dissolution des complexes inconscients, le point de capiton qui unit le conscient à l'inconscient. Il n'y a guère d'accord à ce sujet[11] et la plupart des analystes se rangent à la conclusion que la guérison est donnée de surcroît, comme une sorte de pourboire à un bon travailleur méritant.

LES CRITIQUES DU MODÈLE PSYCHANALYTIQUE

La réduction de la psychologie au complexe d'Œdipe

Il n'est pas besoin d'être un expert en psychologie pour voir que le modèle psychanalytique présente une série de failles.

La pensée mythique unique

Si le complexe d'Œdipe structure les relations humaines, il est partout et n'a pas grande valeur pour expliquer les perturbations psychologiques. D'autre part, il est désormais tellement connu qu'il ne constitue une surprise pour personne : sa grande diffusion a un effet de suggestion, analysant et analyste retrouvant en fin d'analyse que ce qu'ils y avaient mis avant. La personne qui entre en analyse s'attend, en effet, à ce qu'il soit question d'Œdipe et de ses rêves, et aussi à ce que ses paroles reflètent cette croyance préalable. Faut-il en analyse faire semblant de découvrir à grands frais l'ambivalence et l'ambiguïté des relations parents-enfants et feindre de s'étonner d'avoir à se plier au tabou de l'inceste qui, de toute manière, est une règle sociale apprise parmi d'autres, et pas forcément la plus contraignante ? Que dire alors des sociétés où ce tabou n'existe pas ?

Le fantasme œdipien n'est d'ailleurs pas une grande découverte. On en trouve une expression claire dans *Le Neveu de Rameau* de Diderot — « Si le petit sauvage était abandonné à lui-même... qu'il réunît le peu de raison de l'enfant au berceau, à la violence de l'homme de trente ans, il tordrait le cou à son père et coucherait avec sa mère » — et il existe sans aucun doute d'autres descriptions antérieures, l'inceste étant un thème courant des légendes et récits. D'une manière plus contemporaine, on pourrait facilement édifier une psychologie et une sociologie quotidiennes de l'inceste métaphorique en allant du *motherfucker* américain au « Nique ta mère, ça t'fera un petit frère », qui est devenu une banalité dans les cours de récréation françaises. Il ne s'agit donc pas de non-dit et encore moins de processus inconscients, expliquant à eux seuls les troubles psychologiques.

Œdipe : une nouvelle version de la possession démoniaque

On peut se demander si la recherche systématique d'une problématique sexuelle cachée n'est pas le dernier avatar de la notion ancienne de possession démoniaque présentée sous une forme plus contemporaine. Beaucoup des patients qui viennent en thérapie font part de leur anxiété face à des pensées cachées et particulièrement répréhensibles, « venues de l'enfance », et sont persuadés que l'enjeu de toute thérapie est la mise au jour de ces pensées.

D'une certaine façon, on retrouve la vieille notion religieuse de démon tapi à l'intérieur de chacun de nous, qui serait extirpé par les vertus du transfert sur l'analyste. Un bon confesseur, aussi, questionne le pénitent pour extirper ces pensées et les neutraliser par quelque pénitence. Si l'on croit que des pensées coupables sont cachées, la recherche de soi risque de se transformer en recherche systématique du mal qui gît en nous, comme une bête immonde dans les ténèbres du refoulement.

Les réducteurs de mythe

En se centrant sur l'une des interprétations possibles du mythe d'Œdipe, la psychanalyse apparaît comme un système réducteur. Même si le nombre des mythes n'est pas infini, il n'est pas vraisemblable de tous les ramener à un mythe unique, interprété de manière univoque.

Cette réduction du mythe a été critiquée vertement par l'helléniste Jean-Pierre Vernant et l'ethnologue Claude Lévi-Strauss. Lévi-Strauss[25], en particulier, a proposé une tout autre interprétation du mythe d'Œdipe en montrant que sa structure était celle d'une énigme policière dont le dévoilement progressif tient le spectateur en haleine et qui a été reproduite des milliers de fois dans le roman ou le théâtre. Son enjeu véritable serait plus le pouvoir que la sexualité. Vladimir Nabokov, l'auteur de *Lolita*, exprimait cela avec son sens habituel de la provocation : « La psychanalyse n'est rien d'autre que l'application de vieux mythes grecs sur les parties génitales. »

Des hypothèses non validées

Deux ouvrages[13, 14] ont fait le point sur les travaux expérimentaux destinés à prouver les thèses psychanalytiques. Ces travaux ont trait aux stades du développement, au complexe d'Œdipe, à l'angoisse de castration et à la fonction du rêve. On sait que Freud considérait que le rêve protégeait le sommeil et permettait de réaliser sans danger des désirs œdipiens tournant autour du tabou de l'inceste — relations sexuelles avec la mère et meurtre du père chez l'individu de sexe masculin. Sur ces différents points, les conclusions de ces deux ouvrages sont négatives : il n'y a aucune preuve sans équivoque, et aucune reproduction en série de travaux positifs qui permettent de valider les hypothèses freudiennes.

Du coup, on a pu dire que ce qui dans la psychanalyse était valable n'était pas nouveau et que ce qui était nouveau n'était pas valable. En effet, ce qui est antérieur à Freud reste solide : la notion d'inconscient qui se trouve déjà chez Platon et chez bien d'autres[38] ; la théorie du traumatisme qui figure chez Janet a le symbolisme du rêve qui est présent dans la Bible. Ce qui est nouveau dans la psychanalyse, à savoir l'accent mis sur la théorie des stades, le complexe d'Œdipe comme organisateur du psychisme, l'importance du transfert en psychothérapie et la fonction de réalisation d'un désir œdipien attribuée au rêve, n'est, en revanche, pas validé par les travaux expérimentaux.

La planète des songes

Un des exemples les plus frappants de discordance entre les données scientifiques et la psychanalyse est la théorie du rêve.

Biologie du rêve

Michel Jouvet[21], qui a découvert la phase du sommeil paradoxal pendant laquelle le rêve se déroule, écrit : « La force agissante du rêve n'est pas un désir réprimé, mais l'activation biologique des cellules du pont qui fonctionnent comme un pacemaker pour le sommeil paradoxal. » Pour mémoire, le pont est la zone du tronc cérébral en forme de « tige » qui unit la moelle épinière aux hémisphères cérébraux.

Les travaux de Jouvet et de nombreux neurophysiologistes ont montré qu'il existait trois états de conscience : l'état de veille, le sommeil lent et sommeil paradoxal (ou phase REM). Après soixante minutes de sommeil lent, apparaissent à la fois le rêve, des mouvements oculaires rapides, une atonie musculaire et une érection pénienne chez les primates et le rat (si les neurones responsables de l'atonie musculaire sont lésés, il apparaît une période comportementale de chasse et de jeu chez le chat qui correspond à un comportement d'agression prédatrice).

Lors du sommeil paradoxal, on constate une activation des circuits du cerveau limbique. Celui-ci correspond au cerveau émotionnel et comprend les structures temporales et l'amygdale. Les aires frontales, elles, sont inhibées au cours du rêve, alors qu'elles sont dépositaires du contrôle social et de la pensée logique. Cette dispersion d'activité pourrait expliquer la bizarrerie du rêve et son absence de contrôle logique. La logique revient d'ailleurs avec la fin des songes : nous tentons alors de donner un sens au rêve en fonction des événements récents de notre vie dont ils représentent souvent une transposition symbolique.

Les fonctions du rêve

D'après les travaux psychologiques et physiologiques actuels[14, 21, 31], les fonctions du rêve seraient multiples.

Le rêve servirait au maintien de la personnalité, en reprogrammant les grands comportements instinctuels (prédation, sexualité) selon Jouvet et les études de son groupe. Il faciliterait la résolution de problèmes diurnes : le travail cognitif continue durant le sommeil et permet souvent la résolution de problèmes mathématiques, l'écriture d'ouvrages ou la découverte scientifique. L'idée du cycle du benzène est ainsi venue au chimiste Kekulé au cours d'un rêve fait au coin du feu ; Mary Shelley a écrit *Frankenstein* à partir d'un rêve, tout comme R. L. Stevenson pour *Dr Jekyll et Mr Hyde*.

Le rêve servirait aussi à l'apprentissage de nouveaux comportements, ce qui a été montré chez l'animal par des expériences de privation de rêve.

Il aurait une fonction de gestion du stress en formulant des solutions pour aider un individu à résoudre des conflits actuels. Il permettrait, par ailleurs, d'intégrer dans la personnalité et la mémoire un événement pénible et, donc, de l'affronter à nouveau. Le cauchemar répétitif, qui est en liaison avec le stress post-traumatique, correspondrait de la même façon à une tentative de réintégration du traumatisme dans la mémoire. Si les cauchemars ne sont pas dans tous les cas associés à des situations traumatiques repérables, ils sont quasiment constants dans le stress post-traumatique, ce qui correspond probablement au fait que la durée de la phase paradoxale du sommeil est diminuée en cas de stress aigu.

Plusieurs travaux expérimentaux effectués chez l'animal ont montré que le stress aigu par immobilisation forcée avait pour conséquence de supprimer ou de réduire significativement la durée du sommeil paradoxal. Il se contracte alors une « dette de sommeil paradoxal », qui se traduit, secondairement, par un rebond de ce type de sommeil dans les suites du traumatisme. Il est donc possible que le rebond de sommeil paradoxal soit un mécanisme de régulation destiné à rétablir des circuits corticaux altérés par une situation de contrainte imposée lors de l'expérience pénible qui a provoqué le stress aigu.

Les relations entre la pensée diurne et la pensée éveillée ont été étudiées par une série de travaux expérimentaux qui ont montré qu'il y avait soit une continuité, soit une complémentarité entre les deux. Ce résultat se fonde aussi bien sur les données des laboratoires du rêve que sur les études du contenu des rêves de personnes normales, présentant des problèmes psychopathologiques. Une étude a notamment montré que les rêves obsessionnels apparaissent comme un phénomène banal et fréquent chez des sujets normaux et que les obsessionnels ne rêvent pas plus que les sujets normaux d'obsessions[27].

Hystérie, trouble de la personnalité et traumatisme

Si l'on examine avec l'œil du lecteur du XXIe siècle les études sur l'hystérie de Freud[17], la plupart des patientes analysées sont, en fait, des personnalités borderline. Elles présentent manifestement tous les critères actuels, y compris un traumatisme d'ordre sexuel. Il se pourrait donc que l'affirmation freudienne de l'origine sexuelle des problèmes névrotiques soit issue de l'observation de patientes borderline qui avaient subi des tentatives de séduction précoce de la part d'adultes ou de véritables viols. En revanche, les extrapolations de Freud à l'ensemble des problèmes psychologiques ne paraissent pas validées par les résultats actuels de l'épidémiologie : seule la personnalité borderline entre dans le modèle.

Une récente étude[39] a ainsi été effectuée sur 358 patients présentant un trouble de personnalité borderline. Elle a constaté que 91 % disaient avoir été abusés alors qu'ils étaient enfants. De plus, 92 % rapportaient avoir été négligés par leurs parents ou une personne chargée de prendre soin d'eux avant l'âge de 18 ans. Ce travail confirme la longue série d'études qui avait montré la fréquence des abus sexuels ou des négligences parentales dans la personnalité borderline. Les abus ne sont donc pas uniquement sexuels, ils peuvent provenir d'une négligence grave par une personne importante de l'entourage. Déjà, à leur époque, Janet et d'autres avaient reconnu que, si les traumatismes sexuels jouaient un rôle, il ne fallait pas généraliser à l'ensemble de la psychopathologie. Les données actuelles tendent ainsi à valider la théorie de la séduction réelle. Mais, Freud, au bout de quelques années, en est venu à dire que la séduction ne pouvait pas être réelle et qu'il s'agissait d'un pur fantasme et il a généralisé sa théorie en faisant des désirs inconscients sexuels liés au complexe d'Œdipe le centre de la « névrose » et de la condition humaine. Or la première interprétation de Freud était vraisemblablement la bonne. Le problème du rôle pathogène de traumas sexuels *réels* existe mais il est essentiellement lié à un trouble de personnalité particulier, la personnalité borderline, et à certaines formes particulières de stress post-traumatique résultant d'un trauma sexuel. En revanche, il n'y a pas de relation établie avec l'ensemble des troubles anxieux.

Le trouble de conversion est caractérisé par la présence de déficits qui affectent aussi bien les mouvements que le fonctionnement sensoriel. Il s'agit de symptômes qui se traduisent par des paralysies, des modifications de conscience ou des crises d'allure épileptique. Janet a montré la relation entre la conversion et les traumas infantiles dans son ouvrage sur l'automatisme psychologique. Pour lui, la conversion était une forme d'autohypnose, l'état de conversion ressemblant à ce qui est observé lors de l'induction de l'état hypnotique. Partant de là, une étude[29] a examiné 54 patients qui avaient un trouble de conversion associé à des manifestations dépressives. Ces patients ont été comparés à 50 autres présentant un trouble dépressif. Les deux groupes ont été évalués par un entretien structuré visant à découvrir des expériences traumatiques précoces. Les patients présentant un trouble de conversion ont rapporté un nombre plus important d'abus sexuels, d'abus physiques et d'expériences incestueuses que le groupe de comparaison. C'est une étude de plus qui établit une relation entre des traumas infantiles *réels* et des perturbations psychologiques à l'âge adulte.

La question des résultats

Les critiques se fondent, à juste titre, sur le caractère tronqué, peu explicite et quelquefois arrangé des observations classiques issues de la psychanalyse à ses débuts[9]. Ce n'est pas le cas des statistiques globales effectuées par des psychanalystes : pour l'époque, elles ont été bien conduites. En particulier, Knight, en 1941, a effectué une étude rétrospective sur 592 patients traités par psychanalyse aux instituts de Berlin, Londres et Chicago et qui avaient suivi au moins six mois d'analyse[22]. Il a proposé les critères d'évaluation suivants :

— amélioration symptomatique ;

— productivité accrue ;

— meilleur plaisir sexuel ;

— capacité de faire face aux conflits psychologiques ordinaires et de les résoudre ;

— amélioration des relations interpersonnelles.

Knight a abouti à la conclusion que 55,9 % des sujets ainsi traités avaient été guéris ou grandement améliorés. Cependant, en considérant comme des échecs les sujets perdus de vue au cours des six premiers mois, il aboutissait à un taux de résultats positifs de seulement 30 %.

Dans les troubles anxieux et les troubles de personnalité

C'est un lieu commun aujourd'hui que de dire que les thérapies comportementales et cognitives ont démontré leur efficacité dans les divers troubles anxieux. Ces résultats contrastent avec la faiblesse des résultats de la psychanalyse face à ces troubles, y compris dans les statistiques conduites par les psychanalystes eux-mêmes. Voilà qui va donc à l'encontre du modèle théorique.

Dans les troubles de personnalité, la thérapie dialectique-comportementale a montré des résultats pour le trouble borderline dans 6 études ; la thérapie analytique aussi[5], mais dans 1 essai contrôlé. On peut donc avoir des résultats voisins avec une méthode et une interprétation différentes des faits psychologiques.

L'hypothèse la plus vraisemblable est qu'il y aurait des facteurs thérapeutiques communs aux deux formes de thérapies.

Dans les problèmes sexuels

Il existe, à ma connaissance, une seule étude contrôlée abordant cette question : celle d'Obler[28] qui a sélectionné sur la base d'un niveau élevé d'anxiété 37 femmes et 37 hommes dans un groupe de 234 volontaires. Après titrage au sort, 3 groupes de sujets présentant des dysfonctions sexuelles variées ont été comparés. Le premier groupe a reçu un programme de thérapie comportementale associant désensibilisation systématique et techniques d'affirmation de soi ; le deuxième a suivi une psychothérapie de groupe d'orientation analytique ; le troisième était un groupe contrôle non traité dont on a suivi l'évolution naturelle. Les mesures évaluaient le taux de succès dans les relations sexuelles, l'anxiété vis-à-vis des relations sexuelles, la personnalité ; un test d'exposition à un film permettait également d'évaluer l'anxiété subjective et objective vis-à-vis des situations sociales (mesure physiologique). En fin de traitement et après un suivi d'un an et demi, l'étude a rapporté 82 % de guérison par désensibilisation systématique, contre 10 % dans le groupe contrôle non traité et 10 % dans le groupe en thérapie analytique. La thérapie comportementale s'est révélée supérieure à la liste d'attente et à la thérapie analytique pour toutes les mesures.

Le modèle psychanalytique de la dépression

Bien qu'ingénieuses, les interprétations issues du modèle psychanalytique[16] n'ont pas échappé aux critiques issues des travaux expérimentaux. L'hypothèse générale de l'agressivité retournée contre soi n'a notamment pas résisté à l'épreuve de l'analyse expérimentale.

Le modèle psychanalytique classique postule que le sujet dépressif doit, dans la relation transférentielle, traverser à nouveau tous les stades du développement psychoaffectif, en particulier l'attachement ambivalent à la mère et les conflits amour-haine qui en ont résulté. Cette reviviscence permettrait d'intérioriser la figure de la « bonne mère » et de dépasser le conflit amour-haine en s'étayant sur cette bonne image parentale. Il faut souligner que ce modèle implique que la dépression ne soit pas seulement une maladie, mais un stade normal du développement.

La critique cognitiviste : les premiers travaux de Beck (1959)

Beck, qui venait de la psychanalyse, a, à partir de 1959, testé un certain nombre d'hypothèses psychanalytiques concernant les rêves de patients déprimés[30]. Dans une étude statistique, il a trouvé que le contenu des rêves de ses patients présentait des thèmes masochistes de punition, de laideur, d'incompétence, etc. Partant de l'idée freudienne que ces rêves masochistes correspondaient à des souhaits agressifs dirigés contre autrui, mais retournés contre soi, il a comparé les rêves de sujets déprimés et ceux de sujets contrôles et mis en évidence que les sujets déprimés avaient moins fréquemment des rêves à contenu manifeste d'agressivité retournée contre soi que les sujets contrôles[7]. Les sujets dépressifs ne présentaient pas plus de contenus symboliques évoquant la culpabilité ou des désirs inacceptables que les sujets contrôles. En somme, les rêves des patients dépressifs reflétaient leur vision du monde à l'état de veille. Ils rêvaient en particulier qu'ils étaient rejetés par les autres, ce qui correspond à l'idée diurne, fréquente chez les déprimés, que les autres les rejettent[6]. L'étude du rôle des cognitions conscientes, puis préconscientes, allait devenir par la suite le centre des travaux de Beck[8] sur la dépression.

La critique de la notion d'agressivité retournée contre soi

Les théories freudiennes ont mal supporté l'épreuve du temps. Peu de données expérimentales appuient les thèses psychanalytiques[1, 23]. Myrna Weissman[34], qui a publié une étude sur l'hostilité et la dépression associées aux tentatives de suicide, a montré que l'agression et la dépression étaient des affects séparés. Les patients suicidaires apparaissaient avec une relation ouvertement hostile et un comportement antisocial, ce qui n'était pas le cas des patients déprimés. Cette étude a jeté un doute considérable sur l'universalité de l'agression contre soi comme modèle explicatif de la dépression.

LES PSYCHOTHÉRAPIES PSYCHANALYTIQUES BRÈVES

Les partisans américains de la « psychologie du moi » ont abandonné une visée structurale qui n'avait pas fait ses preuves sur le plan thérapeutique. Leur pragmatisme s'est traduit par un intérêt renouvelé pour le traitement des états[33] plus que des structures supposées sous-jacentes et a abouti à une modification notable de la méthode thérapeutique.

Indications

Il existe désormais un consensus relatif sur le fait que l'indication dépend d'un certain nombre de conditions aboutissant à sélectionner une élite[32]. Chaque candidat à la psychothérapie analytique doit, en effet, présenter six critères :

1. Le patient doit avoir une vraie motivation au changement.
2. Une relation réciproque, confiante et exempte d'immaturité doit pouvoir s'établir avec le thérapeute.
3. La force du moi et les capacités adaptatives ainsi que l'intelligence doivent être suffisantes pour s'adapter au cadre de la psychothérapie.
4. Des capacités à prendre conscience de ses problèmes et à l'introspection doivent exister.
5. Le patient doit pouvoir exprimer ses émotions.
6. Le patient doit être pris dans un conflit limité, facile à cerner et qui entraîne des manifestations anxieuses et dépressives.

Si ces conditions ne sont pas remplies, les chances de succès sont faibles.

Le syndrome YARVIS

Comme on le voit, ce processus de sélection pour la psychothérapie analytique n'est pas loin du *YARVIS syndrome*.

Ce syndrome décrivait, avec humour, les caractéristiques communes à tous les patients pris en psychanalyse à cette époque, l'accès à la psychothérapie étant dénié à ceux dont le fonctionnement social et mental ne pouvait présenter ce profil et se plier aux règles du jeu.

Comment sélectionner les candidats à la thérapie psychanalytique : le syndrome YARVIS

Young	Jeune
Attractive	Séduisant
Rich	Riche
Intelligent	Intelligent
Sophisticated	Raffiné

Principes thérapeutiques

Ils sont identiques, à quelques modifications près, à ceux de la psychanalyse en général, mais ils sont beaucoup plus centrés sur l'ici et maintenant.

1. Les patients cherchent à obtenir des gratifications selon des modalités analogues à celles qu'ils ont utilisées dans le passé : ils ont des problèmes actuels, car les moyens qu'ils utilisent dans leurs relations avec les autres sont immatures, archaïques, inappropriés et masochistes.

2. La tâche du thérapeute est de proposer une « expérience émotionnelle correctrice[2] » qui répare les conditions initiales d'apprentissage défectueuses. Celles-ci ont conduit à des comportements qui se traduisent par une recherche régressive de sources de gratification. Il faut aider le sujet à trouver une issue plus satisfaisante à ses besoins affectifs du moment en l'adaptant à la réalité actuelle.

3. Le cadre thérapeutique doit ressembler aux conditions d'apprentissage mais en différer considérablement. Le thérapeute doit encourager le développement d'une relation transférentielle positive et réparatrice.

4. Le thérapeute doit apporter du soutien et montrer de l'empathie, mais il doit aussi aider le patient à identifier ses comportements inadaptés et à en comprendre l'inutilité.

5. Dans ce dessein, le thérapeute doit jouer le rôle d'un « bon objet » pour provoquer chez le patient une modification favorable de l'estime de soi.

Les techniques

La durée de la thérapie est d'environ 40 séances d'une heure. Elle se déroule en général en face à face. Le thérapeute adopte une attitude active, au lieu de maintenir son attention flottante comme dans la psychanalyse. Il propose au patient de se centrer sur le conflit central qui est à l'origine de ses difficultés actuelles. Une fois cette cible d'intervention bien définie, il l'aide à maintenir le cap et à passer sur tout ce qui est sans rapport. Il est aussi recommandé au thérapeute d'interpréter « vigoureusement » le transfert, c'est-à-dire d'utiliser ce qu'on appelle le triangle de la prise de conscience[26] : clarifier la nature des défenses, de l'anxiété et des pulsions ; les clarifier dans trois domaines principaux : présent, passé et relation transférentielle ; établir des liens entre ces trois domaines.

Bien qu'il n'y ait pas de consensus, il semble aussi, pour de nombreux thérapeutes, qu'il soit nécessaire d'interpréter de manière active, et dès la première séance, les aspects négatifs du transfert (haine et agressivité à l'égard du thérapeute).

LA FORMATION DES PSYCHANALYSTES

Il existe en France deux associations affiliées à l'Association psychanalytique internationale : la Société psychanalytique de Paris et l'Association psychanalytique de France. En l'an 2000, si l'on prend pour base le *Roster* (annuaire professionnel) de l'Association psychanalytique internationale, il existait en France 678 psychanalystes diplômés, agréés par une de ces deux associations.

À la Société psychanalytique de Paris deux tiers de psychanalystes sont de sexe féminin ; 51 % d'entre eux sont des psychologues et 49 % des médecins généralistes ou psychiatres. La moyenne de durée de formation est de neuf ans, comprenant six années de psychanalyse personnelle et trois années de supervision complète de deux cas en psychanalyse.

Dans ces statistiques, ne sont pas pris en compte les psychanalystes d'orientation lacanienne qui ont éclaté en plusieurs sous-groupes et dont les critères de formation sont variables. Environ 3 000 psychanalystes se réclameraient actuellement du lacanisme. Cependant, des chiffres inférieurs, ou nettement supérieurs, circulent et même les psychanalystes en contact avec le milieu lacanien ne sauraient en donner une estimation exacte.

Par ailleurs, beaucoup de psychanalystes travaillent à mi-temps dans le service public et effectuent en quart de temps des psychanalyses classiques et en quart de temps des thérapies psychanalytiques en face à face. La pratique de la majorité des psychanalystes est passée du traitement analytique des « névroses », c'est-à-dire, pour parler en termes actuels, des troubles anxieux au traitement des troubles de personnalité. En particulier, les personnalités borderline et narcissiques représenteraient environ 80 % de la pratique actuelle, selon les jeunes psychanalystes. Cette évolution a commencé dans les années 1970 et est allée en s'amplifiant. Elle correspond aussi au fait, expérimentalement solide, que le trouble de la personnalité borderline est l'un des rares domaines où les thérapies d'orientation analytiques aient montré une efficacité dans des études contrôlées.

L'ÉVALUATION SCIENTIFIQUE

Il nous reste à évaluer de manière scientifique les résultats de la psychanalyse et de la thérapie analytique grâce aux données qui proviennent des associations de psychanalystes.

De la foi à la science et de la science à la foi

Au moins une partie de la communauté psychanalytique et des thérapeutes d'orientation psychanalytique s'est ralliée récemment à la nécessité de développer des évaluations[20]. Cette prise de conscience a entraîné la rédaction d'un rapport demandé par le président de l'Association psychanalytique internationale et rédigé principalement par Peter Fonagy, un psychanalyste : cette revue[15] générale, très bien documentée, est disponible sur Internet. Partant de l'ensemble des données publiées concernant la psychanalyse et les thérapies analytiques, elle conclut sobrement.

Conclusions du rapport de l'Association psychanalytique internationale (Fonagy *et al.*, 2002)

« Il n'y a pas d'étude qui permette de conclure sans équivoque que la psychanalyse soit efficace par rapport à un placebo actif ou une autre forme de traitement. Il n'y a pas de méthodes disponibles qui pourraient d'une manière... incontestable indiquer l'existence d'un processus psychanalytique... »

« La plupart des études ont des limitations majeures qui pourraient conduire ceux qui critiquent la discipline à ne pas prendre en compte leurs résultats. D'autres études ont des limitations si graves que même un évaluateur qui a de la sympathie pour la psychanalyse pourrait être enclin à ne pas tenir compte de leurs résultats... »

Après ce mouvement de la foi vers la science, Fonagy fait le mouvement inverse, de la science vers la foi, gardant néanmoins un doute au cœur face à l'affirmation, habituelle depuis un siècle, que la psychanalyse n'a de compte à rendre qu'à elle-même :

« En tant que psychanalystes nous savons tous que la psychanalyse marche. Notre propre expérience de l'analyse est probablement suffisante dans la plupart des cas à nous persuader de son efficacité. »

N.B. : Le lecteur trouvera en annexe de ce chapitre les références des travaux de synthèse effectués entre 1993 et 2003, sur lesquels s'établit ce constat d'échec.

Les données négatives

Les thérapies psychanalytiques brèves ont été testées dans certaines indications, lors d'essais contrôlés peu nombreux, ou d'études de cohortes. Aucune conclusion positive n'est possible concernant les troubles anxieux, la dépression et les états psychotiques. Ainsi, il n'existe aucune étude, contre liste d'attente ou placebo, pour des domaines aussi vastes que les obsessions-compulsions, les phobies spécifiques (ou simples), l'agoraphobie ou les attaques de panique. Les deux recommandations de l'Agence nationale d'accréditation et d'évaluation en santé (ANAES) pour la dépression et pour l'anxiété généralisée concluent même que le niveau de preuve d'efficacité de la psychothérapie analytique est faible dans ces deux indications. Les travaux sur la schizophrénie sont entièrement négatifs et suggèrent même qu'il est dangereux d'utiliser la psychanalyse dans cette indication.

Les données positives

Les résultats attestés le sont principalement pour la pathologie traumatique, celle qu'étudiaient initialement Charcot, Janet et Freud, et pour le trouble de personnalité borderline qui, comme nous l'avons vu, est, lui aussi, souvent lié à des événements traumatiques réels.

Stress post-traumatique

Il existe une seule étude dans le stress post-traumatique où la thérapie analytique fasse jeu égal avec la thérapie comportementale et l'hypnose. Toutes trois sont supérieures à une liste d'attente, mais sans différence entre elles en ce qui concerne l'efficacité. Ce résultat pourrait suggérer des processus communs d'action entre ces trois formes de psychothérapies. Précisons, toutefois, que cette étude n'a qu'un suivi de trois mois, ce qui est peu pour se prononcer sur le maintien des résultats[10].

Personnalité antisociale

Une étude contrôlée, randomisée[37], portant sur 110 patients toxicomanes, a comparé trois traitements : le conseil simple, le conseil associé à une thérapie cognitive et le conseil associé à une thérapie psychanalytique. Le fait que le patient soit déprimé prédisait un effet positif aussi bien pour la thérapie cognitive que la thérapie psychanalytique.

Personnalité borderline

Le trouble de la personnalité borderline est celui où les résultats contrôlés positifs apparaissent le plus clairement par rapport au groupe contrôle[3, 4, 5]. Cependant, la méthode utilisée représente un aménagement notable par rapport à la psychanalyse classique. Une étude contrôlée a notamment été effectuée où des hospitalisations partielles étaient associées à la thérapie psychanalytique. Des buts étaient également fixés, dont le principal était d'augmenter la capacité de gérer le stress psychosocial à long terme. Les autres buts étaient la diminution des symptômes, la diminution des tentatives de suicide, la diminution de l'automutilation, l'ajustement social. Le traitement était assuré par des infirmiers psychiatriques. Enfin, le programme comprenait une thérapie individuelle d'une heure par semaine en face à face, une thérapie de groupe trois fois par semaine, une heure de psychodrame, une réunion communautaire d'une heure, le tout regroupé sur cinq jours par semaine. Le traitement médicamenteux était composé d'antidépresseurs et d'antipsychotiques de manière appropriée.

Sur un suivi de 18 mois, les résultats se sont révélés positifs pour la thérapie psychanalytique par rapport au groupe contrôle (l'attitude médicale et psychologique habituelle). Le coût du traitement était plus important que le traitement habituel, mais les économies faites à long terme étaient préférables, car les patients étaient moins souvent réhospitalisés et réclamaient moins d'interventions d'urgence.

Personnalités anxieuse et hystérique

Une seule étude[36] compare, dans un protocole randomisé, deux formes de thérapie psychanalytique : la thérapie brève adaptative et la thérapie psychanalytique brève par rapport à une liste d'attente. La liste d'attente durait seulement quinze semaines ; les thérapies duraient approximativement quarante semaines et le suivi était d'une année et demie après que les traitements étaient terminés.

Les patients, avec les deux formes de psychothérapies, se sont révélés significativement plus améliorés que les patients de la liste d'attente, sans qu'il y ait de différence entre les deux thérapies. C'étaient, principalement des patients présentant des troubles anxieux (personnalité dépendante, évitante et obsessionnelle-compulsive) et des personnalités histrioniques (ou hystériques).

Thérapie psychanalytique de couple

Un domaine d'intervention des thérapies analytiques peu connu est celui de la thérapie de couple qui a été étudiée de façon tout à fait sérieuse par une méta-analyse[12]. La thérapie psychanalytique de couple est destinée à permettre d'augmenter la prise de conscience, de changer un certain nombre de comportements, de comprendre les raisons infantiles pour lesquelles ces comportements existaient et, enfin, d'étudier la dynamique d'ensemble sur la relation du couple. Cinq études ont été effectuées impliquant 164 couples. Dans chaque étude, la thérapie analytique était comparée à un groupe contrôle non traité et, 4 d'entre elles ont rapporté un suivi. Les résultats se sont révélés significatifs par rapport au groupe contrôle.

Un bilan global peu positif

Le bilan de la psychanalyse apparaît, plus d'un siècle après les premiers travaux, comme peu positif aussi bien sur le plan de la théorie que de la pratique.

La psychanalyse

La très grande majorité des patients en psychanalyse viennent chercher une résolution de leurs souffrances, une amélioration de leurs symptômes, un meilleur fonctionnement et une meilleure connaissance d'eux-mêmes. L'image médiatique de la psychanalyse est celle d'une thérapie supposée aller au fond des choses et permettant la prévention de tout problème psychologique grave dans le futur.

Dans les faits, la psychanalyse propose une exploration de soi par une méthode longue, coûteuse et compliquée, d'une durée indéfinie et aux buts obscurs. La guérison n'est pas le but, d'autant que les psychanalystes ne sont pas d'accord sur ce qu'ils entendent par là. Du coup, l'expérience psychanalytique n'est pas quantifiable et encore moins reproductible. Elle se rapproche d'une expérience esthétique, mystique ou philosophique dont le thème serait la recherche de soi.

L'ambiguïté de cette position est rarement explicitée aux futurs patients. L'inverse est même médiatisé, dans la mesure où certains psychanalystes n'hésitent pas à affirmer que 80 % des patients sont définitivement guéris ou améliorés par la psychanalyse, alors que les statistiques des instituts de psychanalyse aboutissent à un chiffre de 30 %[22] de patients complètement traités. Le rapport récent de l'Association psychanalytique internationale[15] considère lui-même que rien dans ce domaine n'a été démontré.

Les psychothérapies brèves d'inspiration psychanalytique

Les psychothérapies brèves ont des buts clairement énoncés et quantifiables lorsqu'elles visent l'amélioration des symptômes et du fonctionnement. Elles ont montré des résultats lors d'études contrôlées isolées pour la personnalité antisociale, la personnalité borderline, la personnalité anxieuse, la personnalité hystérique et le stress post-traumatique. Signalons, toutefois, que dans tous ces cas, il s'agissait d'une étude unique, qui n'a pas été reproduite. On ne peut donc parler que d'une présomption d'efficacité et non de preuves solides d'efficacité.

Les données apparaissent plus fiables pour les thérapies de couple d'orientation psychanalytique car elles reposent sur un groupe d'études qui ont été méta-analysées. Néanmoins dans la thérapie de couple, le modèle analytique subit une transposition importante, car il n'est plus question de divan et c'est l'interaction du couple qui est traitée.

Enfin, une méta-analyse récente a montré des résultats favorables pour les troubles de personnalité aussi bien avec les psychothérapies psychanalytiques que les thérapies comportementales et cognitives[24]. Cependant, le nombre d'études incluses est encore trop peu élevé et surtout plus des deux tiers (73 %) des études psychanalytiques citées n'étaient pas contrôlées : il s'agissait de simples comparaisons entre l'avant et l'après thérapie. D'autres études méthodologiquement bien conduites seraient donc nécessaires pour reproduire ces résultats et étudier les thérapies psychanalytiques brèves dans des indications qui n'ont jamais été testées. Une absence de preuve n'est pas forcément une preuve d'absence, mais le fardeau de la preuve est lourd sur les épaules des psychanalystes.

CONCLUSION : L'AVENIR D'UNE DÉSILLUSION

Les méthodes des thérapies psychanalytiques sont différentes de celles de la « cure type ». Les interventions au niveau de la réalité sont nombreuses, le thérapeute parle plus, soutient le patient et lui propose des directions. On assiste donc à un retour aux sources, après le long détour par le silence total et une théorie de plus en plus ésotérique des pulsions et de la causalité psychique. À ses débuts, la psychanalyse était beaucoup plus active qu'elle ne l'est devenue par la suite. L'abandon définitif du premier modèle dans les années 1920 et le maquillage des échecs ont été les erreurs qui ont conduit la psychanalyse dans une impasse et qui ont favorisé le développement des thérapies comportementales et cognitives.

CHAPITRE IX

Les thérapies comportementales et cognitives

« Quelle est la grande action qui ne soit pas un extrême au moment où on l'entreprend ? C'est quand elle est accomplie qu'elle semble possible aux êtres du commun. »
STENDHAL

Les thérapies comportementales et cognitives se sont implantées tardivement en France. Elles ont d'abord suscité la curiosité, puis la critique, et même de franches oppositions venant essentiellement de certains psychanalystes inquiets d'entendre une autre voix que la leur.

Elles ont eu à parcourir le chemin habituel de l'innovation. Tout d'abord les détracteurs disent que l'innovation ne marchera pas. Puis, devant l'accumulation des preuves, ils disent qu'elle marche, mais n'a aucune importance. Et enfin, qu'elle marche, a de l'importance, mais que, de toute manière, c'est ce qu'ils ont toujours dit. En trente ans, nous avons presque atteint le troisième stade.

Elles sont actuellement mieux acceptées surtout par les patients et le monde médical qui y voient un moyen efficace et rapide de résoudre nombre de problèmes psychologiques dans un pourcentage honorable de cas.

LES MODÈLES THÉORIQUES

Plus qu'une théorie générale de la psychothérapie, les thérapies comportementales se servent de manière pragmatique de méthodes issues des théories psychologiques expérimentales dont elles extraient des principes efficaces pour promouvoir les changements souhaités. Il est fréquent, en médecine, que des principes thérapeutiques efficaces aient été utilisés et que l'explication de leur action ait été trouvée des décennies après. Après plus d'un demi-siècle de recherches, on commence à entrevoir les prémisses d'une théorie générale de l'efficacité psychothérapique.

D'une façon générale, on peut dire que les thérapies comportementales et cognitives représentent l'application des principes de psychologie scientifique à la résolution des problèmes cliniques. Du fait de nombreuses recherches sur l'évaluation de leurs résultats, de leurs processus, et de leur rapport coût/efficacité positif, les thérapies comportementales et cognitives apparaissent actuellement comme le courant psychothérapique le mieux validé par la recherche et le plus facile à appliquer en clinique. Elles requièrent cependant une formation de trois ans et des séances d'environ une heure. Ce sont des thérapies brèves en général.

Conditionnement et traitement de l'information

Ces thérapies se sont fondées tout d'abord sur les théories de l'apprentissage, en particulier le conditionnement classique[12], le conditionnement opérant et la théorie de l'apprentissage social. Puis elles ont pris pour référence les théories cognitives du fonctionnement psychologique, en particulier le modèle du traitement de l'information.

Ces modèles représentent le fondement théorique de la pratique des thérapies cognitivo-comportementales. Il en résulte une série de principes thérapeutiques, qui ont été testés dans des études contrôlées[1, 2, 15, 20]. Je développerai donc dans ce chapitre les théories plus générales qui rendent compte des changements en psychothérapie aussi bien sur le plan des comportements que sur le plan des émotions et des pensées.

L'efficacité personnelle perçue

Bandura[2] a développé une théorie générale du changement psychothérapique en postulant une dimension particulière du fonctionnement mental : l'efficacité personnelle perçue. Le changement a lieu dans la mesure où un sujet se considère comme capable ou non de présenter un comportement et pense que ce comportement aboutira ou non à un résultat (attentes de résultat). Modifier les attentes de résultat et d'efficacité est un principe général de changement utilisable en psychothérapie, notamment dans la dépression. Selon Bandura, le changement en psychothérapie est toujours cognitif : le patient change ses conceptions de lui-même, des autres et de sa vie. Mais ce changement cognitif est d'autant mieux mené à bien que le sujet agit. L'action est donc le meilleur agent de changement. Bandura postule une construction psychologique particulière : l'efficacité personnelle perçue comme médiateur des changements qui apparaissent dans toute forme de thérapie. Le tableau ci-dessous présente les procédures qui peuvent conduire au changement de l'efficacité personnelle perçue.

Attente d'efficacité et changement
(Bandura, 1977)

Source		**Technique**
Accomplir des actions inhibées	→	Exposition aux situations évitées
Modèles observés	→	Jeux de rôles
Modification cognitive	→	Information Suggestion Interprétation Restructuration cognitive
Réduction de l'activation émotionnelle	→	Relaxation, désensibilisation

Impuissance apprise, optimisme appris

Ce modèle, dû à Seligman[19], a été élaboré à la suite de travaux expérimentaux chez l'animal, puis transposé chez l'homme. Le modèle s'énonce simplement : certaines personnes acquièrent au cours d'une expérience de perte de contrôle sur l'environnement une nouvelle conception de la causalité : l'environnement agit sur elles, mais elles ne peuvent agir sur lui. Agir ou ne pas agir revient au même. Il en résulte une inhibition de l'action.

Peterson, Maier et Seligman[18] ont fait le point de manière exhaustive sur deux décennies de recherche dans ce domaine. Il apparaît que des modifications biologiques accompagnent l'inhibition comportementale, telle que la chute de la noradrénaline au niveau du système nerveux central et la réduction du taux de plusieurs neurotransmetteurs. Ces réponses biologiques sont relayées par les structures limbiques, en particulier l'amygdale. Les recherches ont souligné que l'absence d'événements plaisants dans l'environnement démotive et conduit progressivement à la tristesse et l'inaction : un comportement privé de conséquences positives finit par s'éteindre. Une surcharge d'événements négatifs peut aboutir à un résultat identique. De même un comportement dont les conséquences sont régulièrement négatives finira par disparaître. Par la suite, seules les manifestations dépressives sont prises en compte par les proches ou les soignants, ce qui les entretient. La personne est figée dans le rôle du dépressif, alors qu'il faudrait mettre l'accent sur ce qui reste de fonctionnement positif et le développer.

L'impuissance apprise peut résulter de l'absence de motivations (deuil, perte d'emploi). Elle peut aussi résulter de la perte d'un comportement (par exemple, après une maladie entraînant un handicap physique). Elle peut aussi se rattacher à la perte de l'efficacité des motivations (absence de sources de plaisir dans la vie résultant du vieillissement).

Toutefois, les événements négatifs auront un effet d'autant plus délétère qu'il existe au préalable un style de pensée négatif ancré dans la personnalité. Une personne ayant ce style cognitif, quand elle est confrontée à un échec professionnel, s'en attribue toute la responsabilité. Elle considère que celui-ci est définitif et s'étendra à tous les domaines de son existence. Inversement, en cas de réussite ou d'événement positif, elle va considérer que le hasard ou les autres en sont la cause et estimer que l'événement heureux est isolé et qu'il ne présage rien de bon.

Seligman a élaboré une théorie du style cognitif de personnalité qui reflète la manière dont les personnes interprètent les événements de leur vie. Trois dimensions ont été prises en compte :

— *L'internalité* (« c'est moi, c'est de ma faute ») par rapport à l'externalité (« ce sont les autres qui sont en cause »). Comme le dit un de mes collègues, quand un étudiant réussit un examen, c'est toujours grâce à son grand talent, mais quand il échoue c'est toujours de la faute du jury. Ceux qui sont dépressifs évidemment n'osent même pas se plaindre, car ils pensent qu'ils ont tort.

— *La stabilité* (« ça va durer pour toujours ») par rapport à l'instabilité (« cela ne durera pas »).

— *La globalité* (« cela va être nuisible pour tout ») par rapport à la spécificité (« cela n'aura qu'un impact limité »).

Ces trois dimensions permettent de mesurer les tendances au blâme, à l'autocritique, au fatalisme et à la pensée catastrophique. Le tableau ci-dessous résume ce qui se passe chez une personne prédisposée à la dépression lorsqu'elle rencontre soit des événements négatifs, soit des événements positifs.

Impuissance apprise : jugement sur la causalité face à des événements positifs et négatifs (modèle reformulé)

Attribution	Internale		Externale	
Globale	Stable	Instable	Stable	Instable
	événement négatif			
Spécifique				événement positif

De nombreuses études l'ont montré : ce style cognitif négatif face à l'échec prédit le déclenchement d'un état dépressif en cas d'événements négatifs incontrôlables. Inversement, un style cognitif optimiste préalable immunise contre la dépression, car le sentiment de contrôle personnel sur sa vie est conservé.

Ce modèle a été appliqué à l'étude de la résilience (capacité de rebondir) qui n'est pas uniquement un phénomène génétique. Des études expérimentales et des études de terrain réalisées par Seligman et ses collaborateurs ont établi que, devant un événement stressant, le style cognitif a son importance aussi bien chez l'animal que chez l'homme. Environ un tiers des sujets soumis à un événement particulièrement pénible ne développe pas de réaction de résignation et d'impuissance apprise. Dix pour cent succombent. Le reste des sujets peut être aidé si une forme d'intervention permet de retrouver les voies de l'action.

COMMENT SE DÉROULE UNE THÉRAPIE COMPORTEMENTALE ET COGNITIVE ?

Fréquence et nombre de séances

Les séances sont limitées en nombre : dix à vingt séances pour les troubles anxieux et la dépression, une centaine pour les troubles de personnalité ou la réhabilitation des psychotiques. Les séances sont d'une durée de 30 à 45 minutes, étalées sur trois à six mois. La prise en charge psychothérapique implique une collaboration active entre le patient et le thérapeute et un dialogue permanent.

Les étapes

Le déroulement de la thérapie se fait en plusieurs étapes :

1. Qu'est-ce que le patient désire changer ? Définition avec le thérapeute des objectifs du traitement. Établissement de la relation thérapeutique.

2. Analyse fonctionnelle. Définition des comportements-problèmes. Mise en relation des comportements avec les émotions et les pensées.

3. Explication de la méthode, puis utilisation de techniques de changement des comportements, des émotions et des pensées.

4. Développement de capacités d'autoguérison et d'autogestion.

5. Évaluation des résultats du traitement par rapport à une ligne de base enregistrée avant de commencer.

6. Programme de maintenance et suivi durant un an après la fin de la phase active de traitement.

L'analyse fonctionnelle

Une étape capitale est l'analyse fonctionnelle qui étudie les relations entre les comportements-problèmes, les pensées, les émotions et l'environnement social et physique, de façon à adapter à chaque patient l'application de principes généraux fondés sur les théories de l'apprentissage et/ou les théories cognitives. On utilise des grilles d'analyse fonctionnelle[9] permettant de comprendre le fonctionnement passé et présent et ainsi de guider la démarche thérapeutique à partir d'hypothèses communes au patient et au thérapeute, au sujet des facteurs de déclenchement et de maintien du trouble.

La séance de thérapie cognitivo-comportementale

Le thérapeute est actif. Les séances sont structurées selon le modèle issu des thérapies cognitives de la dépression, mais celui-ci peut être étendu facilement, avec quelques variantes, aux différentes indications des thérapies cognitivo-comportementales.

— Un agenda de séance est fixé en début de séance : un thème est défini avec le patient.

— La méthode « socratique » de questionnement est appliquée pour développer la prise de conscience progressive par un jeu de questions et de réponses.

— Des techniques cognitives, comportementales, émotionnelles et interpersonnelles sont utilisées pour modifier les schémas cognitifs et les pensées automatiques préconscientes qui entraînent les difficultés relationnelles du patient.

— Un résumé de séance est sollicité par le thérapeute de manière à mettre au jour ce que le patient retient de la séance. Ce résumé est discuté.

— En fin de séance, il est demandé au patient de dire ce qui lui a déplu dans la séance et pourquoi, de manière à comprendre les erreurs et les problèmes relationnels éventuels.

— Des tâches cognitives et comportementales sont définies avec le patient, qui seront à mettre en œuvre dans la vie de tous les jours.

— Un agenda est établi concernant le ou les points à aborder en priorité lors de la prochaine séance.

La relation thérapeutique

Comme toute thérapie, la thérapie cognitive s'établit sur une relation thérapeutique dont les composantes sont non spécifiques : chaleur, empathie, authenticité, professionnalisme, confiance mutuelle, acceptation du patient. Ces composantes concourent à l'établissement d'une alliance thérapeutique positive. Elles sont nécessaires, mais ne sont pas suffisantes. En thérapie cognitive, la relation thérapeutique se fonde sur l'ici et maintenant, la sélection avec le patient des problèmes concrets à résoudre et sur une attitude consistant à tester les hypothèses thérapeutiques en commun. Ce type de relation est appelé collaboration empirique et peut se résumer ainsi : « deux scientifiques travaillant en commun sur un problème à résoudre ».

LES PRINCIPAUX PROBLÈMES PRIS EN CHARGE

Les troubles anxieux

Ils ont été abordés avec succès, qu'il s'agisse d'attaques de panique, d'agoraphobie, de phobies spécifiques, de phobies sociales, du stress post-traumatique ou d'anxiété généralisée[6, 8, 9]. Pour illustrer l'approche des troubles anxieux, nous reprendrons un cas de stress post-traumatique dont le début a été présenté au premier chapitre.

La dépression d'intensité modérée ou légère

Dans ce cas, la thérapie associe des méthodes comportementales et cognitives[4]. Elle s'adresse essentiellement à la dépression légère ou modérée, ambulatoire et sans signes physiques de gravité. Ce type de dépression, souvent associé à des troubles anxieux et ou de personnalité, représente la forme la plus fréquente de dépression et ne répond pas toujours à un traitement pharmacologique.

Méthodes cognitives

Le thérapeute révèle progressivement les contenus dépressifs des monologues intérieurs en questionnant le patient, lors de moments de forte émotion. Il peut aussi utiliser le jeu de rôle reproduisant les situations génératrices de sentiments dépressifs. Petit à petit vont apparaître des thèmes récurrents qui s'organisent sous forme de postulats, discutés avec le patient au cours des séances.

De nombreuses techniques de modification des postulats existent. Il faut surtout en retenir l'esprit qui est un jeu « socratique » de questions et de réponses pour faire prendre conscience

Le règlement et son contraire : Aline et son bus (suite et fin)

Nous avons laissé Aline en panne psychologique et sociale avec son bus au premier chapitre de ce livre. Elle était alors soumise aux paradoxes de son administration qui lui disait d'appliquer le règlement et son contraire. Voyons maintenant comment s'est déroulée la thérapie.

Arrêt d'autobus

Aline vient un an après une agression où elle a dû exercer son droit de retrait et où son administration a critiqué sa rigidité psychologique : elle voulait trop bien appliquer le règlement. Elle a été harcelée à plusieurs reprises verbalement par des jeunes qui lui ont dit qu'ils ne voulaient plus de sa présence sur la ligne. Elle a alors développé des cauchemars, puis est devenue insomniaque et a présenté un eczéma et diverses manifestations physiques qui ont été traités par un neuroleptique associé à un antidépresseur et un hypnotique. Elle a dû consulter pour obésité et prédiabète.

Le harcèlement s'est poursuivi. Elle a été traitée de « sale pute » et de « sale Française » et a dû s'arrêter car elle a été menacée par un geste qui signifiait « on va te trancher la gorge ». Elle a interrompu son travail à plusieurs reprises, puis l'a repris. Les harcèlements ont également repris. Elle a fini par s'arrêter complètement de travailler, développant une réaction complète de stress post-traumatique. Une thérapie psychanalytique a été associée durant six mois au traitement pharmacologique, mais n'a pas obtenu de résultats. Aline supportait mal le silence du thérapeute et avait l'impression de ne pas être aidée.

L'enchaînement des traumatismes

Je reprends sa biographie. Une année plus tôt, elle avait déjà été agressée verbalement et on lui avait craché dessus, ce qui lui avait semblé atroce, car elle s'était sentie sale toute la journée, mais elle avait fait face.

Sur le plan familial, ses parents sont décédés, elle a un demi-frère. Son père était un alcoolique violent qui la battait à coups de ceinturon et qui, à plusieurs reprises, a abusé d'elle par des attouchements multiples, sans pénétration. Son premier mariage avec un mari alcoolique et qui la frappait a été un échec. Là ne s'arrêtent pas les antécédents traumatiques, car, à 18 ans, elle a été violée par un homme qui lui a mis un couteau sur la gorge. Ce viol a eu lieu en réunion, en présence de sept autres hommes, mais il ne s'agissait pas d'un viol collectif.

Remariée depuis un an, les choses vont bien sur le plan sexuel pour la première fois de sa vie. Son conflit avec les jeunes de l'autobus tient à ce qu'elle voulait appliquer le règlement : le groupe de jeunes a alors décidé de l'éliminer.

La mise en place du cadre thérapeutique

La thérapie se déroule sur huit séances. Après lui en avoir expliqué les principes (exposition en imagination aux situations pénibles et modification des interprétations et des émotions), j'écoute. Commence le récit où elle détaille le harcèlement qui a eu lieu sur une avenue qu'elle évite désormais. L'analyse fonctionnelle de situations qui provoquent l'anxiété est ensuite effectuée pour graduer les situations qu'elle évite : la situation la plus pénible est de retourner sur les lieux du harcèlement ; la situation la moins angoissante est de se rendre au supermarché.

Dans une première phase est utilisée la relaxation afin d'établir mentalement l'image d'un endroit sécurisant qui est : « être au bord de la mer en Bretagne », là où elle est née.

Dans le tunnel des cauchemars

Après l'apprentissage de la relaxation, Aline demande à travailler sur ses cauchemars répétitifs.

Elle est poursuivie dans un souterrain. Le souterrain est sombre. Des militaires sont après elle. Elle se réveille à la sortie du tunnel...

Je fais le lien, sans le dire à Aline, avec le fait que son père était un ancien militaire.

L'exposition en imagination consiste à se représenter une scène traumatique, après une brève relaxation. La technique qui est utilisée est celle de la rescénarisation du cauchemar auquel on donne une fin positive. Je lui fais imaginer qu'elle est poursuivie par des militaires et que le tunnel débouche sur un champ plein de fleurs en Bretagne. Elle est exposée pendant 26 minutes à cette image de libération. Au cours de cette séance, elle a des réactions émotionnelles assez intenses : envie de pleurer, mains moites, maux de tête.

Je lui conseille ensuite d'utiliser systématiquement tous les jours cette technique et de tenter également d'avoir un « rêve lucide ».

Il faut qu'au cours du cauchemar elle puisse se dire : « c'est un cauchemar » et qu'elle essaie d'en prendre le contrôle et de l'orienter vers une fin positive, comme pendant la séance.

Une tâche pratique, en outre, est proposée : sortir pour faire des achats et se procurer une cassette de relaxation pour apprendre à mieux se détendre et effectuer l'exposition après relaxation prolongée. À la séance suivante, elle revient en ayant effectué l'ensemble du programme et se sent un peu mieux.

Elle évoque ensuite son enfance, son père violent et alcoolique, les attouchements. Il semble bien qu'elle ait développé, à partir de 16 ans, à la suite de ces expériences, une peur des hommes. En fait, Aline a subi une série de traumatismes en chaîne : les attouchements paternels vers 16 ans, un viol vers 18 ans, deux agressions dans son bus.

La scène choisie par la patiente pour l'exposition en imagination est celle des menaces des jeunes avant qu'elle abandonne son travail du fait de l'agression.

La maison des morts

À la séance suivante, elle raconte un cauchemar.

Elle est dans une maison dont les pièces n'existent pas vraiment avec des personnes de sa famille qui sont décédées, sa mère en particulier, et elle rêve qu'elle les a amenées dans son bus et que cela ne se passe pas bien, elle ne s'arrête pas aux arrêts.

Je renvoie le rêve à la réalité. Comme beaucoup de personnes qui développent un stress post-traumatique, Aline rêve qu'elle est morte, c'est-à-dire qu'elle est *avec* les morts. En fait, lors des menaces de mort, elle a pu avoir la pensée, un court instant, qu'elle allait mourir.

Le froid de la lame

C'est alors qu'elle me signale qu'un geste l'a particulièrement angoissée, c'est le geste où l'index représente un couteau tranchant une gorge.

Après cette explication, je reprends l'exposition avec d'une part la réalité, c'est-à-dire l'agression verbale, et d'autre part la poursuite dans le tunnel avec libération du cauchemar puisqu'elle rejoint au bout sa zone de sécurité.

À la séance suivante les rêves se précisent. Elle rêve qu'elle est en conflit avec son mari qui ressemble à son père, même si son mari n'a rien à voir avec son père qui était un dictateur... J'essaie d'établir un lien entre les trois événements traumatiques (les attouchements de son père, le viol et la sensation du couteau sur la gorge) et le rappel initié par le geste de trancher la gorge qu'ont effectué les jeunes dans son bus.

Les séances suivantes consisteront à revivre en imagination les émotions éprouvées par rapport à ces trois événements — en particulier, la sensation froide du couteau sur la carotide lors du viol. Je fais suivre l'exposition en imagination d'un monologue positif : « je suis intacte et j'ai survécu » et je demande à la patiente d'exprimer toutes les émotions qu'elle pourrait ressentir. Je complète la séance par le geste répété de me trancher la gorge avec un coupe-papier, ce qui est au début très pénible mais l'angoisse diminue rapidement avec la répétition.

Après trois séances d'une heure de ce type, Aline commence à aller mieux. L'anxiété apparaît beaucoup plus faible vis-à-vis de ses problèmes. De même par rapport au geste de se trancher la gorge. Dans la séance suivante, elle me rapporte un rêve. Son père la jette sur son lit pour lui faire subir un piercing... Je lui fais remarquer qu'il s'agit très vraisemblablement d'une transposition du traumatisme initial : les attouchements de son père. Je lui demande de rester sur cette image mentale jusqu'à ce que l'angoisse retombe, ce qui prend 35 minutes. Pendant une semaine, Aline répétera mentalement ce rêve environ 30 minutes par jour, jusqu'à se sentir libérée.

Sortie de crise

Finalement, Aline ne demande pas de reclassement et reprend la conduite de son bus sur un trajet moins mouvementé que le précédent. Elle attribue les changements à la thérapie puisque l'antidépresseur a été pris durant plus d'un an sans résultat. On peut aussi l'attribuer au fait que la patiente reproduit consciencieusement les séances chaque jour à domicile, ce qui a permis d'examiner et de désensibiliser les différents niveaux archéologiques de ses expériences traumatiques. La procédure de désapprentissage a été suivie courageusement et à la lettre par Aline qui a fait par elle-même plus d'une trentaine de séances. Une grande partie de la thérapie s'est donc jouée en dehors des séances.

Le schéma suivant montre l'évolution favorable sur l'échelle de dépression de Beck (BDI) et sur l'échelle PCLS qui mesure l'intensité du stress post-traumatique en comparant l'avant et l'après traitement et aussi les suivis deux mois, trois mois, quatre mois et six mois après la fin du traitement.

Après sa reprise de travail, au bout de quinze jours, Aline subit à nouveau une agression : son bus a été cassé par des jeunes qui sortaient d'une piscine, comportement fréquent, l'été, sur cette ligne. Elle appliquera son droit de retrait. L'échelle PCLS augmentera de nouveau mais l'échelle de dépression restera à la baisse. Aline se rétablira rapidement grâce à un simple congé et ne présentera pas de cauchemar en relation avec l'agression. Deux mois plus tard, tout est rentré dans l'ordre. Les deux échelles sont normalisées, ce qui est confirmé à six mois de suivi Elle entreprend un régime amaigrissant et perd 27 kg. Elle reprend son travail qu'elle supporte mieux. Il reste, bien entendu, à valider la stabilité de ce résultat sur le long terme.

Aline et son bus
Stress post-traumatique
Résultats de la thérapie

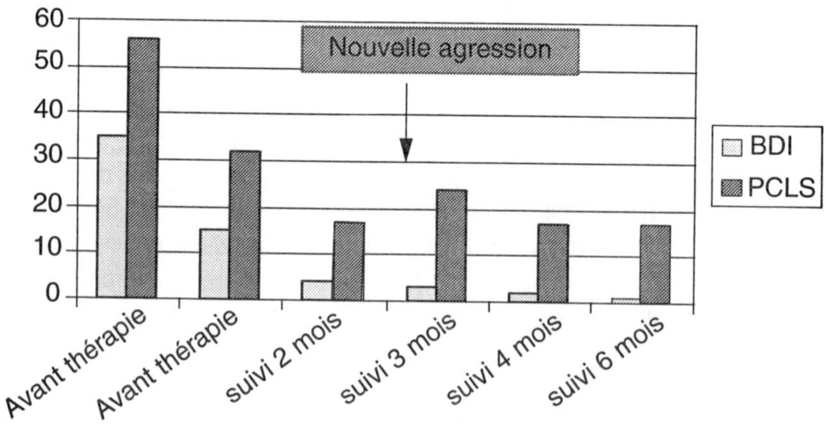

BDI : échelle de dépression de Beck. PCLS : échelle de mesure de l'intensité de la réaction de stress post-traumatique.

du caractère illogique et déficitaire des principes cachés qui régissent le comportement. Le but est de permettre au patient submergé par l'affect dépressif et dominé par des pensées irrationnelles de remplacer ses distorsions logiques par des réponses plus adaptées à la réalité.

Méthodes comportementales

Dès le début de la thérapie, le patient reçoit un programme d'activités destiné à augmenter le nombre de situations où il peut prendre du plaisir ou montrer son efficacité. Des tâches spécifiques destinées à lui permettre de tester par des « épreuves de réalité » l'inanité de ses postulats défaitistes sont prescrites à la fin de chaque séance. Le jeu de rôle et d'autres techniques comportementales peuvent être utilisés pour préparer le patient à affronter la réalité. Pour changer les conceptions défaitistes d'un patient dépressif, il faut se servir de techniques qui l'aident à agir et à retrouver le lien entre l'action et le renforcement positif (par exemple établir avec lui un plan d'action ou effectuer des jeux de rôle pour retrouver un travail).

Fin de thérapie et maintenance

La thérapie se termine par un programme de maintenance. Le patient est revu de mois en mois durant six mois, puis deux fois dans le deuxième semestre qui suit la thérapie.

La réhabilitation psychosociale des patients psychotiques

La schizophrénie atteint moins de 1 % de la population générale, mais elle requiert souvent des soins au long cours et un suivi dans les services de psychiatrie et les institutions de postcure. Différentes méthodes thérapeutiques ont été appliquées avec succès à la réhabilitation des patients psychotiques et sont maintenant utilisées, en plus, bien entendu, des traitements neuroleptiques qui sont au centre de l'intervention thérapeutique.

Entraînement aux compétences sociales

Les programmes d'entraînement aux compétences sociales sont maintenant bien codifiés et se présentent sous forme de manuels pour patients et thérapeutes et sous forme de vidéos. Ils se fondent sur le fait que, chez le schizophrène, existe un déficit cognitif et une altération de la communication verbale et non verbale qui empêchent de mener une vie sociale et qui aboutissent au retrait et parfois à l'institutionnalisation. Les techniques du jeu de rôle et de l'apprentissage par imitation de modèle sont complétées par la modification des capacités de recevoir, traiter et envoyer des messages. De même, sont proposées des techniques cognitives destinées à modifier la pensée délirante. Il apparaît nécessaire que les sujets puissent entre chaque séance réaliser des tâches où ils recherchent le contact social. Des jeux de rôle sont présentés par vidéo, puis répétés par le patient avec les soignants dans le dessein d'apprendre ou réapprendre les gestes de la vie quotidienne et de rétablir une communication plus « logique » avec les autres. La vidéo permet, chez ces patients qui ont aussi des troubles de l'attention, de répéter des modèles de fonctionnement efficace autant de fois qu'il est nécessaire. Ces programmes nécessitent plus de cent heures sur neuf semaines.

Des interventions sociothérapiques vont aider à la mise en place d'un réseau social efficace : amis, famille, travail, soignants, dispensaire de soins, groupes de soutien. Ces méthodes sont bien codifiées et se présentent sous forme de manuels pour les patients et les thérapeutes qui ont été édités en français.

S'y ajoutent souvent des thérapies familiales structurées qui visent à modifier les relations anxieuses et agressives qui s'établissent entre le patient et sa famille. Celles-ci ont montré également une certaine efficacité pour prévenir les rechutes de la schizophrénie. Elles ont aussi pur but d'expliquer et dédramatiser la schizophrénie et modifier les interactions familiales perturbées.

Les thérapies cognitives des états psychotiques, plus récemment proposées, ont pour but de modifier graduellement les systèmes de croyances qui sont à la base de l'expérience délirante[5]. Des résultats préliminaires encourageants ont été obtenus, y compris lors des épisodes aigus de schizophrénie.

Les troubles de la personnalité

Plusieurs modèles ont été proposés[7, 12]. Je me limiterai à celui qui, actuellement, possède le plus de preuves d'efficacité : celui de la thérapie dialectique-comportementale de Linehan, qui a été étudiée seulement chez les femmes. Linehan[13, 14] a proposé une théorie et un modèle pratique d'intervention qui empruntent aux théories comportementales sur les compétences et les habiletés sociales, aux théories cognitives, à la psychanalyse, à la philosophie marxiste et au bouddhisme zen. La thérapie qui découle de ce modèle s'est révélée efficace pour la réduction des états suicidaires et les comportements d'automutilation chez les personnalités borderline dont elle réduit l'impulsivité. Linehan est parti d'une constatation clinique : la mauvaise intégration des conflits chez le borderline qui aboutit à une « oscillation » entre thèse et antithèse au lieu d'une synthèse créative dépassant les contradictions.

Devant le risque suicidaire

Linehan souligne aussi la nécessité d'une synthèse des pensées contradictoires pour aller au-delà des oscillations qui parfois conduisent au suicide. La menace suicidaire est souvent régie par un postulat contradictoire — par exemple « je veux vivre » et « je veux mourir ». Les recommandations de Linehan face aux menaces suicidaires des patientes borderline en découlent. La possibilité que la patiente puisse se tuer est reconnue avant d'utiliser une méthode de résolution de problèmes destinée à mettre en évidence toutes les autres solutions qui existent pour faire face aux difficultés actuelles.

Une recherche de synthèse

La méthode de Linehan est aussi dialectique en ce qu'elle analyse les relations entre le tout et les parties et les transactions entre l'individu et la société. La classe sociale (un faible pouvoir économique et social) et l'appartenance au sexe féminin pourraient expliquer les difficultés de ces patientes. La société occidentale considère comme « adaptative » une personne avec un moi autonome et juge inadaptée une personne qui aurait besoin de liens étroits ou de « fusionner » avec les autres. Elle valorise les individualistes et rejette les personnalités qui ne fonctionnent bien que dans un « individualisme collectif ». Cette invalidation sociale de la personne borderline expliquerait le maintien de son statut et les difficultés de son traitement. Toutefois, l'essentiel de la théorie dialectique peut se résumer à l'étude des contradictions et des dilemmes qui sont ceux à la fois du patient et du thérapeute. Ce dernier peut, en effet, reproduire le fonctionnement de l'environnement qui a favorisé la formation de la personnalité borderline.

LES CRITIQUES DES THÉRAPIES COMPORTEMENTALES ET COGNITIVES

La principale critique émise porte sur le fait qu'une thérapie centrée sur le symptôme doit aboutir à des substitutions de symptômes, car le problème de base n'est jamais traité à fond. Or, on l'a vu, la thérapie comportementale et cognitive ne s'adresse pas uniquement au symptôme, elle cherche à analyser le fonctionnement d'une personne avant de l'aider à le remplacer par un fonctionnement plus satisfaisant pour elle. Elle cherche aussi à développer les stratégies d'adaptation en modifiant les émotions, les comportements et les cognitions. Elle se préoccupe de la personnalité et des scénarios de vie des patients. Des travaux, publiés il y a longtemps déjà, ont balayé cette critique qui, pourtant, persiste en France. Les plus anciens remontent à la fin des années 1960. Ce sont l'étude de Paul[17] sur l'anxiété sociale qui date de 1967 et l'étude de Sloane[21] qui date de 1975. Cette dernière portait sur des troubles de la personnalité ou des problèmes diffus.

Une des conclusions de l'étude de Sloane[21] a été que la thérapie comportementale avait des effets spécifiques et plus profonds et diffus que ceux escomptés. Cet effet, comparable à la propagation d'une onde, fut baptisé « effet onde de choc » (*ripple effect*). Il a été retrouvé dans de nombreuses études, en particulier dans notre pays[16].

À la suite de ces travaux, les critiques vis-à-vis de la thérapie comportementale se sont estompées dans le monde anglo-saxon et la recherche sur les thérapies comportementales s'est développée pour aborder à peu près tous les troubles psychopathologiques.

LA FORMATION DES THÉRAPEUTES

La formation pour obtenir le statut de thérapeute vaut aussi bien pour les psychiatres, les médecins généralistes possédant une bonne formation préalable en psychiatrie, les psychologues, ou les infirmiers spécialisés en psychiatrie.

Les critères de formation

En France, la formation est consacrée par des diplômes universitaires. L'enseignement se déroule sur trois ans selon les critères

Répartition professionnelle des étudiants en chiffres bruts

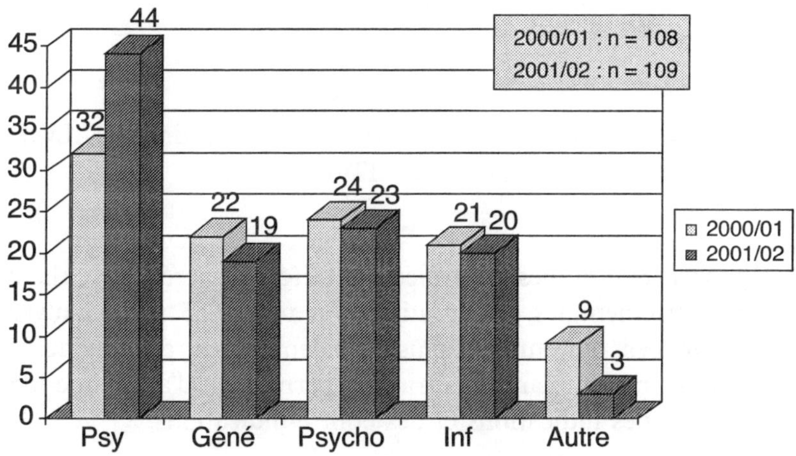

Psy = psychiatre. Géné = médecin généraliste. Psycho = psychologue. Inf = infirmier.

préconisés par l'Association européenne de thérapie comportementale et cognitive (EABCT), chaque candidat devant présenter au moins huit cas complets de patients traités sous supervision. On assiste depuis quelques années à une féminisation de la profession. Au diplôme universitaire de Lyon en 2000-2002, 38,2 % de l'effectif était de sexe masculin et 61,8 % de sexe féminin. Le tableau ci-dessus présente la répartition professionnelle des étudiants de ce diplôme. Comme on le voit le nombre de psychiatres est en progression.

Les modalités d'exercice et leurs limitations

On assiste actuellement à un accroissement considérable de la demande de thérapie comportementale et cognitive dans notre pays. Pour répondre à cette demande, la France comptait en 2000 562 thérapeutes répertoriés par les deux associations, l'Association française de thérapies comportementales et cognitives (AFTCC) et l'Association française de formation en thérapies comportementales et cognitives (AFFORTHECC). Ces thérapeutes sont essentiellement des psychiatres, ce qui contraste avec les autres pays occidentaux où les thérapies cognitives et comportementales sont exercées à 90 % par des psychologues.

LES RÉSULTATS DES THÉRAPIES COMPORTEMENTALES ET COGNITIVES

Environ 600 études contrôlées ont été consacrées aux thérapies comportementales et cognitives. Au moins 55 méta-analyses ont été publiées, qui étudient plus globalement les résultats de ces études en les rassemblant. Ces travaux permettent d'avoir une idée assez précise des indications et des contre-indications.

Les contre-indications

Ce sont l'absence de motivation au changement, des problèmes insolubles dans la relation thérapeutique, l'impossibilité d'établir une alliance thérapeutique, l'impossibilité d'établir un contrat clair et acceptable des deux côtés, la dépression majeure ralentie ou psychotique, la paranoïa, l'absence de buts clarifiables.

Les indications

Le tableau suivant présente les principaux domaines où les thérapies cognitives et comportementales ont été étudiées. Ces domaines ont été classés selon le niveau de preuves qui les soutient, suivant le modèle proposé par l'Agence nationale d'accréditation et d'évaluation en santé (*cf.* chapitre VII). Le lecteur trouvera en annexe de ce chapitre toutes les références des travaux qui justifient ce tableau.

L'efficacité des thérapies comportementales et cognitives : niveau des preuves chez l'adulte

GRADE A. Efficacité démontrée : nombreuses études et méta-analyses dont les résultats convergent

1. Agoraphobie
2. Attaques de panique
3. Trouble anxieux généralisé
4. Phobies sociales
5. Stress post-traumatique
6. Obsessions-compulsions
7. Dépression ambulatoire d'intensité moyenne ou légère
8. Dépression hospitalisée associée aux antidépresseurs
9. Dépression du sujet âgé
10. Prévention du suicide
11. Réhabilitation psychosociale des schizophrènes chroniques (associée aux neuroleptiques)

12. Trouble de personnalité borderline chez les femmes
13. Colère
14. Douleur chronique organique ou psychologique
15. Prévention de rechutes de la maladie coronarienne
16. Syndrome de fatigue chronique
17. Symptômes non médicalement explicables
18. Insomnie
19. Problèmes de couple
20. Toxicomanie
22. Boulimie
22. Alcoolisme

GRADE B. Présomption d'efficacité : études positives mais en faible nombre pouvant se contredire et demandant des confirmations.

1. Problèmes sexuels
2. Phobies spécifiques (ou simples)
3. Schizophrénie en période aiguë (associée aux neuroleptiques)
4. Trouble de personnalité évitante
5. Applications dans les problèmes psychologiques liés au cancer
6. Jeu pathologique
7. Psychose maniaco-dépressive
8. Deuil pathologique
9. Personnalité antisociale
10. Tabagisme

GRADE C. Faible niveau de preuves : pas d'étude contrôlée

1. Stress au travail
2. Psychogériatrie

Chez l'enfant, on trouve une efficacité démontrée dans la dépression d'intensité moyenne et légère et l'autisme infantile. Une présomption d'efficacité peut s'observer dans les troubles anxieux : phobies, obsessions-compulsions, hyperanxiété, troubles des conduites (comportements antisociaux en particulier). Une présomption d'efficacité est aussi notée dans l'hyperactivité (*cf.* annexe de ce chapitre).

CONCLUSION : VERS UNE THÉORIE DE LA PSYCHOTHÉRAPIE

La nouvelle frontière des thérapies comportementales et cognitives est constituée par les troubles de la personnalité[6, 7, 13, 14] où des études positives et convergentes sont apparues dans le domaine de la personnalité borderline. Une étude plus poussée des schémas cognitifs et de leur relation à des réseaux de neurones permettra sans doute une avancée théorique dans un avenir proche. On sait par exemple qu'il existe une hyperactivité dans les régions orbito-frontales et les noyaux caudés lors des obsessions-compulsions, qui disparaît soit après une thérapie cognitive et comportementale, soit après un traitement antidépresseur[3]. De même, on trouve une hyperactivité de la région amygdalienne dans l'anxiété sociale qui diminue avec la thérapie cognitive et comportementale ou les antidépresseurs[10]. L'anatomie fonctionnelle de l'anxiété permettra probablement dans un avenir proche de préciser les relations entre cognitions, émotions, comportements et fonctionnement cérébral[11].

Cette nouvelle frontière est aussi la recherche d'une théorie générale. Malgré l'accumulation de données pratiques sur les thérapies et l'importance de la recherche fondamentale sur leurs principes, il n'y a pas encore de théorie permettant de comprendre complètement le processus d'acquisition des troubles et leur changement au cours des thérapies.

CHAPITRE X

La thérapie interpersonnelle

« S'aimer soi-même est le début d'une longue histoire d'amour. »
Oscar WILDE

La thérapie interpersonnelle, au cours de ces vingt dernières années, a pris une place importante dans le traitement de l'accès dépressif, dans la prévention des rechutes et des récidives des états dépressifs, et également dans le traitement de la boulimie. Il s'agit d'une thérapie qui emprunte à différents courants et, en particulier, aux courants comportementaux, cognitifs et psychanalytiques. Elle s'est développée au début des années 1970, comme une évolution du modèle psychanalytique[23] défendant une conception sociale du traitement de la dépression[13]. Par la suite, elle s'est émancipée pour devenir un courant autonome[19, 26]. La thérapie interpersonnelle n'a été testée que dans deux problèmes psychologiques : la dépression et les troubles des conduites alimentaires.

LE MODÈLE INTERPERSONNEL DE LA PSYCHOTHÉRAPIE

Ceux qui ont développé la thérapie interpersonnelle ont cherché à se démarquer clairement des autres formes de psychothérapies. Cependant, des recoupements existent. Il semble que les plus importants soient avec les thérapies cognitives et comportementales, surtout lorsqu'on examine non pas les manuels thérapeutiques mais le comportement réel des thérapeutes au cours des séances[1]. Un certain nombre de caractéristiques font que la thérapie interpersonnelle se distingue des autres formes de thérapies[14] :

— Elle est limitée dans le temps : elle est donc différente de la psychanalyse classique qui ne fixe pas de limite.

— Elle se focalise sur un thème et ne s'occupe pas de l'ensemble des problèmes psychologiques du patient, mais seulement d'un ou deux.

— Elle se préoccupe des relations actuelles, et non pas des relations qu'a pu avoir le patient dans le passé.

— Elle s'intéresse aux problèmes relationnels du patient et non pas aux problèmes que le patient a avec lui-même.

— Elle ne se soucie pas des « mécanismes de défense » comme la psychanalyse : le comportement du patient est exploré dans ses relations avec les autres et non pas avec lui-même.

— Elle est interpersonnelle et non pas cognitive et comportementale : elle ne traite pas les relations entre le comportement et l'ensemble des personnes que connaît le patient, mais porte sur les relations avec les personnes importantes de l'entourage actuel. Cependant, comme les thérapies cognitives et comportementales, la thérapie interpersonnelle prend en compte les distorsions de pensée que les patients peuvent avoir par rapport à eux-mêmes et aux autres. Elle cherche aussi à proposer d'autres options pour modifier cet état de fait.

— Elle ne travaille pas sur la personnalité.

Une étude détaillée des relations interpersonnelles

La position théorique des thérapies interpersonnelles se traduit par une manière particulière d'étudier le passé des patients.

— Le thérapeute cherche à dresser l'inventaire complet des relations actuelles et passées avec les personnes importantes de l'entourage, en particulier la famille d'origine. Sont également répertoriées les relations à l'école, au travail, les relations amoureuses, les amitiés, les activités communautaires.

— Le thérapeute cherche à obtenir le récit des relations interpersonnelles dans les domaines suivants :

- relations avec l'autorité ;
- dominance et soumission aux autres ;
- dépendance et l'autonomie ;
- capacités à supporter des relations d'intimité ;
- confiance dans les autres ;
- possibilité de manifester de l'affection ;
- capacité d'exprimer des sentiments ;
- activités sexuelles ;
- relations de voisinage ;
- division du travail et répartition des tâches dans les domaines familial, professionnel, financier ;
- loisirs ;
- religion ;
- activités communautaires et réactions aux séparations et aux pertes.

— Le thérapeute cherche à établir le tableau des cognitions du patient et des personnes importantes de l'entourage. Ces cognitions correspondent aux croyances et aux attitudes au sujet des normes, des attentes et des significations qui sont attribuées aux rôles.

— Le thérapeute cherche à identifier les émotions associées aux relations interpersonnelles : colère, hostilité, confiance, chaleur, dépression, etc.

Application à la dépression

L'approche interpersonnelle se fonde sur un certain nombre de notions classiques qui permettent d'expliquer les relations entre les problèmes interpersonnels et l'humeur dépressive.

L'attachement

Partant des théories de Bowlby[4] selon lesquelles les êtres humains ont une tendance innée à chercher l'attachement et que cet attachement contribue à la survie des espèces et à la satisfaction individuelle, l'école interpersonnelle a étudié les émotions qui sont en relation avec les liens. Ceci permet de voir la modification des liens telle qu'elle apparaît dans le contexte interpersonnel de la dépression. Il devient également possible de développer des stratégies psychothérapiques destinées à modifier les distorsions produites par les attachements défaillants de l'enfance.

Le deuil

L'école interpersonnelle présente, à la fois, des similarités et des différences avec le modèle psychanalytique classique[12, 13]. Elle considère que le deuil est un processus normal et que l'attachement des autres peut protéger contre les issues pathologiques du deuil.

Les facteurs sociaux

L'école interpersonnelle souligne l'importance des difficultés interpersonnelles comme facteurs de déclenchement de la dépression chez l'adulte : stress social, événements de vie, perte d'un soutien social, perte d'intimité, conflits conjugaux, etc. Elle met aussi en évidence les difficultés interpersonnelles résultant de la dépression clinique : communications distordues, séparation, divorce, absence d'ajustement social, familial, dans la vie communautaire, etc. Toutes ces ruptures entraînent un déficit de l'estime de soi.

Épidémiologie et modèle interpersonnel

Le point de vue interpersonnel est proche de celui des études épidémiologiques classiques qui ont montré les relations entre la dépression, la perte du soutien social et les difficultés du rôle social. Ces études ont souligné le rôle des événements de vie négatifs chez des personnes ayant déjà un fonctionnement personnel amoindri. Brown et Harris[5], en particulier, ont mis en évidence la survenue d'une réaction dépressive si des événements de vie perturbateurs intenses se surajoutaient aux quatre facteurs de risque suivants chez une femme de la classe ouvrière :

1. Séparation d'avec la mère ou mort de la mère avant 15 ans.
2. Au moins trois enfants de moins de 14 ans à domicile.
3. Pas d'emploi.
4. Pas de relation intime avec un homme.

Les résultats reproduits dans différents pays confortent le modèle étiologique de Brown et Harris[18]. Même les dépressions où les facteurs biologiques sont prépondérants sont déclenchées par des événements de vie sévères. En revanche, le sous-groupe, plus limité, de sujets présentant une dépression mélancolique réagit moins aux événements de vie. Dans leur cas, ce sont les mécanismes biologiques internes (endogènes) qui sont responsables de la dépression[6].

LA PRATIQUE DE LA THÉRAPIE INTERPERSONNELLE

Les indications

La thérapie interpersonnelle est utile pour les patients qui sont pris dans des conflits avec leur entourage, qui ont des difficultés à s'adapter dans leur travail, qui ont des problèmes avec leurs rôles sociaux ou qui ressentent d'importantes difficultés aux différentes étapes de la vie. Voici les principes de la thérapie interpersonnelle :

— C'est une thérapie limitée dans le temps : 12 à 20 séances sur 4 mois en général.

— C'est une thérapie focalisée : chaque séance est centrée sur un problème.

— C'est une thérapie portant sur le présent et non sur le passé des relations.

— C'est une thérapie interpersonnelle, mais qui n'est pas intrapsychique : le thérapeute ne cherche pas à aider le patient à voir la situation actuelle comme la manifestation d'un conflit interne et ne s'intéresse pas aux rêves.

— C'est une thérapie interpersonnelle, mais qui n'est pas cognitivo-comportementale. Des comportements comme l'absence d'affirmation de soi, la culpabilité et le manque de compétences sociales sont étudiés mais en relation avec les personnages importants dans la vie du patient. Il existe cependant un point commun avec la thérapie cognitivo-comportementale : les distorsions cognitives des patients par rapport à eux-mêmes et aux autres. Le thérapeute interpersonnel travaille avec les pensées dysfonctionnelles en montrant au patient les divergences entre ce qu'il dit ou fait, ses propres standards et les standards de la société. Toutefois, il met l'accent sur les pensées dysfonctionnelles liées aux personnes importantes de l'entourage et insiste sur le fait que le patient doit explorer les répercussions de cette pensée inadaptée sur ses relations interpersonnelles.

— C'est une thérapie qui ne s'attaque pas aux problèmes liés aux troubles de personnalité, même si la personnalité du patient est reconnue et prise en compte.

Déroulement de la thérapie

La thérapie interpersonnelle repose sur des séances d'une heure et comporte trois phases.

1. Le début de la thérapie

La première phase, en général, comprend une à trois séances. Elle inclut le diagnostic, l'histoire psychiatrique et le cadre du traitement.

— *Le diagnostic.* Le thérapeute passe en revue les symptômes, diagnostique la dépression par les critères habituels et donne au patient le rôle du malade. Ce rôle permet d'excuser le patient d'avoir à faire face à des obligations sociales qui le submergent, mais il faut que le patient collabore au traitement pour retrouver un fonctionnement totalement adéquat.

— *L'histoire.* Durant la phase initiale est effectué un passage en revue des fonctionnements sociaux du patient, de ses relations proches, de leur organisation et des attentes mutuelles entre lui et l'entourage. Le thérapeute enquête pour découvrir les changements relationnels qui sont survenus peu avant le début des symptômes. Il cherche également à les élucider — mort de quelqu'un d'aimé, enfants qui ont quitté la maison, aggravation des relations conjugales, isolement par rapport à une personne autrefois de confiance, etc.

— *La mise en place du cadre thérapeutique.* L'élucidation du contexte social et interindividuel associé au début de la dépression permet de préciser le traitement. Le thérapeute évalue le besoin de médicaments en se fondant sur la sévérité des symptômes, l'histoire, la réponse au traitement et la préférence du patient. Il inclut celui-ci dans la discussion des symptômes qui définissent le diagnostic et de ce qu'on peut attendre du traitement. Le thérapeute relie alors le syndrome dépressif à la situation relationnelle du patient à l'intérieur du cadre et se concentre sur quatre domaines de problèmes interpersonnels : le deuil, les conflits interpersonnels, les problèmes de transition lors des étapes de la vie, les déficits dans la relation interpersonnelle.

2. La mise en place de stratégies psychothérapiques spécifiques

Dans cette phase intermédiaire, le thérapeute suit les stratégies qui sont définies dans les manuels et qui sont spécifiques au problème interpersonnel défini.

— *Le deuil.* Pour le deuil, qui se définit comme la complication liée à une séparation difficile suivant la mort de quelqu'un d'aimé, le thérapeute va faciliter le « travail de deuil » et aider le patient à trouver de nouvelles activités et des relations pour compenser la perte.

— *Les conflits interpersonnels.* Les conflits de rôle avec quelqu'un d'important de l'entourage, par exemple le conjoint, un autre membre de la famille, un collègue ou un ami proche, sont abordés. Le thérapeute va aider le patient à explorer cette relation et la nature du conflit. Patient et thérapeute considèrent ensemble les solutions pour résoudre le problème. En cas d'échec, ils peuvent arriver à la conclusion que la relation a atteint une impasse et envisagent les moyens de terminer la relation et de la remplacer.

— *Les transitions et les étapes de vie.* Parmi les changements de rôle rencontrés dans la vie figurent les changements de statut, le début ou la fin d'une relation ou d'une carrière, un déménagement, une promotion, le départ en retraite, le fait de changer d'études, le diagnostic d'une maladie physique, la perte d'un idéal très investi, etc. Le thérapeute aide le patient à effectuer ces changements en reconnaissant les aspects positifs et négatifs du nouveau rôle à assumer et également les aspects positifs du rôle ancien qu'il remplace.

— *Les déficits relationnels et les compétences sociales.* Les déficits relationnels représentent la partie résiduelle de la thérapie interpersonnelle et définissent le patient comme manquant de compétences sociales. En particulier, il lui est difficile de commencer et maintenir des relations. Le thérapeute travaille sur le présent et l'ici et maintenant plutôt que sur les problèmes infantiles et les problèmes de développement.

3. *Les séances*

Les séances s'ouvrent en général par la question : « Comment les choses ont-elles évolué depuis que nous nous sommes rencontrés la dernière fois ? » Cette question a pour intérêt de focaliser l'attention du patient sur les événements interpersonnels et les phénomènes d'humeur récents. Le thérapeute a un comportement actif, sans neutralité, et joue un rôle de soutien. La phase finale de la thérapie interpersonnelle a lieu progressivement. Le thérapeute encourage le patient à consolider les gains thérapeutiques et à développer les moyens permettant d'identifier et d'attaquer les symptômes dépressifs qui pourraient apparaître à l'avenir.

Les techniques

Des techniques dérivant de différents courants de la psychothérapie sont appliquées dans la thérapie interpersonnelle.

— *De la thérapie psychanalytique* viennent des techniques exploratoires non directives, comme le silence ou l'approbation et l'encouragement à l'expression des affects douloureux. De même, le thérapeute encourage l'expression des sentiments transférentiels, même s'ils sont négatifs. Cette technique est utilisée pour les conflits de rôle et les interactions pathologiques que vit le patient, mais aussi pour le deuil et les déficits interpersonnels.

— *De la thérapie cognitive* viennent la reformulation et la clarification des croyances du patient qui sont souvent en tout ou rien. La technique appelée « analyse de décision » est très proche de la technique de résolution de problème utilisée par les thérapeutes comportementalistes et cognitivistes.

— *De la thérapie comportementale* viennent des méthodes de changement — en particulier, les informations sur la dépression et les choses de la vie, l'aide directe, les conseils, les suggestions, l'établissement de limites, si nécessaire. Le thérapeute peut aussi jouer le rôle d'un modèle, comme en thérapie comportementale. Le jeu de rôle est utilisé pour dévoiler les perturbations relationnelles et essayer de les modifier. Enfin, des « tâches contractuelles » sont prévues avec le patient, tout comme dans les thérapies comportementales et cognitives.

LES RÉSULTATS DE LA THÉRAPIE INTERPERSONNELLE

Dans la dépression

Le problème thérapeutique de la dépression n'est pas tellement de traiter l'accès dépressif qui, de toute façon, risque de bien évoluer par lui-même : les traitements raccourcissent simplement l'accès dépressif. On entend en général par rechute (en anglais *relapse*) la réapparition d'un état dépressif complet entre 6 et 9 mois après une rémission de 2 mois. Une récidive (en anglais *recurrence*) se situe au-delà[2, 5, 16, 21, 23]. Trois phases de traitement sont décrites :

— la phase de traitement de l'accès dépressif aigu, où l'accent est mis sur la modification des symptômes et l'obtention d'une rémission qui peut être partielle ou complète ;

— la phase de continuation, où l'accent est mis sur la prévention des rechutes ;

— la phase de maintenance, où l'accent est mis sur la prévention des récidives.

L'état dépressif aigu

Il existe trois études contrôlées validant la thérapie[7, 21, 25, 27]. L'étude la plus importante a été effectuée aux États-Unis par l'Institut national de santé mentale[8, 20, 21, 22]. Elle a coûté une fortune et fait couler beaucoup d'encre. Elle incluait 250 patients, qui ont été traités durant 15 semaines et qui étaient répartis par tirage au sort en 4 groupes de traitement : antidépresseur (Tofranil®) associé au soutien psychologique ; placebo associé au soutien psychologique ; thérapie cognitive ; thérapie interpersonnelle.

Les résultats ont montré qu'il existe globalement une égalité entre thérapie cognitive, thérapie interpersonnelle et Tofranil®, ces trois traitements étant supérieurs au placebo. Cependant, le Tofranil® et la thérapie interpersonnelle étaient plus efficaces que la thérapie cognitive dans les formes graves de dépression.

Toutefois, le véritable enjeu était la prévention des rechutes et des récidives. Après 18 mois de suivi, on a constaté une supériorité statistique de la thérapie cognitive par rapport à la thérapie interpersonnelle et l'antidépresseur associé à la thérapie de soutien. Aucun traitement ne se détache néanmoins en ce qui concerne la prévention des rechutes et des récidives.

Combinaison avec les antidépresseurs

Une méta-analyse[24] a abordé le problème de la combinaison des thérapies avec les antidépresseurs. Pour la thérapie cognitive, la comparaison incluait six études et 595 patients présentant un état dépressif primaire[3], qui étaient traités durant 16 semaines par thérapie cognitive ou thérapie interpersonnelle, seule ou associée aux antidépresseurs. On a observé que la combinaison n'était pas significativement supérieure dans les dépressions les plus légères, mais que, dans les formes les plus sévères, l'adjonction de médicaments à la psychothérapie donnait des résultats supérieurs. En outre, il n'y avait pas de différences d'effet entre la thérapie cognitive et la thérapie interpersonnelle.

Préventions des rechutes et des récidives

Les quatre études contrôlées existant ont montré des résultats positifs dans la prévention des rechutes et des récidives[10, 11, 14, 15, 17, 19].

Dans la boulimie

La thérapie interpersonnelle a été adaptée à la boulimie. Un manuel a été écrit qui invite le thérapeute à définir une analyse détaillée du contexte interpersonnel dans lequel ce trouble des conduites alimentaires s'est développé et maintenu. L'identification d'un ou plusieurs problèmes relationnels à l'intérieur de ces séquences a ainsi pu être réalisée. Par la suite, le traitement était celui de la thérapie interpersonnelle habituelle, mais sans jeu de rôle et sans résolution de problème. La thérapie se centrait sur les relations interpersonnelles et n'utilisait pas les techniques éducationnelles qui caractérisent la thérapie comportementale et la thérapie cognitive. Elle se concentrait sur l'étude et la modification des relations perturbées conduisant au comportement boulimique. Dans une deuxième phase, on aidait le patient à faire face à ses problèmes et, dans un dernier temps, on évaluait les sentiments par rapport à la fin de la thérapie.

Cette méthode a été comparée à la thérapie comportementale et à la thérapie cognitive. Les résultats se sont révélés identiques lorsqu'on comparait la thérapie cognitive et la thérapie interpersonnelle, la thérapie comportementale classique se révélant moins efficace dans un essai. Bien que, dans cette étude, on ait fait très attention à ne pas mélanger les deux thérapies, il y a vraisemblablement des recouvrements, dans la mesure où la thérapie cognitive s'occupe aussi des relations interpersonnelles. Le nombre de séances était de 19 sur 18 semaines et le suivi était d'un an[9].

La formation des thérapeutes

Ainsi, les thérapies interpersonnelles sont équivalentes aux antidépresseurs et aux thérapies cognitives et ont très vraisemblablement un effet préventif sur les rechutes dépressives. Il n'en reste pas moins qu'un certain nombre de facteurs en limitent l'emploi, comme pour toute psychothérapie. Il faut citer, en particulier, la disponibilité de thérapeutes bien formés. Klerman[14] conseille de n'accepter dans les cours intensifs de formation que les personnes ayant déjà deux ans de pratique de thérapie psychanalytique. Il faut également compter 2 à 4 cas avec supervision. Les cours et les supervisions qui utilisent la vidéo se déroulent sur deux ans.

Une thérapie cognitive qui ne dit pas son nom ?

Une étude récente, qui reprenait le projet de l'Institut national de santé mentale (NIMH) et comparait la thérapie cognitive, la thérapie interpersonnelle et les antidépresseurs a montré que la thérapie interpersonnelle ne se distinguait pas, en pratique, d'une thérapie cognitivo-comportementale. L'analyse des bandes vidéo de cet essai a permis de conclure[1] que la thérapie interpersonnelle adhérait plus fortement aux principes des thérapies cognitives et comportementales qu'aux siens propres. Ce recouvrement met en doute le caractère original de ce genre de thérapie. L'étude en vidéo présente l'intérêt de montrer ce que font les thérapeutes et non pas ce qu'ils prétendent ou croient faire.

CONCLUSION : UNE THÉRAPIE ÉCLECTIQUE

Bien que peu connue et peu pratiquée dans notre pays, la thérapie interpersonnelle, qui présente un intérêt et aboutit à des résultats incontestables, semble peu différente des thérapies cognitivo-comportementales et recoupe aussi les thérapies psychanalytiques. Cet éclectisme pose le problème des composantes communes à plusieurs types de thérapies qui, pourtant, se positionnent comme différentes les unes des autres.

CHAPITRE XI

La thérapie humaniste

« Notre grand et glorieux chef-d'œuvre,
c'est de vivre à propos. »
MONTAIGNE

La thérapie humaniste est associée au mouvement du potentiel humain qui fut à son apogée aux États-Unis entre 1960 et 1980. Née du désir de changement de psychanalystes déçus et d'anthropologues sans préjugés, elle avait pour ambition de développer une écologie de l'esprit humain[3] et cherchait à découvrir les moyens permettant aux individus de développer une personnalité et un style de vie sains. Elle s'est aussi particulièrement intéressée aux processus de communication et de prise de conscience des émotions. Parmi ses valeurs figurent le droit à la liberté, la capacité de choix personnels, la responsabilité et la recherche d'un développement original de l'individu face aux pressions de l'environnement.

Les thérapies humanistes regroupent un ensemble hétérogène de pratiques qui comprend principalement : la Gestalt-thérapie, l'analyse transactionnelle, la thérapie non directive de Carl Rogers, le cri primal et la bioénergie. J'y ajouterai les thérapies systémiques, bien qu'elles représentent un domaine à part, car elles font partie du même mouvement d'idées.

LES FLEURS DE L'UTOPIE

Le mouvement des thérapies humanistes contestait la structure familiale et la structure sociale, toutes deux suspectes de développer des liens pathogènes chez les individus. À la morne culture de la société de consommation était opposée une culture plus hédoniste et davantage en prise avec les forces naturelles et les émotions cachées. La recherche de soi était alors la recherche de la créativité personnelle, des désirs ensevelis et des pensées captives dans l'entrelacs des liens sociaux pervers et des parentés perfides.

Une philosophie héritière à la fois de Rousseau et des lamas tibétains est alors partie de Californie pour se répandre à travers le monde. Le message était qu'il n'y avait pas de message et que chacun devait trouver sa propre voie. *Do your own thing* (« Fais ton propre truc ») était le slogan. Il y avait donc du bouddhisme dans l'air et aussi dans les paroles des chansons. La paix intérieure passait par la paix du monde, Jésus était Superstar et l'amour et les fleurs avaient le pouvoir de l'embellir. L'Amérique, alors, était entre deux guerres coloniales, celle du Vietnam et celle du Golfe.

Les anciens agitateurs pacifistes des campus étaient devenus de respectables professeurs d'université. Ils gardaient de leur passé récent une intransigeante liberté de pensée et de mœurs. La contre-culture avait rejoint le courant principal de la culture. Tout allait changer demain... Mais sortons de ce flash-back et reprenons notre chemin...

Le vécu personnel est au cœur de la thérapie humaniste, qui passe aussi par l'apprentissage de la sensibilité aux autres dans des groupes de formation ou des groupes de rencontre, dans lesquels le thérapeute propose des activités aux participants et observe leurs interactions. Le but est de développer la conscience de soi, l'empathie vis-à-vis des autres, la capacité d'établir des relations positives et d'augmenter son efficacité personnelle. Selon ses partisans, cette méthode permet de diminuer le besoin de contrôler les autres et réduit les préjugés, l'autoritarisme et l'existence de cadres sociaux rigides.

L'absence de structuration des groupes de thérapie humaniste, qui est leur marque de fabrique, a souvent été critiquée. Par la suite, les thérapeutes humanistes ont également effectué des thérapies individuelles de manière aussi peu structurée. L'attitude du thérapeute doit être la plus ouverte possible et il ne doit formuler aucun jugement. Il doit se contenter de faciliter la recherche de soi.

Pour cela, il intervient peu, mais aide par une approbation discrète les patients à prendre conscience de leurs ressources personnelles, à identifier des choix possibles pour leur vie et à établir des buts. Il se sert aussi de jeux de rôle pour les aider à modifier leurs réactions émotionnelles et à devenir capables d'assumer leurs rôles dans la vie.

Fritz Perls[14, 15], un des ténors de ce mouvement, a développé des méthodes pour interpréter les rêves et le langage du corps et décrit des processus par lesquels les individus perdent le contact avec eux-mêmes et les autres. Les études les plus importantes se sont penchées sur le rôle de l'empathie dans la relation psychothérapique. Elles ont été conduites par Carl Rogers et ses successeurs ; nous en reparlerons un peu plus loin.

LA THÉORIE : MASLOW ET LA PYRAMIDE DES BESOINS

Bien que la thérapie humaniste soit antithéorique, elle a eu un théoricien, Maslow[8, 11, 12]. Pour lui, la psychologie ne doit pas se fonder sur l'étude des cas pathologiques, comme l'a fait la psychanalyse, ou chercher à modifier les comportements, comme le font les thérapies comportementales, mais essayer de comprendre les génies qui représentent un modèle de développement du potentiel humain.

À partir de cette idée, Maslow a élaboré une théorie de la hiérarchie des besoins humains qui progressent selon sept étapes au cours du développement individuel et qui s'enchaînent les uns aux autres : un besoin supérieur ne peut être satisfait que si le besoin inférieur a été lui-même satisfait. Ces sept niveaux de besoins forment une pyramide.

— *Le niveau 1*. Il correspond aux besoins physiologiques et élémentaires (soif, faim, air, etc.) qui rapprochent l'homme du monde biologique et animal.

— *Le niveau 2*. Il correspond aux besoins de sécurité, de stabilité et de protection. Ces besoins se réactivent normalement en cas d'urgence (catastrophe, guerre, situation précaire, etc.) et de traumatisme. Ils traduisent une exigence de cadre de vie fixe et d'attachement à des personnes tutélaires.

— *Le niveau 3*. Il correspond aux besoins de contrôle et de pouvoir sur le monde physique et les autres. Ce besoin est le versant positif de la peur de se faire manipuler, exploiter ou brimer par les autres

— *Le niveau 4*. Il correspond aux besoins d'appartenance à un groupe et est marqué par le désir de tendresse, d'affection et d'appartenance. Cet instinct grégaire est le versant positif de la peur du rejet.

— *Le niveau 5*. Celui qui a trouvé sa place dans un groupe éprouve le besoin d'être estimé, respecté, reconnu et d'avoir un statut social. L'estime de soi provient à ce stade du jugement des autres.

— *Le niveau 6*. À ce niveau peuvent apparaître les premiers métabesoins, ou besoins de deuxième ordre, qui correspondent à une plus grande complexité psychologique. À ce stade, le besoin d'estime de soi provient de la personne elle-même. Apparaissent alors le respect de soi, l'acceptation de soi et une conscience plus claire de ce que l'on est, ce que l'on fait, ce que l'on choisit.

— *Le niveau 7*. C'est le dernier stade, celui où le métabesoin concerne la réalisation de soi (*self-actualization*). Il consiste à chercher à développer toutes les potentialités qu'une personne perçoit en elle, en particulier le besoin de savoir et de comprendre. Cet état se caractérise par la possibilité d'atteindre et de vivre des expériences très élevées (*peak experiences*) dans les domaines esthétique, mystique, intellectuel, sensuel, amoureux, etc. La personne qui entre dans ce processus de réalisation de soi se caractérise par la créativité, la spontanéité, la liberté, la tolérance, l'autonomie, la compassion et une perception claire de la réalité.

Je ferai volontiers un parallèle ente le système de Maslow et l'architecture bouddhiste. Pour la philosophie bouddhiste, l'individu au cours de sa vie s'affine et, partant de la trivialité et de la

La pyramide des besoins

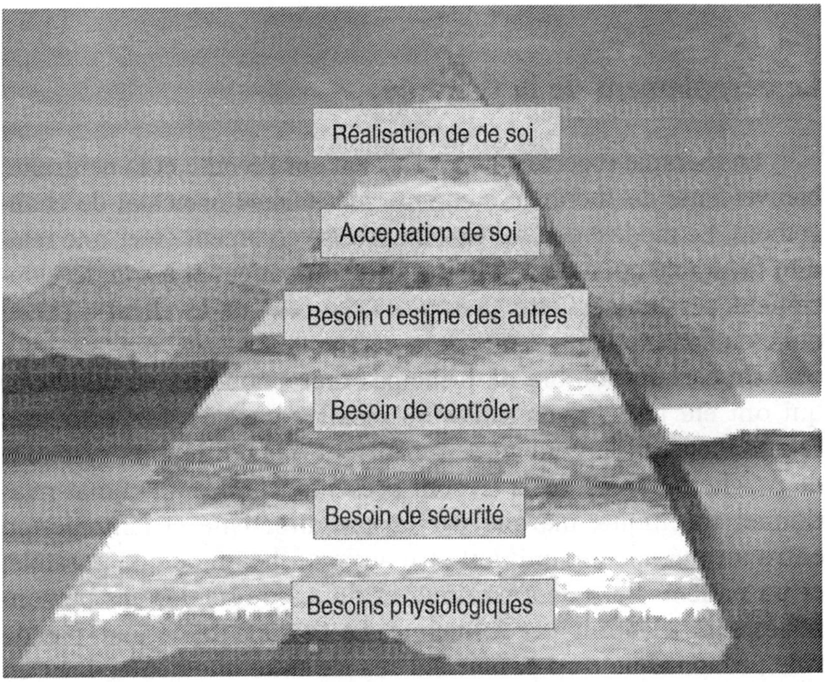

matérialité, se hisse progressivement vers des valeurs spirituelles élevées. Cette évolution se traduit par la forme symbolique du stûpa : large à la base, ce qui l'établit solidement sur la Terre, elle devient plus élancée vers le sommet, qui touche le Ciel. Cette figure du stûpa est une constante de l'architecture des temples bouddhistes et représente une métaphore de la vie. Maslow, consciemment ou non, semble s'être servi de la même idée pour établir les fondements théoriques de l'approche humaniste.

LA THÉRAPIE NON DIRECTIVE DE CARL ROGERS

Carl Rogers[18] a proposé une forme nouvelle de thérapie qui a été très étudiée en son temps. Elle consiste à offrir un cadre où le patient puisse exprimer ses pensées et ses émotions dans une atmosphère sans contrainte, jugement moral ou conseils directifs.

Le déroulement de la thérapie

La thérapie rogerienne met l'accent sur l'écoute et la neutralité bienveillante du thérapeute comme mécanisme principal de changement. Le modèle de Carl Rogers précise comment créer une relation favorable qui aide à la maturation du patient et à son développement personnel. Cette thérapie « centrée sur le client » prend donc en compte la personne et la personnalité.

Un certain nombre de principes thérapeutiques en résultent, qui ont été testés dans plusieurs essais contrôlés. Les principes relationnels qui la guident se retrouvent dans différents systèmes de psychothérapies, mais ils sont présents ici dans un climat relationnel spécifique, marqué par la non-directivité et l'interaction entre un thérapeute, qui doit être aussi authentique que possible, et un patient, libre de s'exprimer et dont les orientations personnelles sont à définir par lui-même. Le thérapeute ne joue pas de rôle pédagogique trop pesant. La séance dure une heure. Tout en restant à une distance professionnelle, le thérapeute doit manifester une certaine chaleur dans le contact.

Les principes

L'écoute bienveillante en face à face

Dès la première séance est affirmée la valeur de l'écoute pour l'aide à la résolution des problèmes psychologiques et la modification des émotions négatives. Le soutien apporté se manifeste dans l'examen de soi-même et vise à permettre de mieux se comprendre et s'accepter. De ce fait, l'anxiété et la dépression doivent normalement diminuer, de même que doit baisser l'impulsivité et les sentiments de colère et de frustration.

Les manifestations d'empathie

Le thérapeute s'efforce de partager le fardeau émotionnel du patient en lui montrant de manière verbale ou non verbale qu'il est compris.

La considération positive inconditionnelle

Les propos du patient, quels qu'ils soient, doivent être respectés, et le thérapeute ne doit pas engager une lutte de pouvoir, ou confronter brutalement le patient à ses manques, ses faiblesses ou ses évitements. Le thérapeute doit toujours aller dans le sens de ce que le patient dit, et ne chercher ni à le contredire ni à modifier ses pensées ou ses émotions.

La reprise de ce que dit le patient : le miroir

Il peut s'agir de reforestation en écho, laquelle permet de souligner un point ou d'attirer l'attention du patient sur un élément de son discours, ou bien de reformulation interrogative de certaines phrases en vue d'une demande de clarification (« si je comprends bien, vous voulez dire que... »).

Le reflet des sentiments

Il s'agit de reformuler les propos du patient en insistant sur leur dimension émotionnelle (« si je vous comprends bien, vous voulez dire que vous avez été envahi par la colère... »).

L'authenticité du thérapeute et de la relation psychothérapique

Le thérapeute doit aussi être clair sur ses propres émotions, être capable de les reconnaître sans fausse honte et en discuter avec le patient si nécessaire.

Ce que ne fait pas le thérapeute rogerien : les limites de l'intervention

1. Il ne donne pas de tâches structurées d'affrontement des situations anxiogènes. Il ne confronte pas le patient aux images et aux pensées reliées à des traumatismes ou à d'autres situations

pénibles. Si le patient demande, spontanément, ce qu'il doit faire des images, des pensées ou des situations qui lui rappellent certaines relations désagréables ou des traumas infantiles, il lui dira que c'est à lui de décider en fonction de ce qu'il sent et il l'assurera que tout pas vers la résolution de ses problèmes peut être bénéfique et qu'il vaut mieux exposer ses conflits que les fuir.

2. Il ne restructure pas les pensées automatiques négatives : il lui suffit de les accepter et de les reformuler.

3. Il ne cherche pas à modifier les croyances personnelles ou les postulats négatifs de fonctionnement.

4. Il ne donne pas de conseils sur la vie de tous les jours, la vie professionnelle, la vie familiale ou la vie conjugale. Il reste non directif et renvoie le patient à une prise de décision personnelle (« c'est de vous qu'il s'agit, vous seul pouvez prendre une décision »).

5. Il ne donne pas d'interprétations psychanalytiques sur l'enfance, les rêves, le trauma, le transfert, etc.

6. Il ne tente pas d'agir sur le mode d'une thérapie de couple ou de famille et/ou de proposer un modèle interprétant les troubles en ce sens.

La formation du psychothérapeute

J'ai insisté sur les limites qui entourent et cadrent le thérapeute pour bien différencier l'approche rogerienne des autres approches et montrer son originalité. C'est, à mon sens, en effet, l'approche la moins directive qui existe.

Mon équipe a utilisé à plusieurs reprises la thérapie de Rogers comme méthode de contrôle pour la comparer aux thérapies cognitives. L'impression générale est que cette forme de thérapie est facile à mettre en œuvre et moins fatigante que la thérapie cognitive, car elle exige moins d'attention et de participation active de la part du thérapeute. Les patients la supportent bien, mais beaucoup abandonnent en cours de route, car ils lui reprochent son absence d'apport concret et de technique pratique. Une minorité non négligeable de patients en bénéficie pourtant : ceux qui savent utiliser leurs propres ressources et qui n'ont besoin que d'un miroir sympathique et indulgent.

La thérapie de Rogers a souvent été taxée de naïveté ou de simplisme. En réalité, il est beaucoup plus difficile qu'il n'y paraît de toujours rester positif, neutre et empathique vis-à-vis de patients qui traversent des crises émotionnelles. Il nous semble même que la thérapie rogerienne, parce qu'elle représente la base non spécifique d'une bonne relation thérapeutique, devrait être enseignée dans toutes les écoles de psychothérapie. C'est une sorte de « bonne éducation » psychothérapique de base, sur laquelle pourraient se fonder des interventions plus sophistiquées.

Rogers a lui-même souligné que l'apprentissage de sa thérapie ne pouvait se faire par la voie du cours magistral. Il doit se faire en groupe, à partir de l'étude de problèmes cliniques et des problèmes d'existence des élèves. Pour cela, l'enseignant doit lui-même rester cohérent avec ce qu'il est et apparaître comme une personne présente, disponible et authentique et non comme le tenant d'un règlement. Il doit aussi être capable de reconnaître les mouvements émotionnels de ses élèves. En somme, c'est une éducation de l'expression authentique qui est proposée. Elle se laisse difficilement emprisonner dans un discours écrit.

La thérapie non directive est-elle directive ?

L'apparente non-directivité de la thérapie rogerienne a été contredite par des travaux expérimentaux qui ont montré que, malgré sa discrétion, le thérapeute rogerien orientait les actions du patient. Une des études[21], effectuée à partir d'enregistrements de séances, a notamment analysé de manière statistique les processus à l'œuvre. Il est apparu que la chaleur et l'empathie étaient maniées de telle sorte par les thérapeutes qu'ils sélectionnaient et récompensaient certains énoncés du patient plutôt que d'autres. Un simple « Hum, Hum » peut, en effet, être un renforçateur et encourager à continuer dans la voie commencée. Ce renforcement différentiel portait sur certaines paroles, en particulier celles qui étaient conformes au style verbal du thérapeute, sur le fait que le patient était capable d'établir des distinctions entre différentes situations de sa vie, sur la prise de conscience de la nature psychologique de ses problèmes, sur l'abord direct de ses problèmes. Il existait un lien entre les paroles qui avaient été encouragées par le thérapeute et le changement de comportement des patients à la fin de la thérapie. L'étude concluait que le thérapeute rogerien était en fait directif et capable de promouvoir des changements comportementaux par la sélection des sujets abordés en thérapie.

LA GESTALT-THÉRAPIE : ESALEN ET LES GROUPES DE RENCONTRE

Les groupes de rencontre ont été introduits à l'Institut d'Esalen par William Schutz[19] en 1967. Ils ont reçu le soutien de Carl Rogers et mis au point une méthode éclectique mêlant méthodes de massage, psychodrame, méthodes bouddhistes de méditation et de relaxation, pratique de la danse ou du théâtre.

Le cadre thérapeutique : l'ici et maintenant

Les groupes résidentiels venaient pour des séjours durant entre une semaine et plusieurs mois, ce qui offrait aux participants la possibilité de vivre provisoirement hors du temps et dans un lieu étranger à leur vie quotidienne. Selon la terminologie de Fritz Perls, l'idéologue d'Esalen, les groupes de rencontre étaient destinés aux *turn-oners*, c'est-à-dire aux personnes qui étaient à un tournant de leur vie et qui avaient besoin, après un bilan effectué hors du temps de travail habituel, de retrouver une image plus authentique d'elles-mêmes. Le mot d'ordre était : « *Turn on, tune in and drop out* », ce qu'on peut traduire librement par : « Prenez le tournant, mettez-vous en accord avec vous-même et désertez »...

La méthode gestaltiste consistait à confronter énergiquement le participant à ses manques, ses impasses existentielles et ses émotions. Elle a été transmise à de nombreux élèves qui évoquaient le Maître avec émotion, mais manifestaient aussi leur esprit critique à l'égard de sa personnalité originale.

Un été à Esalen

Alors que j'étais en stage à l'Université de Californie à Los Angeles en 1977 pour apprendre les thérapies comportementales, j'ai passé une semaine à Esalen, alors en plein essor, pour participer à un groupe de Gestalt-thérapie. Esalen est situé sur un ancien site indien, au flanc d'une falaise qui plonge dans le Pacifique, à proximité de sources thermales. La beauté du lieu est à couper le souffle et représente déjà, en elle-même, une forme de thérapie.

Beaucoup de résidents étaient là pour écrire, peindre ou méditer et ne participaient pas aux groupes, ce qui m'a semblé une excellente solution pour faire une retraite créative. Ils venaient simplement au repas communautaire, dont l'ambiance chaleureuse compensait largement une cuisine quasi végétarienne et questionnable, même par un Américain affamé.

Le groupe auquel j'ai participé comprenait environ 50 % de psys, venus de tous les pays, qui étaient, en fait, plus des observateurs que de véritables participants. Les autres étaient des Américains d'âge variable, qui traversaient une phase difficile de leur vie et doutaient d'eux-mêmes. Ils sortaient en général d'un divorce ou d'un échec professionnel ou sentimental.

Pour établir la confiance mutuelle dans le groupe, nous avons joué à un jeu qui consistait à se promener au bord des falaises avec un bandeau sur les yeux, tout en étant guidé par un autre membre du groupe qui, lui, voyait clair. Tout le monde, dans les groupes, évoluait en tenue d'Adam et d'Ève.

Les leaders travaillaient en douceur aussi bien sur les blocages corporels que sur les blocages mentaux des participants. J'ai reçu l'amicale injonction d'apprendre à mieux respirer et de placer un caillou d'Esalen sur mon bureau, pour m'en souvenir. En fait, je souffrais d'une bronchite contractée dans les brumes estivales de San Francisco, mais cette injonction prise au second degré n'était pas dépourvue de valeur.

Une soirée entière fut consacrée à sélectionner des photos en fonction de nos préférences. Personne ne choisit l'image d'un vagabond, ce qui, selon l'animatrice, témoignait de nos résistances à admettre nos désirs profonds d'être des déserteurs de la société de consommation. Le « vagabond resplendissant » (*Shining Tramp*) était alors la grande figure mythique d'Esalen,

l'image même de la contestation du système. Nous ne pouvions donc qu'être à la recherche de cette image de nous. Ce fut le seul message social du groupe. Nous passâmes ensuite une matinée dans une méditation tibétaine, bercés par le son des clochettes, et un après-midi dans des activités de relaxation.
Le nombre de psys dans le groupe fit que l'écoute des personnes en difficulté fut assurée aussi bien durant les séances du groupe qu'en dehors, lors des promenades et des longues discussions au soleil. Au moment de la photo finale, tout le monde avait l'air satisfait de l'expérience. Les participants, dans l'ensemble, semblaient plus en accord avec eux-mêmes. Vraisemblablement, personne n'a déserté la vie qui l'attendait. Au cours de mon séjour, je n'ai repéré qu'un jeune homme présentant des troubles graves : il était embauché comme serveur. Je n'ai jamais revu les autres membres du groupe, bien que les adresses aient été échangées.
Encore un point important : le coût de la semaine était des plus raisonnable et ne grevait guère le budget modeste d'un étudiant étranger ou d'un Américain moyen. Il y a des manières moins agréables, et plus coûteuses de négocier un tournant dans sa vie.

Le théoricien d'Esalen, Fritz Perls, avait suivi une formation psychanalytique et travaillé sur la psychologie de la forme (*Gestalt* en allemand), avant de quitter l'Allemagne au moment des persécutions nazies. La Gestalt-thérapie, ou thérapie de la forme, part de l'idée que le tout (la forme) est plus représentatif que les parties : l'homme n'est pas la somme de fonctions physiologiques ou d'instances psychologiques ; il est une totalité qui interagit dans l'instant avec les autres et qui développe des rôles factices.

Devenir ce que l'on est vraiment est donc le but de la recherche de soi. Le seul moyen d'y parvenir est de ressentir des émotions, de les nommer et d'en prendre la responsabilité. Selon Perls, les deux piliers sur lesquels repose la Gestalt-thérapie sont le maintenant et le comment, la question du pourquoi étant sans intérêt : « Seuls l'ici et maintenant existent. » Sur le plan technique, la

Gestalt-thérapie représente l'intégration de plusieurs courants, en particulier la psychanalyse et le psychodrame.

Perls utilisait la technique de la « chaise vide » en demandant à ses patients de parler à la chaise comme s'ils s'adressaient à une personne avec qui ils avaient des difficultés relationnelles, mais, avant tout, il centrait sa thérapie sur le vécu émotionnel éprouvé dans l'instant. Pour cette raison, il était interdit dans les groupes de porter une montre de manière à rester dans l'instant présent au lieu de le fuir dans l'anticipation du futur. Plus qu'un retour sur le passé, comme dans la psychanalyse classique, c'était le flux mental et surtout émotionnel actuel qui était au cœur des interventions. Tout cela s'exprimait dans un discours pittoresque qui avait plus à voir avec l'argot des campus que le discours académique.

La principale contribution de Perls à la psychologie est sa volonté de démystifier l'intellectualisme excessif, baptisé *bullshiting* (« déconnade »). Il atteignait ce but, en confrontant les participants des groupes à un monde d'émotions qu'ils refusaient. Rejetant la théorisation, qu'il avait par avance disqualifiée en l'appelant *elephantshit*, il refusait aussi les discussions anodines de la vie de tous les jours qui ne pouvaient que produire de la *chickenshit*. Progressivement, Perls a développé une posture de maître zen, déconcertant et séduisant ses interlocuteurs par des propos décalés, que ceux-ci jugeaient d'une profondeur abyssale. À un participant qui lui demandait des commentaires psychologiques, il répondit ainsi : « Les spaghettis sont excellents aujourd'hui » et lui tourna le dos. Cette confrontation systématique de la parole humaine à sa propre insignifiance était considérée, à l'époque, comme un des sommets de l'art psychothérapique.

Limites et risques de la Gestalt-thérapie

La Gestalt-thérapie a pu rendre service à ceux qui voulaient se libérer des habitudes et rebondir, mais elle n'est pas adaptée à tous les problèmes psychologiques. Des décompensations ont notamment été observées après les épisodes de vie en groupe.

Une étude[24] portant sur 209 participants a montré que 20 % étaient sortis prématurément du groupe et que 7 % étaient considérablement aggravés. Les personnes pour qui il y avait un risque de décompensation psychologique lié au groupe étaient celles qui présentaient une estime d'elles-mêmes faible et des attentes démesurées vis-à-vis des changements personnels que pouvait leur apporter le groupe. Cette étude a aussi identifié des leaders à risque. Il s'agissait de ceux qui stimulaient trop le groupe, se montraient trop agressifs, usaient avec excès de leur charisme, étaient intrusifs et se centraient sur l'individu et non sur le groupe. Les groupes de rencontre convenaient seulement à ceux capables de supporter une recherche de soi avec des leaders mettant parfois en cause trop énergiquement des individus fragiles devant les autres.

LA THÉRAPIE SYSTÉMIQUE ET LES PARADOXES DE LA COMMUNICATION

La base théorique de la thérapie systémique est la théorie générale des systèmes. Établie par Ludwig von Bertalanffy, elle repose sur la transposition de certains principes physiques à la psychologie, ce qui peut paraître contestable.

La théorie des systèmes

Elle énonce un certain nombre de propriétés qui sont celles des systèmes ouverts[7].

— Le comportement d'un membre d'une famille n'est pas dissociable du comportement de tous les autres membres de la famille : ce qui arrive à l'un modifie les autres.

— Un ensemble ou un système n'est pas la somme de ses éléments, mais une forme globale qui dépasse l'addition de chacun de ses éléments ; on peut dire la même chose d'une famille.

— Il faut chaque fois étudier, dans son ensemble, le système humain où s'est manifesté le symptôme principal qui a conduit à la consultation.

Les membres de l'école de Palo Alto qui ont travaillé sur la théorie des systèmes sont partis de l'hypothèse selon laquelle la maladie d'un patient peut être comprise comme un mécanisme homéostatique ayant pour fonction de ramener l'équilibre dans un système familial quand il y a danger de changement. En conséquence, le patient désigné n'est jamais que la manifestation du groupe ; il en est même le bouc émissaire. L'ensemble de ces prémisses est évidemment discutable.

La métacommunication et le double lien

On doit la notion de métacommunication à Gregory Bateson (1904-1980), qui propose d'appeler ainsi la « communication sur la communication » et qui la définit comme un « échange d'informations concernant les codes utilisés et les relations entre les interlocuteurs ». La métacommunication englobe donc toutes les formes de communication qui qualifient le sens véhiculé par les mots, à savoir les gestes, l'expression verbale et le ton de voix, les contradictions qui existent à l'intérieur même du message ou encore la discordance entre le contexte social et le contenu de la communication. La métacommunication est un phénomène permanent et banal qui permet de corriger les hypothèses que font les interlocuteurs sur leurs codes, leurs rôles et leurs sentiments. Pour Bateson, l'étude des disqualifications de la communication pourrait permettre de comprendre certains troubles psychopathologiques.

Application à la schizophrénie

Selon Bateson, le sujet schizophrène serait soumis à un type particulier de communication de la part de son entourage et, en particulier, de sa mère, marqué par l'absence de concordance entre la communication et la métacommunication. Le message aurait un sens sur le plan de la communication verbale qui serait contredit par la qualification qui lui serait apportée sur le plan de la métacommunication (ton de la voix, mode de formulation, contexte, etc.). Il y aurait donc confusion entre deux niveaux logiques différents : le niveau digital de la communication (le discours et son organisation) et le niveau analogique (le contexte et tout ce qui peut la qualifier). La contradiction serait parfois à l'intérieur même du message ou entre le message et son contexte.

L'exemple donné par Bateson illustre bien ce phénomène de disqualification ou de double message contradictoire. Une mère va voir son fils schizophrène à l'hôpital ; celui-ci a un mouvement affectueux envers elle et met son bras autour de ses épaules ; la mère prend alors un air choqué, le fils retire son bras. Et la mère de dire : « Que se passe-t-il ? Tu ne m'aimes plus ? », ce qui entraîne la fuite du jeune garçon et une reprise du délire.

Dans cette situation, il y a disqualification de la communication (« tu peux ou tu dois m'aimer, et avoir un geste affectueux ») par la métacommunication (l'air choqué de la mère, qui exprime la manière négative dont elle perçoit sa relation avec son fils). Bateson appelle ce mode de communication « double lien », ou « double contrainte » (*double bind*). La personne qui subit cette communication est mise dans une impasse logique : elle ne sait pas comment faire et quoi penser de l'autre, car, dans tous les cas, elle est en faute. Dans notre exemple, le fils gêne sa mère en ayant un geste affectueux, mais quand il retire son bras, la mère se plaint du manque d'affection du fils et peut-être le menace implicitement de lui ôter son affection.

Mais cette analyse de la communication vaut aussi pour des phénomènes relationnels d'une grande banalité. Il ne suffit pas d'être soumis à de telles injonctions paradoxales pour devenir schizophrène et le double lien excède largement le cadre de la schizophrénie. Il n'est que de rappeler les injonctions paradoxales et les doubles liens dont sont tissés les dialogues quotidiens. Ainsi :

— Sois spontané.

— Tu devrais me dominer plus et prendre les décisions.

— Tu peux partir, je ne dirai rien, simplement je pleurerai.

— Tu devrais être plus autonome par rapport à moi.

— Tu es libre de rester enfermé à la maison.

Bateson a précisé les conditions dans lesquelles le double lien a un effet psychologiquement nuisible. Ainsi, les deux personnes concernées doivent avoir des relations complémentaires continues et d'importance vitale.

L'école de Palo Alto[22] a tenté de développer cette analyse des distorsions de la communication pour étudier les problèmes de couple et de famille dont l'un des membres présentait un trouble grave comme la schizophrénie.

La thérapie familiale ou de couple

Les interactions pathologiques consistent souvent en un « jeu sans fin » qui fige la relation dans une série de répétitions des mêmes comportements négatifs où chacun punit et détruit l'autre. Prenons le cas d'un alcoolique et de sa femme. L'attitude de l'un renforce la position de l'autre, et le jeu est sans fin, car il n'y a pas de règles pour le terminer. L'alcoolique boit, car sa femme le dispute, et sa femme le dispute, car l'alcoolique boit. Les processus de communication doivent être analysés et modifiés par le thérapeute. La métacommunication consistera à faciliter la communication sur la communication, afin de permettre de comprendre les règles implicites de fonctionnement d'une famille ou d'un couple et de les modifier.

La prescription de symptôme

Ce serait un des moyens possibles de modification du double lien. Elle consiste à demander à une personne de reproduire toujours plus les mêmes comportements pour pouvoir s'en débarrasser. À un phobique, il sera ainsi recommandé d'éviter ce qu'il craint et à quelqu'un qui travaille trop de travailler encore plus. L'idée thérapeutique est que cette accentuation des comportements répétitifs doit entraîner une prise de conscience et une modification des comportements choisis pour cible par le thérapeute, qui se sert alors de l'injonction paradoxale suivante : « Faites toujours plus la même chose et perdez votre symptôme en le gardant. »

Les limites de l'approche systémique : culpabiliser la famille

Le courant systémique s'est surtout illustré par une approche originale de la thérapie familiale, mais il n'a jamais produit les preuves de ce qu'il avançait, à savoir que l'étude des paradoxes de la communication et leur modification avaient un rôle central pour changer favorablement les relations familiales et améliorer l'état des sujets schizophrènes. Les critiques ne sont pas seulement d'ordre scientifique. Elles viennent aussi des familles de patients qui étaient lasses d'être culpabilisées de manière directe ou indirecte par une théorie mettant en cause leur manière de communiquer. De ce fait, la recherche et la pratique actuelles se sont recentrées sur l'approche biologique de la schizophrénie et l'application, avec succès, de méthodes de réhabilitation des états psychotiques issues de l'approche comportementale et cognitive[23]. Les thérapies familiales actuelles sont donc très éclectiques et mélangent des notions et des techniques comportementales, cognitives, systémiques et psychanalytiques[13].

LES RÉSULTATS DES THÉRAPIES HUMANISTES

Les travaux sont relativement anciens et correspondent à l'époque d'efflorescence du mouvement humaniste, mais ils ont abouti à des conclusions peu positives, ce qui a été une des causes, avec le changement de mode et d'atmosphère culturelle, du déclin des thérapies humanistes.

L'étude méta-analytique de Smith et Glass

Après avoir regroupé 475 études portant sur 25 000 sujets, Smith et Glass[20] calculèrent la taille d'effet et aboutirent à la conclusion que les personnes ayant subi une psychothérapie s'amélioraient significativement plus que 75 % des personnes du groupe témoin. Les thérapies humanistes incluses dans cette étude étaient : la Gestalt-thérapie, l'analyse transactionnelle et la thérapie de Carl Rogers. Si l'on reprenait les résultats méthode par méthode, il apparaissait que quatre méthodes de thérapies comportementales et cognitives arrivaient en tête, à savoir la désensibilisation systématique, la thérapie cognitive, la modification du comportement et l'exposition en imagination. Les thérapies analytiques et les thérapies rogeriennes étaient à égalité. La Gestalt-thérapie avait la plus faible taille d'effet. Les données rassemblées dans le tableau ci-dessous portaient sur de vrais patients, mais aussi sur des étudiants volontaires ayant participé à des études destinées à tester de nouvelles méthodes — pratique courante aux États-Unis, mais qui a été critiquée, car ne représentant pas de réalité clinique[16].

Résultats par méthodes (Smith et Glass, 1977)

Méthodes	Taille d'effet
— Désensibilisation systématique (TCC)	.91
— Thérapie cognitive (TCC)	.77
— Modification du comportement (TCC)	.76
— Thérapie adlerienne	.71
— Exposition en imagination (TCC)	.64
— Thérapie rogerienne (thérapie humaniste)	.63
— Thérapie psychanalytique	.59
— Analyse transactionnelle (thérapie humaniste)	.58
— Gestalt-thérapie (thérapie humaniste)	.26

TCC : thérapie comportementale et cognitive.

L'étude méta-analytique d'Andrews et Harvey

Andrews et Harvey[2] ont repris ces données et effectué une méta-analyse de 81 études ayant trait aux problèmes névrotiques présentés par 2 202 « vrais patients ». Ils ont classé les thérapies en trois catégories : comportementale, verbale et développementale, et abouti à la conclusion qu'il y avait des différences entre les trois classes.

La thérapie comportementale avec une taille d'effet de .97 s'est révélée supérieure à la thérapie verbale (.74), qui s'est révélée elle-même supérieure à la thérapie développementale (.35), thérapie verbale et thérapie comportementale étant supérieures aux traitements placebo (.55), alors que l'ensemble des thérapies développementales se révélait égal au placebo. Signalons que les thérapies humanistes figuraient aussi bien dans la catégorie « psychothérapies developpementales » que dans la catégorie « psychothérapies verbales ».

Par la suite, peu d'études contrôlées ont été effectuées. Je signalerai toutefois des travaux récents menés sur une forme particulière de trouble anxieux, l'anxiété généralisée, qui se caractérise par un souci constant et excessif de l'avenir et par des manifestations physiques d'angoisse. Dans ce trouble, la thérapie non directive de Carl Rogers s'est révélée égale à la thérapie cognitivo-comportementale dans deux essais contrôlés, mais inférieure dans deux autres. Cependant, une méta-analyse a montré la supériorité de la thérapie comportementale. Néanmoins, les résultats de la thérapie de Carl Rogers étaient loin d'être négligeables et ils étaient supérieurs à ceux résultant de la prise de placebo. En revanche, la thérapie comportementale et cognitive était clairement supérieure à la thérapie psychanalytique [1].

CONCLUSION : L'ÉVOLUTION DES THÉRAPIES HUMANISTES

Comme beaucoup de pratiques psychothérapiques qui correspondaient à la contre-culture de l'Amérique des années 1960-1970, le courant humaniste a perdu du terrain. Certaines de ses pratiques ont été englobées dans d'autres mouvements thérapeutiques, en particulier les thérapies comportementales et cognitives ou la psychanalyse. L'évolution des États-Unis vers plus de conformisme a contribué à leur déclin. La recherche de l'efficacité thérapeutique, aussi. En effet, les résultats des thérapies humanistes ne sont guère probants, en dehors des problèmes légers de crise de vie pour lesquels elles offraient un lieu contestataire permettant de rebondir et d'être plus en phase avec ses propres émotions.

— ***La Gestalt-thérapie*** est sans doute la forme la plus sophistiquée de cette approche, mais elle présente le risque de décompenser les participants les plus fragiles. Son évolution récente la rapproche des thérapies corporelles d'inspiration psychanalytique[6]. Elle a, de ce fait, beaucoup perdu de son originalité.
— ***Le « cri primal »*** *de Janov*, qui consiste à favoriser l'expression des émotions par le hurlement, aboutit, lui aussi, à des décompensations psychologiques sévères[10].
— ***La bioénergie*** créée par Wilhelm Reich (1897-1957), psychanalyste non orthodoxe, est destinée à briser l'armure caractérielle et musculaire qui empêche l'accès aux véritables émotions[17]. Sa méthode s'est révélée à la fois dangereuse et fantaisiste. Reich postulait l'existence d'une substance, l'orgone, qui circulait partout dans la nature, en particulier dans la foudre et qui rendait possible l'orgasme. Il a élaboré toute une théorie parapsychologique à partir de ce postulat et même construit un accumulateur d'orgone[17]. Un peu plus tard, Reich a été condamné pour avoir cherché à appliquer ses théories et son appareil sur des patients. J'ai assisté à une conférence que la fille de Wilhelm Reich a donnée à l'université de Lyon en 1978. Elle prétendait montrer sur des diapositives, qui représentaient de simples plantes vues au microscope, le fameux orgone. Personne n'osa la contredire en raison de la difficulté de sa position par rapport à son père… Par la suite, ce mouvement a perdu beaucoup de sa vigueur initiale et s'est rapproché de la psychanalyse[9].
— ***L'analyse transactionnelle***, fondée par Éric Berne (1910-1970), repose sur le concept de « jeu » pour décrire les interactions entre individus. Berne définit le jeu comme le déroulement d'une série de transactions cachées. Ces jeux correspondent à des « scripts »

(scénarios) qui représentent une manière de satisfaire des besoins personnels infantiles tout au long de la vie[4]. Au cours de ces jeux, le sujet se met dans différents états du moi : enfant, adulte ou parent.

L'analyse transactionnelle était initialement un mélange de psychanalyse et de comportementalisme, mais son évolution actuelle la rapproche plus de la psychanalyse, de la Gestalt-thérapie et de l'hypnose[5]. Elle est utilisée comme méthode de formation aux relations dans les entreprises où elle a encore de beaux jours devant elle. Elle est aussi utile comme forme de thérapie de groupe ou de thérapie individuelle dans certaines indications. Cependant il n'existe pas, à ma connaissance, d'études contrôlées ou de méta-analyse récente permettant de se faire une idée précise de sa valeur dans sa formulation actuelle.

— ***La thérapie non directive et centrée sur le client de Carl Rogers*** peut donner des résultats intéressants, car elle met l'accent sur la relation de compréhension empathique entre le thérapeute et le patient. Toutefois, elle est plus directive qu'il n'y paraît, ce qui peut expliquer la positivité de certains de ses résultats, en particulier dans l'anxiété généralisée. Bien que peu développée en France, elle se maintient dans beaucoup de pays, dont l'Allemagne et le Royaume-Uni. Ce n'est que justice, car son souci de rendre la thérapie à la société et son mode léger d'intervention peuvent aider de nombreuses personnes dont les problèmes psychologiques ne sont pas trop envahissants.

CHAPITRE XII

Vivre sans psy ?

« Au commencement était l'action. »
GOETHE

La recherche de soi résulte d'un sentiment anxieux ou dépressif qui s'est largement diffusé dans la société. Qui se cherche doute de soi. Et qui doute de soi ne sait plus comment agir. Ce doute atteint des sommets actuellement en France et provoque la multiplication des prises en charge psychothérapiques. Certaines personnes adoptent un style de vie psychothérapique, suivent des prises en charge multiples et se trouvent prises sous les feux croisés des diverses écoles de psychothérapie durant plusieurs années de leur vie. Comment, alors, se retrouver et trouver la confiance en soi ?

Les psys ne sont ni toujours nécessaires ni réellement suffisants. Souvent, leur sont posées des questions qui n'ont rien à voir avec leur pratique somme toute assez modeste. S'ils peuvent s'inspirer de certaines philosophies, ils ne sont pas philosophes pour autant : la philosophie est un chemin vers la sagesse qui se fonde sur la discussion et la méditation, mais sa visée première n'est pas de traiter des problèmes psychologiques. De la même façon, la psychothérapie ne peut être confondue avec la religion. Les religions ont le mérite de se fonder sur des croyances anciennes et ancrées dans la culture. La religion est une voie qui peut apporter réconfort, idéal et identité, mais sa visée n'est pas forcément thérapeutique, même si elle peut avoir des effets psychologiques positifs, « de surcroît ». La psychothérapie ne saurait pas plus remplacer la pratique d'un art. Elle ne peut se substituer à l'État, même si les psys sont bien placés pour mesurer les effets d'un système social dont ils voient chaque jour les conséquences néfastes dans leur cabinet. Vouloir régler tous les problèmes humains à coups de pilules ou de thérapies a fait de la psychiatrie un ersatz destiné à combler les vides éducationnels, éthiques et culturels de notre société postindustrielle. Est-ce vraiment son rôle ?

La psychothérapie n'est pas la voie menant à la vérité, c'est un ensemble de méthodes permettant de choisir plus librement son chemin. Elle ne devrait donc pas aboutir à la dépendance de patients désormais incapables de vivre sans leur thérapeute, et le temps passé en thérapie devrait être une préparation à l'action. Toutes les thérapies dont l'efficacité a été validée cherchent à développer cette aptitude à saisir la vie et à en résoudre activement les problèmes. Les thérapies dites de soutien ou la psychanalyse, lorsqu'elles durent indéfiniment, créent une clientèle captive, alors que des méthodes plus actives, plus précises et plus intensives obtiennent de meilleurs résultats.

Différentes stratégies de libération sont possibles, qui ne passent pas toutes par la psychothérapie, mais, en cas de nécessité, la première démarche doit consister à trouver la forme de psychothérapie adaptée au cas personnel. Il faudra, ensuite, terminer cette thérapie et, donc, avoir appris à utiliser au mieux ce que proposent les psys. Savoir utiliser les médicaments et les psys, c'est devenir capable de vivre sans eux. L'autonomisation se traduit par la recherche d'informations, et la médiatisation des psys, vue sous son jour positif, correspond à cette demande sociale.

SAVOIR UTILISER LES PSYS

Les associations de patients comparent souvent la recherche d'un psy au parcours du combattant. Bien utiliser le système psy est pourtant la clé permettant d'en sortir le plus vite possible. Voici quelques règles pour se faire rapidement une idée de ce qui est possible.

Pour une bonne utilisation des traitements pharmacologiques

Il faut d'abord, en cas de problèmes psychologiques graves ou moins graves, savoir se servir des traitements pharmacologiques qui peuvent être donnés seuls ou être alliés aux thérapies. Les travaux sur les thérapies comportementales et cognitives ont ainsi montré la nécessité de traitements neuroleptiques associés dans le cas de la schizophrénie. De même, la thérapie cognitive et la thérapie interpersonnelle sans médicaments antidépresseurs ne s'adressent qu'aux formes d'intensité moyenne ou légère de dépression. En revanche, dans les troubles anxieux, contrairement aux idées reçues, les tranquillisants, et notamment les benzodiazépines, ne sont guère efficaces à long terme et entraînent des phénomènes de dépendance. Il faut leur préférer certains antidépresseurs d'efficacité démontrée. Signalons néanmoins que l'arrêt des antidépresseurs entraîne très fréquemment des rechutes. Les thérapies comportementales et cognitives sont en général d'efficacité égale aux antidépresseurs et ont des effets au long cours permettant plus facilement d'arrêter un antidépresseur.

Pour une bonne utilisation des psychothérapies

J'espère dans ce livre avoir clarifié la nature des « produits psychothérapiques » et leurs possibles indications. Ces indications sont maintenant mieux définies par les résultats des recherches menées depuis plus d'un demi-siècle. Précisons d'emblée que, à l'inverse de ce qu'on entend dire, faire deux ou plusieurs thérapies simultanément est presque toujours contre-productif — la multiplication des interventions et des poins de vue ne peut qu'accroître la confusion, et le temps de chacun est limité. Mieux vaut effectuer une thérapie et, si elle n'est pas satisfaisante, en faire une autre, d'un autre style, avec un autre thérapeute.

Les thérapies efficaces

Voici, en résumé, les thérapies qui sont efficaces dans les trois grands thèmes qui sous-tendent la recherche de soi.

— ***Prison de soi*** : les thérapies efficaces dans les troubles anxieux.

— ***Trahison de soi*** : les thérapies efficaces dans la dépression.

— ***Perte et quête d'identité*** : les thérapies efficaces dans les troubles de l'identité (personnalité borderline, troubles dissociatifs, schizophrénie).

Thèmes, troubles et thérapies efficaces

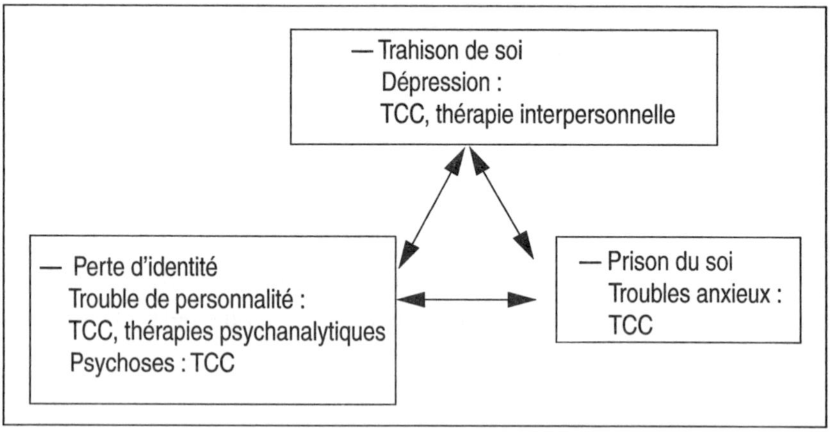

TCC = thérapie comportementale et cognitive.

Les thérapies les plus courtes durent environ de 3 à 6 mois, à raison d'une séance par semaine : ce sont les thérapies cognitives et comportementales pour les troubles anxieux et la dépression, mais aussi les thérapies interpersonnelles pour la dépression. Les thérapies cognitivo-comportementales et les thérapies psychanalytiques pour les troubles de personnalité durent de 1 à 2 ans. Les thérapies comportementales et cognitives pour les psychotiques impliquent une centaine d'heures de travail en individuel, et surtout en petits groupes. Dans tous les cas, il est possible de faire des rappels brefs de thérapie en cas d'événements de vie difficiles à supporter.

Les implications de ces résultats

Le développement plus large des psychothérapies les plus efficaces reste à mener dans notre pays. Parmi les facteurs limitant la pratique des thérapies comportementales et cognitives, citons la facilité plus ou moins grande à trouver des thérapeutes formés et à mettre en œuvre la thérapie dans un cadre remboursé par le tiers-payant. On pourrait souhaiter que, à l'instar de certains pays comme la Suisse ou la Belgique, les psychothérapeutes en France, qu'ils soient psychiatres ou psychologues, soient payés, non pas à l'acte, mais au temps passé avec les patients, et les patients remboursés par le tiers-payant sur la base de cette durée. Mentionnons, par ailleurs, que la thérapie interpersonnelle, qui a fait ses preuves dans la dépression et la boulimie, n'est pas du tout développée en France. De même pour la thérapie non directive de Carl Rogers qui est peu enseignée et peu pratiquée.

En attendant les TPV

Le chemin qui conduit aux traitements psychologiques validés (TPV) est tracé par les résultats des recherches menées sur les effets des psychothérapies. Certes, chacune de ces approches a formulé au moins une idée ou une technique intéressante, mais il est temps d'effectuer maintenant une synthèse. Je prendrai pour premier exemple la dépression[4].

Les thérapies efficaces dans la dépression

Si l'on compare les trois méthodes qui ont apporté des résultats positifs dans la dépression, à savoir la thérapie interpersonnelle, la thérapie comportementale et la thérapie cognitive, on est plus frappé par leurs similitudes que par leurs différences.

— *La thérapie interpersonnelle, la thérapie comportementale et la thérapie cognitive sont des thérapies brèves* : une vingtaine de séances et quelques séances de rappel dans l'année qui suit la phase intensive de la thérapie. Signalons qu'elles se présentent sous forme de manuels.

— *Elles sont centrées sur les problèmes actuels* de la personne dépressive.

Elles proposent aussi des explications sur l'origine et le maintien de la dépression.

— *Les séances sont organisées par un agenda* de manière à utiliser au mieux la durée de la séance sans temps morts.

— *Ces thérapies se fondent sur des techniques destinées à modifier les pensées négatives* et à recadrer les interprétations dépressives : si le cadre théorique explicite est différent, le processus de restructuration cognitive est donc commun.

— *Elles ont recours aux méthodes de résolution de problèmes* dans la vie quotidienne.

— *Elles utilisent des méthodes comportementales actives* comme de proposer des tâches comportementales visant à résoudre en pratique des problèmes quotidiens. Elles suggèrent l'accroissement des contacts sociaux et l'obtention de plus de gratifications réelles. Le développement de plans d'action et une gestion positive de la réalité quotidienne sont d'autres caractéristiques communes.

Le traitement de l'anxiété

Nombre de thérapies utilisent le modèle de l'exposition graduée, prolongée et répétée aux situations anxiogènes. Ce principe, qui consiste à encourager l'habituation de certaines réponses émotionnelles, a reçu différents noms[11] depuis Hippocrate qui s'en servait pour traiter les phobies. Il a été largement utilisé par Janet, Freud et bien d'autres. Les thérapeutes humanistes, en confrontant les participants des groupes de rencontre à leurs émotions, réalisent, eux aussi, une forme d'exposition.

En soufflant sur les braises du souvenir pour provoquer des émotions, des thérapies d'inspiration variée, comme les thérapies analytiques, comportementales ou cognitives, pratiquent cette réexposition qui permet d'intégrer des expériences traumatiques dans la conscience et de leur donner un sens nouveau. De même, l'EMDR, ou désensibilisation et retraitement de l'information par les mouvements oculaires[16], qui a montré son efficacité dans le stress post-traumatique, combine l'exposition en imagination et des mouvements oculaires guidés par le thérapeute. Toutefois, la méta-analyse qui a été menée a démontré clairement que les mouvements oculaires n'étaient pour rien dans ce résultat qui est dû, selon toute vraisemblance, à une application consciencieuse et prolongée du principe d'exposition et à la restructuration cognitive, toutes deux présentes dans la pratique de l'EMDR[5].

Comme on le voit par ces exemples, beaucoup de traitements psychothérapiques ont plusieurs composantes que des études dites de « démantèlement » s'emploient à isoler pour n'en retenir que les éléments réellement nécessaires. Parmi ces composantes, le principe d'exposition est une caractéristique constante.

La résolution des conflits

L'aide à la résolution des conflits psychologiques, qui sont souvent à la base des difficultés relationnelles et des troubles psychiatriques patents, fait également partie intégrante de nombreux systèmes psychothérapiques sous des appellations différentes. Une étude contrôlée, mais non randomisée[8], a notamment montré chez des patients alcooliques une diminution des conflits psychologiques aussi bien après une thérapie analytique qu'une thérapie cognitive. Cette réduction tendait à être plus rapide en thérapie cognitive.

La thérapie cognitive : un attracteur pour l'unification des psychothérapies ?

La thérapie cognitive[1] s'inspire, délibérément, dans certaines de ses composantes, aussi bien de la thérapie psychanalytique que des thérapies comportementales. Thérapie cognitive et thérapie psychanalytique cherchent toutes deux à dévoiler les interactions subtiles qui existent entre la pensée, les sentiments et le comportement : elles aident à modifier les pensées pour modifier les émotions. Toutes deux mettent également l'accent sur la signification des systèmes de croyances dont souffrent les patients. Elles diffèrent néanmoins dans leur conception du fonctionnement psychologique et leur pratique psychothérapique.

En effet, la thérapie cognitive se fonde, d'une manière intégrative, sur une théorie des schémas cognitifs et une pratique spécifique de leur modification par des techniques à la fois cognitives et comportementales, applicables aussi bien à la dépression qu'aux troubles anxieux et aux troubles de la personnalité. Plusieurs études épidémiologiques ont mis en évidence le rôle de ces schémas cognitifs et d'un style cognitif négatif chez les déprimés. Ce style a lui-même pu être relié à un style cognitif particulier des parents : beaucoup de critiques et peu de récompenses[2]. L'avenir seul dira si la thérapie cognitive réussit à dépasser par le haut les contradictions entre les écoles.

Le traitement psychologique validé (TPV)

La recherche des composantes actives et communes aux thérapies d'efficacité démontrée pourrait permettre, un jour, le dépassement des antagonismes stériles entre écoles. Une fois ces composantes isolées et définies, et les processus mieux explorés pour chacun des problèmes psychologiques, on ne parlerait plus de telle ou telle « marque » de psychothérapie, mais de « traitement psychologique validé », mais peut-être est-ce un vœu pieux, qui ne tient pas compte de la nature idéologique des conflits humains qui, transformés en guerres de religion, conduisent à nier, rejeter et, enfin, différer l'application des solutions scientifiquement fondées.

Les nouvelles technologies : les cyberpsys

Dans les années à venir, de nouvelles formes de thérapies comportementales et cognitives vont sans doute permettre de gagner du temps et de transférer une partie du traitement entre les mains des patients.

La thérapie des attaques de panique et de l'agoraphobie par Internet

Les développements actuels des thérapies comportementales et cognitives vont dans le sens d'une utilisation des nouvelles technologies. La diffusion des programmes de traitement des troubles paniques sur Internet a largement commencé et nous en sommes déjà au stade des études contrôlées. L'une d'elles a ainsi évalué[3] un programme qui consistait à se servir du Web pour modifier son trouble panique. Les 41 participants étaient répartis au hasard entre un traitement *via* le Net et une liste d'attente. Les principales composantes du traitement étaient l'éducation, l'entraînement au contrôle respiratoire, la restructuration cognitive, l'exposition aux sensations d'anxiété, l'exposition aux situations réelles et la prévention des rechutes. On a pu observer que les participants traités s'étaient améliorés sur toutes les mesures, alors que le groupe contrôle ne s'était que peu amélioré.

Ces résultats suggèrent que l'utilisation d'Internet pour des problèmes simples comme le trouble panique pourrait être efficace. Il est évident que, pour des formes de troubles paniques associés à des troubles de personnalité ou présentant des pathologies multiples, le traitement est beaucoup plus difficile et nécessite l'intervention d'un thérapeute. L'avantage d'un tel système, c'est qu'il permettrait de libérer du « temps psy » et d'en faire profiter des patients beaucoup plus perturbés. Il permettrait aussi d'atteindre et de traiter certains patients que leur angoisse enferme chez eux comme dans une prison et qui ne peuvent communiquer avec les autres directement.

La réalité virtuelle : applications dans le domaine des troubles anxieux

La réalité virtuelle rend également possible l'exposition et la restructuration cognitive des patients anxieux en leur apprenant à résoudre des conflits sensoriels[18]. La première application thérapeutique de ce genre a été publiée par Rothbaum[14], qui a étudié l'effet de la désensibilisation virtuelle au vertige (ou phobie des hauteurs) sur un groupe de 20 étudiants volontaires, divisé en deux par tirage au sort. Les premiers étaient inscrits sur une liste d'attente, tandis que les seconds recevaient des séances d'exposition avec mise en situation virtuelle sur des balcons, des ponts suspendus et des ascenseurs transparents. La prise en charge individuelle durait 8 semaines ; la première séance d'information et d'initiation aux techniques de relaxation était suivie de séances d'exposition contrôlée.

Au terme de ces 8 semaines, on a constaté que le groupe contrôle était inchangé, alors que le groupe traité présentait une amélioration significative de son niveau d'anxiété au post-test. La régression du trouble phobique dans le monde réel a été confirmée par 70 % des sujets traités. Des essais contrôlés sur le traitement en réalité virtuelle ont également été réalisés pour la phobie des araignées[7] et la phobie de l'avion[13].

L'avantage d'une telle méthode est d'autoriser, dans les cas peu complexes, des traitements pour lesquels il est facile de former et de superviser des thérapeutes. On peut même envisager que le patient, après quelques séances, se serve d'un manuel bien fait et s'administre le traitement lui-même, autant de fois qu'il le souhaite, avec une supervision discrète.

SAVOIR SE PASSER DE PSY

Peut-on se retrouver sans passer par le cabinet du psy et, si oui, comment ? Depuis le traditionnel voyage initiatique jusqu'à la recherche d'un nouvel art de vivre, en passant par la recherche d'aide auprès des médias ou la religion, les solutions non psy qui existent, car elles existent, ont toutes en commun une notion centrale : la nécessaire promotion de l'optimisme. Examinons-les d'un peu plus près.

L'invitation au voyage

Autrefois le voyage initiatique était la forme privilégiée de la recherche de soi. Tout héros de légende partait en voyage pour se trouver lui-même. Kullervo dans la saga finlandaise du Kalevala, Œdipe dans les légendes grecques, les chevaliers à la quête du Graal, les héros des mythes indiens rapportés par Lévi-Strauss : tous sont à la recherche d'eux-mêmes. La psychothérapie est aussi une invitation à voyager. Partir à la recherche de soi, c'est entamer un voyage qui doit être le révélateur de ce que l'on est « vraiment ». Chemin faisant, le voyage devient parfois plus intéressant que la destination visée. Ce voyage-là, de soi à soi, a lieu entre quatre murs, allongé sur le divan du psychanalyste, assis face au thérapeute dans les thérapies modernes ou couché sur la moquette pour les groupes de thérapie humaniste. Vers le milieu du XXe siècle, les voyages étaient plus psychédéliques. Une des étapes obligées était Katmandou ; une autre, San Francisco... Une fois la mode et les idées de 1968 retombées, le voyage dans l'espace a repris sur les ailes des charters. Puis, le monde rétréci est devenu le supermarché du tourisme de masse, avec des escales banalement semblables. Les surréalistes avaient imaginé le « voyage crétinisant » ; la globalisation l'a réalisé.

Il est encore possible, heureusement, de s'échapper et de trouver des itinéraires plus authentiques. Le voyage initiatique est plus accessible qu'autrefois, même si la recherche de soi est souvent confinée entre les quatre murs d'un cabinet de psy. D'ailleurs, les patients qui vont mieux quittent souvent les psys pour partir en voyage. La thérapie serait-elle la forme ultime du « cocooning » chez ceux qui sont revenus de tout et partis nulle part ? On comprend qu'il puisse en résulter un véritable ennui d'être soi. C'est souvent ce que les patients éprouvent dans des psychanalyses interminables. Le « connais-toi toi-même » des Grecs est à double tranchant : mieux vaudrait se connaître à travers les autres. Dans *Les Enfants du Paradis* de Marcel Carné (1944), Prévert met dans la bouche de l'assassin Lacenaire une réplique fameuse : « On m'a tellement dit de rentrer en moi-même que j'y suis resté. » C'est, en effet, le risque qu'encourt chaque patient en thérapie, surtout s'il a une personnalité dépendante et anxieuse et que le thérapeute ne l'incite pas à élargir son cercle relationnel.

Or voyager apprendra toujours plus sur soi qu'être en thérapie puisque, forcément, c'est changer de point de vue. J'ai ainsi vu un voyage en Italie et un voyage en Orient, que j'avais encouragés, faire considérablement avancer deux thérapies cognitives. Est-ce que les voyages coûteraient moins cher à la Sécurité sociale, au bout du compte, que les thérapeutes ou les antidépresseurs ? Ou bien sont-ce les traitements qui rendent les voyages à nouveau possibles ? L'essentiel est de ne pas manquer la porte de sortie du cabinet du psy. Voyager, c'est quitter la prison du soi.

La voie religieuse et l'autoguérison

Ce sont les progrès de l'humanité qui ont fait émerger l'individu[9] et par là même le problème de la recherche de soi. À d'autres époques, la réponse était toute trouvée : le parcours de la vie avait lieu dans l'adhésion stricte à l'autorité du chef de groupe, puis du roi, puis d'un leader spirituel. Ces repères définissaient une identité, une espérance, une voie à suivre. L'individualisme moderne aurait-il échoué ?

Désireuse de trouver une solution à ce problème, la Constitution européenne se proposait de mentionner Dieu dans son texte fondateur. Comme l'a souligné Régis Debray[6], la Constitution des huit premiers pays européens se réfère à Dieu, notamment la Constitution française de 1958. La future Constitution européenne, prudemment, préfère parler dans son texte préparatoire d'une « impulsion spirituelle qui fait partie de l'héritage européen[17] ». Remarquons également que le progrès scientifique, social et artistique n'a pas abouti, pour le moment, à créer un système de valeurs suffisamment partagé. Seule une minorité d'entre nous bénéficie des valeurs scientifiques, philosophiques et artistiques. La culture peut néanmoins évoluer, et rien ne dit qu'elle ne parviendra pas à créer des valeurs laïques, fortes et structurantes, dont le besoin social, pour l'instant, se traduit par un retour du religieux...

En attendant que la culture fasse effet, certains ont entrepris de renforcer les processus d'autoguérison en utilisant les ressources communautaires pour combattre la dépression dès qu'elle apparaît, et la religion figure parmi les vecteurs de soutien traditionnels. Une étude[10] a ainsi porté sur un échantillon de 87 patients âgés, qui étaient hospitalisés pour des problèmes médicaux et présentaient des symptômes dépressifs. La religiosité était mesurée grâce à une échelle et validée par 85 ecclésiastiques représentant 18 groupes religieux chrétiens et 2 groupes religieux juifs.

Suivis durant 47 semaines, 54 % des patients ont connu une rémission de leur dépression. Cette rémission était corrélée à la croyance religieuse, mais non à la participation aux activités religieuses ou à la pratique religieuse privée (lecture de la Bible, prières). Ainsi, une véritable foi, plus qu'une pratique religieuse superficielle, peut aider à affronter les problèmes physiques. L'estime de soi, quand elle est liée à la foi, n'est pas soumise aux capacités de travail ni aux caprices des circonstances matérielles. Dans cette étude, les valeurs religieuses sont apparues comme supérieures aux valeurs sociales de réussite et de productivité.

La voie de l'optimisme

Durant ces dernières vingt-cinq années, des études ont montré que les individus qui avaient un style cognitif pessimiste face aux événements de vie avaient aussi une moins bonne condition physique. Ils étaient prédisposés à la dépression et avaient tendance à surconsommer les systèmes de soins[15]. Le rôle du style cognitif pessimiste sur la longévité a notamment été étudié au moyen d'une échelle validée mesurant le pessimisme[12]. Elle portait sur 839 patients, dont 124 étaient classés comme optimistes, 518 comme ni pessimistes ni optimistes et 197 comme pessimistes. Sur cette population initiale, 723 patients ont pu être suivis et on a constaté, chez eux, qu'une hausse de 10 points sur l'échelle de pessimisme était associée à une hausse de 19 % du risque de mortalité.

La conclusion qui semble s'imposer de ce travail est qu'un style pessimiste d'explication est associé à une mortalité plus précoce. Toutefois, on peut se demander si le pessimisme diminue la durée de la vie, si l'optimisme prolonge la vie ou bien si les deux sont vrais, ce qui conduit à plusieurs hypothèses :

1. Les pessimistes seraient passifs et rencontreraient plus d'événements de vie négatifs que les optimistes : plus on vivrait d'événements négatifs, plus la vie risquerait d'être courte.

2. Convaincus que rien ne sert à rien, les pessimistes suivraient de façon moins assidue les prescriptions médicales et auraient des comportements risqués — en ne cessant pas de fumer, de boire ou de manger exagérément, en conduisant dangereusement —, ce qui aggraverait les risques physiques.

3. Les pessimistes seraient prédisposés à devenir dépressifs, alors que les optimistes seraient beaucoup plus résilients et déprimeraient peu : le taux de mortalité serait plus précoce chez les pessimistes.

4. Le système immunitaire des pessimistes fonctionnerait moins bien que celui des optimistes.

Actuellement, on ne peut qu'émettre ces hypothèses et continuer les recherches. Sur un plan pratique, le trait d'optimisme pourrait être développé, encouragé et renforcé par des interventions psychologiques et sociales. Seligman[15] avait d'ailleurs proposé l'ouverture de cliniques de l'optimisme. Sans doute pourrait-on aussi injecter plus d'optimisme dans l'ensemble des organisations qui s'adressent à la société et aux individus, à commencer par les médias et Internet, et développer des idéaux collectifs motivants.

Spectacle ou médiathérapie ?

Les médias sont les dieux de la modernité. Bien qu'un pays aussi sceptique que la France n'ait pas ses télévangélistes comme les États-Unis, les médias offrent une forme de soutien psychologique laïque dont l'impact sur la population est loin d'être négligeable. Beaucoup de personnes en difficulté se tournent vers les médias pour une solution miracle ou un conseil minute, et on peut, de fait, espérer un résultat positif d'un conseil minute quand il s'agit d'une personne qui se situe à un tournant de sa vie et qui ressent le besoin d'un coup de projecteur l'aidant à se voir ou s'entendre de l'extérieur. Selon les animateurs, le courrier des auditeurs est rarement négatif.

Certes, il n'existe pas, à ma connaissance, de suivi systématique de ces interventions qui en évaluerait les effets à court et long terme, mais on doit, de toute manière, reconnaître aux médias un ton souvent optimiste qui contribue à remonter le moral et rehausser les ego. Une chaîne psy à fonction thérapeutique pourrait d'ailleurs très bien exister, à condition de ne pas sombrer dans l'ennui du discours académique. À quand, donc, Canal-Psy ou Télé-Vous Aide, qui proposerait des solutions pratiques sur un mode interactif et donnerait des modèles de fonctionnement psychothérapique ? En attendant, voici un rapide panorama du monde médiatico-psy, qui remplit sans doute une fonction psychothérapique, indépendamment des ses autres rôles qui sont d'informer et de donner à voir.

Le confessionnal radiophonique

La radio, cœur sensible aux mouvements de la société, est devenue le vaste confessionnal de l'errance humaine et du malaise quotidien. Il ne se passe pas de jour sans que le vocabulaire psy ne se fasse entendre, sans qu'ait lieu une émission de société à thème psy, sans qu'on ait droit aux longues confessions d'après minuit. Sans cesse s'exercent les talents d'écoute et de réponse des animateurs et, surtout, des animatrices. Parfois il est demandé à un psy diplômé de donner un coup d'oreille et de répondre de concert.

J'ai pu observer en *live* le style de ces interventions. Le plus souvent, l'animatrice fonctionne en copine ou grande sœur plutôt qu'en mère. Elle calme, banalise, déculpabilise, propose des solutions parfois radicales aux problèmes de la vie et, pour finir, embrasse l'appelant(e) pour lui dire au revoir. La libération émotionnelle de cette prise de parole peut avoir des vertus thérapeutiques. L'identification positive à l'animatrice charismatique, au son de voix familier, joue aussi son rôle et le fait qu'elle propose une technique peut aussi favoriser le changement.

Une histoire en forme de poire

J'ai pu observer un véritable jeu de rôle comportemental d'affirmation de soi qui a été effectué par une animatrice, en direct et avec à-propos. L'appel provenait d'une jeune femme qui se faisait toujours « avoir » par les autres, car elle était trop bonne et confiante, au point qu'une amie lui avait soutiré une grosse somme et refusé de la lui rendre. J'ai alors demandé à l'appelante pourquoi elle se croyait obligée de faire de tels sacrifices pour être appréciée des autres. L'animatrice a rapidement rebondi et lui a alors demandé de lui prêter une grosse somme d'argent. Elle a ensuite entraîné progressivement la jeune femme à la lui refuser. Après quoi, elle lui a proposé une tâche mentale, un « mémo flash » : elle devait penser à une poire chaque fois que quelqu'un cherchait à abuser de sa gentillesse.

La personne qui témoigne semble oublier qu'elle parle à des milliers d'oreilles. En fait, « témoigner » devant un jury anonyme et silencieux favorise la prise de décision : « Je dois changer ma vie, je dois savoir ce que je veux et ce que je refuse. » L'animatrice tient son pouvoir de suggestion de sa légitimité : elle a des centaines de milliers d'auditeurs.

La confession médiatique est proche des exercices que faisaient aux États-Unis les *Shakers* qui devaient prendre la parole en tremblant devant toute la communauté protestante d'un village lors de l'office du dimanche pour exposer leurs difficultés. Le système radiophonique copain-copine correspond sans doute à l'influence des mœurs anglo-saxonnes sur un pays catholique où la confession a toujours été murmurée à une oreille invisible, celle de Dieu. Le confessionnal médiatique gagne en écho ce qu'il perd en transcendance.

Le rôle du psy radiophonique est encore plus ambigu. Légitimé par ses diplômes et souvent auteur d'ouvrages grand public, il est là pour rassurer, recadrer, parfois faire rebondir le questionnement en changeant l'éclairage. En aucun cas, pourtant, il ne peut faire de psychothérapie à l'aveuglette. Un psy a une heure devant lui, au pire une demi-heure pour nouer un dialogue et aider à trouver une solution, mais, sur les ondes, tout va vite, comme dans l'hypnose, l'exorcisme ou le bon conseil : quatre minutes par personne.

« Concerto pour une ombre »

Dans le domaine de la médiatisation psy, la quête et le culte des émotions « en direct » sont devenus un passage obligé. Les témoignages émotionnels sont une revanche sur la froideur d'un monde où chacun vit de plus en plus isolé. Les hommes écoutent les émissions où parlent les femmes et les femmes celles où s'expriment les hommes. Les associations de patients utilisent le pathétique médiatique dans l'espoir que les pouvoirs publics, les médecins et les chercheurs feront quelque chose pour leur juste cause — ce qui arrive quelquefois. Internet commence déjà à prendre le relais, et des messages déchirants sont envoyés, tels des bouteilles à la mer, à destination des psys.

Le pathétique médiatique est devenu un espace virtuel où bat le cœur d'un monde sans cœur. Peut-être est-il aussi un opium qui endort la douleur et permet le sommeil. Les plus intimistes des émissions psy radiophoniques passent tard dans la nuit et sont destinées aux insomniaques. Le fameux thème de jazz, *Round Midnight*, pourrait être leur titre à toutes. Le jazz est une musique faite par des somnambules pour des gens seuls le soir, mais le nocturne radiophonique est surtout une manière de porter plainte : le témoin prend les autres à témoin de sa souffrance et son message s'adresse à ce qui ou celui qui le fait souffrir.

Cathédrales et temples cathodiques

La radio a un avantage : l'appelant(e) reste anonyme, il n'est qu'une voix et un prénom ; la personne qui passe à la télévision, elle, prend tous les risques : les témoignages ont lieu à visage découvert, les yeux dans les yeux, avec l'animateur ou l'animatrice. L'atmosphère sur le petit écran est intimiste, mais, à l'intérieur des studios, dans les émissions de qualité, règne un climat quasi religieux vis-à-vis des témoins et des psys. Deux styles, en particulier, sont possibles pour les grandes émissions psy : le décor qui évoque la cathédrale catholique ou le décor qui renvoie au temple protestant.

— *La cathédrale catholique.* L'impression vient pour l'une de ces émissions des tulles blancs et lumineux qui tombent des cintres ; l'image du psy et de l'animatrice s'inscrit dans un vitrail rose, qui leur fait une auréole : ici se joue un oratorio. Les chanteurs comprennent une soprano (l'animatrice), un baryton (le psy), sept solistes (les témoins) et un chef des chœurs (celui qui dit à l'assistance d'applaudir ou de réagir). En outre, la forme des gradins et du plateau inscrit chacun dans un ovale maternel. Le psy donne un contrepoint scientifique aux interventions discrètes de l'animatrice. Finalement, tout se passe bien, et la messe est dite à la satisfaction générale. Chacun conserve l'impression d'en sortir meilleur et d'être devenu plus proche des autres, au cours des conversations qui se nouent sur le parvis.

— *Le temple protestant.* Il se traduit par un caractère horizontal très marqué. Le décor est sévère et ressemble un peu aux bancs d'une faculté ; il est aussi moins maternel. Ce n'est plus notre Sainte Mère l'Église qui reçoit, mais un groupe fraternel. Seul l'animateur est debout avec ses petites fiches dans la main. Il présente l'émission avec précaution, alors que son naturel est plutôt facétieux. Les psys sont mélangés avec le public, et ils viennent s'asseoir sur scène pour répondre aux questions au nom de la science. L'ascétisme est de rigueur, chacun respecte la loi du Seigneur qui est celle du tour de parole. Pour terminer l'émission sur une note plus décalée, une personnalité apporte son éclairage personnel. L'effet final apparaît positif, chacun se sent mieux. Les patients en thérapie, qui sont passés à la télévision, redoublent d'efforts pour guérir. Parce qu'ils ont été plus proches des thérapeutes, ils sauront utiliser longtemps cette courte fraternité médiatique. Les associations de patients se félicitent, car elles ont fait progresser leur cause.

CONCLUSION : TOUJOURS PLUS ?

Quand la fête est finie, il faut retrouver un quotidien souvent difficile, et les psys, le lendemain, auront plus de demandes pour des problèmes comparables à ceux qui ont été traités dans l'émission : la télévision, par son effet de modèle, déculpabilise l'expression de la souffrance et accroît la demande.

CONCLUSION

Art de vivre et sens de l'action

Trop de gens attendent tout d'une longue autocontemplation d'eux-mêmes dans le miroir de la psychothérapie. Ils estiment qu'ils ne pourront rien faire sans avoir une vision très profonde et totale de ce qu'ils sont eux-mêmes, alors que, ce qu'ils ont à faire en vérité, c'est remplacer les pensées inhibitrices de conduite par d'autres pensées qui les conduiraient à l'action créative. La semaine où je terminais ce livre, un jeune homme vint ainsi me voir en consultation. Laissez-moi vous raconter son histoire.

Le jeune homme qui regardait passer la vie de sa fenêtre

Paul arrive, après avoir attendu un an sur la liste d'attente. Pourtant il me dit : « Je viens, car c'est vous qui m'avez appelé. » Le ton est chaleureux mais un peu distant, comme désabusé. Ce garçon appartient à une famille émigrée d'Europe du Sud, il a 26 ans et a effectué un DEUG de cinéma. Il n'a pas de travail et

n'arrive jamais à passer le concours de l'école qui lui permettrait d'obtenir une meilleure formation, un diplôme et peut-être une profession. Il souhaite devenir metteur en scène et réaliser des films. Sa vie sexuelle non plus n'est pas satisfaisante. En amour comme dans la création artistique, Paul ne termine pas : il bâcle. Pour le reste, il habite encore chez sa mère qui vit seule depuis le décès de son père. Il ne gagne pas d'argent et l'essentiel de son temps se passe à visionner des films, écouter de la musique et regarder par la fenêtre les gens qui passent.
Après cette présentation passive, Paul finit quand même par admettre qu'il a travaillé. Pendant trois mois, il a participé à plusieurs films, mais pas comme réalisateur ou scénariste, simplement comme œil extérieur aidant les autres à réaliser leur travail. Il avoue, comme à regret, avoir écrit un scénario et, finalement, me confie aussi qu'il a fait un documentaire, mais qui n'a pas été crédité, ce dont il se plaint.
Paul sait que cette vie de dilettante ne pourra pas durer longtemps, qu'il n'en a pas les moyens, mais ce qui lui fait horreur, c'est d'avoir de l'ambition. Pour lui, c'est une sorte de maladie. Je lui fais remarquer qu'entre l'ambition féroce et la quiétude totale, il y a place pour différents choix de vie et qu'on pourrait peut-être remplacer le terme d'ambition par celui de réalisation de soi, puisqu'il veut être réalisateur : un réalisateur se définit par les films qu'il réalise et, donc, par des actions collectives. Paul me dit que cette façon de voir lui convient mieux, mais qu'il a l'ambition de savoir qui il est. Je lui fais remarquer qu'il le saura d'autant mieux qu'il aura agi. C'est alors qu'il saura s'il est ou non un réalisateur, ou s'il doit s'orienter vers une autre profession cinématographique. Pour finir, je lui propose une thérapie cognitive brève sur 12 séances, qu'il s'empresse d'accepter en disant que, effectivement, il faut qu'il sorte de l'inaction.

La crise actuelle et la multiplication des psys sont l'expression de surface d'une crise profonde de l'action. À force de regarder des écrans de télévision, de cinéma, de jeux vidéo ou d'ordinateur, le songe finit par se confondre avec l'action dans le monde réel. Certains n'agissent plus, car rêver suffit, et ils s'enferment dans la prison du soi. Faut-il rêver sa vie, alors qu'elle vous attend derrière la porte ? Il serait paradoxal de proposer un long tête-à-tête avec soi-même à des personnes qui ne peuvent pas agir, n'osent pas s'affirmer, se cherchent ou retardent le moment de l'action. Je ne sais pas ce qu'il adviendra de la thérapie « du jeune homme qui regardait passer la vie de sa fenêtre », mais, une fois encore, il va falloir aider une personne à agir et espérer. La vie est une chose trop sérieuse pour la laisser longtemps entre les mains d'un psychothérapeute.

ANNEXES

Annexe du chapitre VI

Les 209 principales formes de psychothérapies
(*N.B. : cette liste n'est pas limitative)*

1. Actualizing Therapy
2. Acupressure
3. Acupuncture
4. Aesthetic Realism
5. Affirmation de soi
6. Agus-energetics
7. Analyse du destin (Szondi)
8. Analyse psychoaffective
9. Analyse psychoénergétique
10. Analyse psychologique (Janet, 1889)
11. Analyse transactionnelle
12. Arica-callisthénie
13. Art thérapie
14. Biodynamique
15. Bioénergie reichienne (Reich)
16. Bioénergie néo-reichiennne (Lowen)
17. Biofeed-back
18. Biogenèse
19. Biosynthèse
20. Co-conseil/Soutien mutuel
21. Core-energetics
22. Counselling
23. Covert conditioning (Cautela)

24. Creative Agression
25. Danse (Brolde-Miller)
26. Dasein Analyse
27. Danse (Roth)
28. Danse (Sheleen)
29. Deprogramming
30. Debriefing
31. Désensiblisation systématique (Wolpe)
32. Désensibibilisation par les mouvements oculaires et retraitement de l'information (Shapiro)
33. Dynamique mentale
34. Éducation holistique
35. Éducation du subconscient
36. Ego-state Therapy
37. Ego-psychology
38. Encounter Tapes
39. Énergétique du centre vital
40. Erhard Seminar Training
41. Eurythmie
42. Eutonie
43. Thérapics dcs rôles fixés (Kelly)
44. Focusing
45. Gestalt-thérapie (Perls)
46. Gestion du stress
47. Groupe de rencontre
48. Groupe sans moniteur
49. Groupes nus
50. Haptonomie
51. Hypnose classique
52. Hypnose (Erickson)
53. Illumination intensive
54. Intégration posturale
55. Integrative Therapy
56. Integrity Groups
57. Interpersonal Process Recall
58. Isolation sensorielle
59. Jeu de rôle
60. Karaté sophrologique
61. Leonard Energy Training
62. Logothérapie (Frankl)
63. Mainstreaming
64. Marathon
65. Massage californien
66. Massage Gunther
67. Massage Trager
68. Médiation

69. Méditation tibétaine
70. Méditation transcendantale (Mahareshi Yogi)
71. Méthode d'Alexander (conscience du mouvement)
72. Méthode Findhorn
73. Méthode Garburg
74. Modification de comportement (Skinner)
75. Méthode Gordon
76. Méthode Vittoz
77. Méthode Mézière
78. Mindfulness Training
79. Morpho-analyse
80. Multiple Family Therapy
81. Multiple Impact Training
82. Musicothérapie
83. Mutual Need Therapy
84. Natural High Therapy
85. Neurolinguistique
86. Neuroprogrammation linguistique (PNL)
87. New Identify Process
88. Nouvelle thérapie primitive
89. Orgonomie
90. Plissit Therapy
91. Poetry therapy
92. Polarité
93. Primary Relationship Therapy
94. Priority Therapy
95. Programmation
96. Provocative Therapy
97. Psychanalyse adlérienne
98. Psychanalyse culturaliste (Sullivan)
99. Psychanalyse dynamique
100. Psychanalyse freudienne
101. Psychanalyse jungienne
102. Psychanalyse kleinienne
103. Psychanalyse lacanienne
104. Psychanalyse non directive
105. Psychiatrie radicale
106. Psychobiologie biodynamique
107. Psychocinétique
108. Psychodrame de Moreno
109. Psycho-imagination Therapy
110. Psychologie contemplative
111. Psychologie du moi
112. Psychologie éidétique
113. Psychologie existentielle
114. Psychologie existentielle catholique

115. Psychologie existentielle chrétienne
116. Psychologie humaniste
117. Psychologie neurophysiologique
118. Psychologie transpersonnelle
119. Psychosomatothérapie
120. Psychosynthèse (Assagioli)
121. Psychothérapie analytique à médiation corporelle
122. Psychothérapie centrée sur le corps
123. Psychothérapie fonctionnelle
124. Psychothérapie holotropique
125. Psychothérapie Morita
126. Psychothérapie Naïkan
127. Psychothérapie personnelle
128. Psychothérapies d'orientation analytique (POP)
129. Psychothérapies d'inspiration psychanalytique (PIP)
130. Psychothérapie unitive
131. Qi Gong
132. Radix
133. Reevaluation Counseling
134. Relation essentielle
135. Relaxation (Ajuriaguerra)
136. Relaxation (Jacobson)
137. Relaxation (Jarreau et Klotz)
138. Relaxation (Martenot)
139. Relaxation (Schultz)
140. Relaxation appliquée (Ost)
141. Relaxation (Stokvis)
142. Renaissance
143. Résolution de problème
144. Research Movement
145. Rêve éveillé dirigé (Desoille)
146. Rêve éveillé dirigé (Leuner)
147. Rolfing-integration structurale
148. Roy Harl Theater
149. SAGE
150. Self-image Therapy
151. Sémantique générale
152. Séminaires Tavistock
153. Sensory Awareness
154. Sexothérapie
155. Social Influence Therapy
156. Somato-analyse
157. Somatothérapie
158. Somatothérapie analytique
159. Sophrologie (Caycedo)
160. Structured Learning

161. Synanon
162. Système psychothérapique d'analyse cognitivo-comportementale
163. Tai chi chuan
164. T-group Taï do
165. Thalassothérapie
166. The New Identity Process
167. Thérapie centrée sur le patient (Rogers)
168. Thérapie cognitive (Beck)
169. Thérapie cognitive-analytique (Ryle)
170. Thérapie comportementale (Wolpe)
171. Thérapie de confrontation à la réalité
172. Thérapie cognitivo-comportementale
173. Thérapie constructiviste
174. Thérapie de décision
175. Thérapie de soutien
176. Thérapie dialectico-comportementale (Linehan)
177. Thérapie d'échange et développement (TED) (Barthélemy)
178. Thérapie des premières relations
179. Thérapies éclectiques (d'inspiration multiple)
180. Thérapie immédiate
181. Thérapie interpersonnelle
182. Thérapie multimodale (Lazarus)
183. Thérapie narrative
184. Thérapie par le cri ou « cri primal » (Janov)
185. Thérapie rationnelle-émotive (Ellis)
186. Thérapies d'intention paradoxale (école Palo Alto)
187. Thérapies familiales systémiques
188. Thérapie humaniste
189. Thérapie interpersonnelle (Weissman, Klerman)
190. Thérapies stratégiques
191. Thérapie sexuelle
192. Thérapies de couple
193. Thérapies familiales psychanalytiques
194. Thérapies cognitives et comportementales par la réalité virtuelle
195. Trancendance Therapy
196. Transe-thérapie
197. Transe-thérapie (Monnerot)
198. Trans-terpsychore-thérapie
199. Triad Counseling
200. Twenty-four-hour Therapy
201. Végéto-thérapie
202. Verbal Behavior Therapy
203. Video-Gestalt
204. Video-thérapie
205. Visualisation
206. We-psychology

207. Yoga
208. Zen
209. Z-process attachment

Références

MARC E., *Les Nouvelles Thérapies*, Paris, Retz, 1981.
FERRERO F., BESSON J., DESPLAND J.-N., « Nouvelles thérapies, origines et développements récents », *Encyclopédie médico-chirurgicale*, 1995.

Annexe du chapitre VII

L'échelle de la relation thérapeutique, ou ERT (Cottraux, 1994)

Cette échelle propose 24 qualificatifs présentés par paires et qui s'opposent l'un à l'autre. Entre chaque paire de qualificatifs opposés, figure une échelle de 1 à 6 à l'intérieur de laquelle le sujet doit se positionner. La passation comprend deux échelles ERT : l'une est à remplir par le thérapeute qui évalue sa relation à son patient ; la seconde est à remplir par le patient qui évalue sa relation avec le thérapeute. Le score total de chaque échelle se situe entre 12 et 72.

Évaluation de la relation thérapeutique (ERT) par le patient

Vous trouverez ci-dessous une liste d'adjectifs ou de phrases présentés par paires et qui s'opposent l'un à l'autre. Ces adjectifs ou ces phrases décrivent la personne qui a effectué la thérapie. Veuillez entourer le chiffre choisi suivant que vous estimez que la personne qui vous a traité(e) est plus proche d'un des deux adjectifs.

Le (ou la) psychothérapeute m'apparaît :

Agréable	1 2 3 4 5 6	Désagréable
Parler beaucoup	1 2 3 4 5 6	Rester silencieux
Précis	1 2 3 4 5 6	Vague
Expérimenté	1 2 3 4 5 6	Inexpérimenté
Sincère	1 2 3 4 5 6	Non sincère
Franc	1 2 3 4 5 6	Dissimulé
Chaleureux	1 2 3 4 5 6	Froid
Intéressant	1 2 3 4 5 6	Ennuyeux
Courtois	1 2 3 4 5 6	Discourtois
Respectueux	1 2 3 4 5 6	Irrespectueux
Me comprendre	1 2 3 4 5 6	Ne pas me comprendre
Me soutenir le moral	1 2 3 4 5 6	Me démoraliser
		TOTAL :

Évaluation de la relation thérapeutique (ERT) par le thérapeute

Vous trouverez ci-dessous une liste d'adjectifs ou de phrases présentés par paires et qui s'opposent l'un à l'autre. Ces adjectifs ou ces phrases décrivent le sujet avec qui vous avez effectué la thérapie cognitivo-comportementale. Veuillez entourer le chiffre choisi suivant que vous estimez que le sujet est plus proche d'un des deux adjectifs.

Le (ou la) patient(e) m'apparaît :

Agréable	1 2 3 4 5 6	Désagréable
Parler beaucoup	1 2 3 4 5 6	Rester silencieux
Précis	1 2 3 4 5 6	Vague
Cultivé psy	1 2 3 4 5 6	Inculte psy
Sincère	1 2 3 4 5 6	Non sincère
Franc	1 2 3 4 5 6	Dissimulé
Chaleureux	1 2 3 4 5 6	Froid
Intéressant	1 2 3 4 5 6	Ennuyeux
Courtois	1 2 3 4 5 6	Discourtois
Respectueux	1 2 3 4 5 6	Irrespectueux
Se comprendre	1 2 3 4 5 6	Ne pas se comprendre
Gratifiant	1 2 3 4 5 6	Déprimant
		TOTAL :

Commentaires

Cette échelle a été utilisée dans un essai randomisé comparant la thérapie cognitivo-comportementale soit avec la buspirone (Buspar®) soit un placebo, prescrits en double aveugle dans le trouble panique avec agoraphobie. Les résultats ont montré un effet supérieur de l'association thérapie et buspirone sur l'anxiété généralisée, mais pas sur les paniques et l'agoraphobie. Les thérapeutes ont été évalués plus positivement par les patients que les patients par les thérapeutes. Les prescripteurs du médicament ou du placebo ont été moins bien évalués que les thérapeutes par les patients, mais il n'y a pas eu d'effet de la relation thérapeutique, ainsi mesurée, sur les résultats dans les deux groupes. Il est possible que dans des thérapies cognitives et comportementales brèves (une douzaine de séances), la relation thérapeutique n'ait que peu d'influence. Cette échelle est maintenant étudiée dans la thérapie cognitive des troubles de la personnalité.

Comment calculer la taille d'effet d'une forme de psychothérapie ?

Plusieurs méthodes ont été proposées. Au début des méta-analyses des psychothérapies, on utilisait le g de Glass calculé selon la formule suivante qui utilise les valeurs obtenues en fin de traitement.

$$\text{g (taille d'effet)} = \frac{\text{(moyenne du groupe traité)} - \text{(moyenne du groupe de comparaison)}}{\text{Écart type du groupe de comparaison}}$$

Le groupe traité est le groupe dont on veut étudier la taille d'effet, le groupe de comparaison peut être un groupe contrôle (placebo, attention-placebo, liste d'attente) ou un traitement déjà validé qui sert de référence. Le d a été utilisé dans les premières méta-analyses en particulier celle de Smith et Glass (1977). Certains auteurs ont utilisé une formule voisine, le d de Cohen (1988) :

$$\text{Taille d'effet} = \frac{\text{(moyenne du groupe traité)} - \text{(moyenne du groupe de comparaison)}}{\text{Écart type « poolé » des deux groupes}}$$

Il existe de très nombreuses versions de ce d sans véritable consensus sur son utilisation.

Hedges (1981) a proposé une autre formule pour chaque comparaison on calcule un score g selon la formule suivante :

$$\text{g (taille d'effet)} = \frac{\text{(moyenne du groupe traité)} - \text{(moyenne du groupe de comparaison)}}{\text{Écart type des deux groupe combinés}}$$

Le g est ensuite corrigé pour tenir compte du nombre de patients dans le groupe traité et le groupe de comparaison selon la formule suivante :

$$d = (1 - \frac{3}{4\,N\text{-}9})\,g.$$

N représente la somme des patients dans le groupe de comparaison et le groupe traité. Les d obtenus pour chaque étude sont ensuite combinés pour donner un d + qui correspond à l'ensemble des études. La méta-analyse prend pour hypothèse que la taille d'effet est la somme de toutes les études rassemblées en une seule grande étude. Une méta-analyse doit couvrir l'ensemble des données publiées. Or certaines études ne sont pas publiées pour des raisons diverses. Certaines études sont présentées en détail dans les congrès et il en existe des données écrites sous forme de posters ou de résumés très détaillés, mais elles ne sont jamais publiées dans des revues à comité de lecture. Dans ce dernier cas, les études peuvent être recherchées. Il est possible de calculer une statistique de sécurité dite *failsafe* qui tient compte de l'absence possible d'un certain nombre d'essais non publiés. Cette statistique calcule le nombre d'études publiées qui réduirait les tailles d'effet moyennes obtenues selon une formule : k (dk/dc) – 1. K représente le nombre d'essais, dk = les tailles d'effets combinées, dc la valeur selon laquelle l'effet obtenu deviendrait insignifiant : cette valeur est fixée habituellement à .05 ; certains ont même suggéré une valeur plus restrictive à .20.

Références

1. CUCHERAT M., *Méta-analyse des essais thérapeutiques,* Paris, Masson, 1997.
2. GLOAGUEN V., COTTRAUX J., CUCHERAT M. et BLACKBURN I.M., « A meta-analysis of the effects of Cognitive Therapy in depressed patients », *Journal of Affective Disorders,* 1998, 49, 59-72.
3. HEDGES L.V. et OLKIN, I., *Statistical Methods for Meta-Analysis,* New York, Academic Press, 1985.
4. SMITH M.L., GLASS G.V., « Meta-analysis of psychotherapy outcome studies », *American Psychologist,* 1977, 32, 752-760.

Annexe du chapitre VIII

Évaluation des psychothérapies analytiques et de la psychanalyse

Publications institutionnelles et recommandations

AGENCE NATIONALE D'ACCRÉDITATION ET D'ÉVALUATION EN SANTÉ (ANAES), « Diagnostic et prise en charge en ambulatoire du trouble anxieux généralisé », *Recommandations pour la pratique clinique*, Paris, 2002.

AGENCE NATIONALE D'ACCRÉDITATION ET D'ÉVALUATION EN SANTÉ (ANAES), « Diagnostic et prise en charge en ambulatoire d'un épisode dépressif isolé », *Recommandations pour la pratique clinique*, Paris, 2003.

AMERICAN PSYCHIATRIC ASSOCIATION, « Practice guideline for the treatment of patients with substance use disorders : alcohol, cocaine, opioids », *American Journal of Psychiatry*, 1995.

AMERICAN PSYCHIATRIC ASSOCIATION, « Practice guideline for the treatment of patients with Alzheimer's disease and other dementias of late life », *American Journal of Psychiatry*, 1997.

AMERICAN PSYCHIATRIC ASSOCIATION, « Practice guideline for the treatment of patients with schizophrenia », *American Journal of Psychiatry*, 1997.

AMERICAN PSYCHIATRIC ASSOCIATION, « Practice guideline for the treatment of patients with panic disorder », *American Journal of Psychiatry*, 1998.

AMERICAN PSYCHIATRIC ASSOCIATION, « Practice guideline for the treatment of patients with major depressive disorder », *American Journal of Psychiatry*, 2000.

AMERICAN PSYCHIATRIC ASSOCIATION, « Practice guideline for the treatment of patients with borderline personality disorder », *American Journal of Psychiatry*, 2002.

ANTONY M. M. et SWINSON R. P., « Les troubles anxieux et leur traitement : analyse critique de littérature sur des traitements fondés sur des preuves », *Santé Canada*, 1996.

« The Expert Consensus Panel for Obsessive-Compulsive », *The Journal of Clinical Psychiatry*, 1997, 58, supplément 4, 3-72.

ROTH A. et FONAGY P., *What works for whom ? A critical review of psychotherapy research*, The Guilford Press, New York, London, 1996.

FONAGY P. *et al.*, *An open door review of outcome studies in psychoanalysis*, IPA, 1999. Internet : http//:www.ipa.org.uk, puis taper « research ».

COCHRANE ORGANISATION (Internet : *http://www.update-software.com/clinbng/cliblogon.htm).*

DEPARTMENT OF HEALTH, *Treatment Choice in Psychological Therapies and Counselling. Evidence Based Practice Guideline*, Londres, février 2001. *www.doh.gov.uk/mentalhealth/treatmentguideline*.

INSERM, *Expertise collective : l'évaluation des psychothérapies*, Paris, 2004.

Ouvrages spécialisés comportant un ou plusieurs chapitres d'évaluation

OMS, *Évaluation et méthode de traitement des troubles mentaux*, rapport d'un groupe scientifique de l'OMS, Genève, OMS, 1991.

SARTORIUS N., DE GIROLAMO G., ANDREWS G., GERMAN A. et EISENBERG L. (éds.), *Treatment of Mental Disorders. A Review of Effectiveness*, Washington DC, WHO, American Psychiatric Press, 1993.

BLACKBURN I. et COTTRAUX J., *Thérapie cognitive de la dépression*, préface de A. T. Beck, Paris, Masson, 1988, 2e édition 1997.

COTTRAUX J., *Les Thérapies comportementales et cognitives*, Paris, Masson, 3e édition, 1998.

COTTRAUX J., *Place des psychothérapies contemporaines dans le traitement de la dépression*, Paris, Doin, « Références en Psychiatrie », 1999.

COTTRAUX J., *Les Thérapies cognitives*, Paris, Retz, 2e édition 2001.

COTTRAUX J. et BLACKBURN I. M., *Thérapies cognitives des troubles de la personnalité*, Paris, Masson, 3e édition, 2001.

Annexe du chapitre IX

Les preuves de l'efficacité des thérapies cognitives et comportementales chez l'adulte

Le niveau de preuve de l'efficacité des thérapies comportementales et cognitives chez l'adulte apparaît très élevé, dans la plupart des problèmes psychopathologiques, lors de comparaison avec des groupes contrôles et/ou d'autres formes de traitement. Cela permet d'y appliquer les grades de l'ANAES (2001) et de recommander un traitement. Le tableau suivant résume l'information.

Tableau des grades de l'ANAES appliqués aux indications des thérapies cognitives et comportementales chez l'adulte

Grade A : efficacité prouvée

1. Agoraphobie (Gould, 1995 ; Van Balkom, 1997)
2. Attaques de panique (Van Balkom, 1997)
3. Trouble anxieux généralisé (Gould, 1997 ; ANAES, 2002)
4. Phobies sociales (Gould, 1997 ; Taylor, 1996 ; Fedoroff et Taylor, 2001)
5. Stress post-traumatique (Van Etten et Taylor, 1998 ; Davidson, 2001)

6. Obsessions-Compulsions (Van Balkom, 1994 ; Abramowitz, 1997 ; Kobak, 1998)
7. Dépression ambulatoire d'intensité moyenne (Dobson, 1989 ; Gloaguen, 1998 ; Thase, 1997 ; ANAES, 2003)
8. Dépression hospitalisée (Stuart et Bower, 1995)
9. Dépression du sujet âgé (Engels et Vermey, 1997)
10. Prévention du suicide (Townsend, 2001 ; Hawton, 2002)
11. Réhabilitation psychosociale des schizophrènes chroniques (associée aux neuroleptiques) (Benton et Schroeder, 1980 ; Corrigan, 1991 ; Wunderlich, 1996)
12. Trouble de personnalité borderline chez les femmes (Perry, 1999 ; Leichsenring et Leibing, 2003 ; Linehan, 1991, 1994, 1999, 2002 ; Koons, 2001 ; Verheul, 2003)
13. Colère (Beck et Fernandez, 1998)
14. Douleur chronique, organique ou psychologique (Morley, 1998 ; Tulder 2002)
15. Prévention de rechutes de la maladie coronarienne (+ traitement habituel) (Nunes, 1987)
16. Syndrome de fatigue chronique (Price, 1998)
17. Symptômes non médicalement explicables (Nezu, 2001)
18. Insomnie (Morin, 1994 ; Smith, 2002 ; Montgomery, 2002)
19. Problèmes de couple (Dunn et Schwebel, 1995)
20. Toxicomanie : (Woody, 1985 ; Higgins 1993 ; Caroll 1994 ; Linehan 1999 et 2002 ; Carroll, 2001 ; Rawson, 2002)
21. Boulimie (Whittal, 1999)
22. Alcoolisme (APA, 1995 ; Irvin, 1999 ; Miller, 2002 ; Moyer, 2002 ; Rist, 2002)

Grade B : présomption d'efficacité

1. Problèmes sexuels (Obler, 1973 ; Stravinski, 1997)
2. Phobies spécifiques (Getka et Glass, 1992 ; Ost 2001 ; Rothbaum, 1995 ; Gilroy, 2000 ; Mühlberger, 2001 ; Garcia Palacios, 2002)
3. Schizophrénie en période aiguë (TCC associée aux neuroleptiques) (Cormac, 2002)
4. Trouble de personnalité évitante (Alden, 1989 ; Alden et Capreol, 1993)
5. Applications dans les problèmes psychologiques liés au cancer (Fawzy, 1995)
6. Jeu pathologique (Oakley-Browne, 2001)

7. Psychose maniaco-dépressive : associé aux médicaments psychotropes (Perry, 1999)
8. Deuil pathologique (Mawson, 1981 ; Sireling, 1988)
9. Personnalité antisociale (Woody, 1985)
10. Tabagisme (Law, 1995 ; Hajek, 2002)

Grade C : faible niveau d'efficacité prouvée

1. Stress quotidien et au travail (Timmerman, 1998)
2. Applications en psychogériatrie (APA, 1997)

Commentaires

Grade A : preuve établie par une ou plusieurs méta-analyses ou des essais randomisés de forte puissance statistique et dont les résultats convergent.

— C'est le cas pour des troubles anxieux : l'agoraphobie, les attaques de panique, les phobies sociales, l'anxiété généralisée et les obsessions-compulsions.

— Le niveau de preuve est également fort dans les états dépressifs d'intensité faible ou moyenne où la TCC permet de traiter l'état aigu et de prévenir les rechutes et les récidives des dépressions ambulatoires. Une seule méta-analyse a été effectuée pour les dépressions hospitalisées traitées par antidépresseurs et elle est positive. Une méta-analyse est positive dans la dépression du sujet âgé. Deux méta-analyses ont également établi sa valeur dans la prévention du suicide.

— La réhabilitation psychosociale des états psychotiques bénéficie clairement des approches comportementales.

— Plusieurs problèmes de médecine comportementale ont montré des résultats positifs dans les méta-analyses : douleur, boulimie, insomnie, modification du comportement de type A (facteur de risque coronarien), la fatigue chronique, les symptômes médicaux inexpliqués.

— Il existe également des résultats dans la colère, la personnalité borderline chez les femmes : 5 essais contrôlés, 2 méta-analyses dont une récente de qualité moyenne[12], et les problèmes de couple dans une méta-analyse de bonne qualité.

— Il n'existe pas, à ma connaissance, de méta-analyse récente sur les toxicomanies, mais 7 études de puissance statistique convenable convergent.

— Plusieurs méta-analyses confirment un effet positif dans l'alcoolisme par rapport à des groupes contrôles.

Grade B : présomption d'efficacité qui repose sur des méta-analyses, des études contrôlées randomisées et des études de cohortes, ou des revues non méta-analytiques d'essais contrôlés, mais qui peuvent se contredire ou demander des confirmations.

— Dans cette catégorie, on peut ranger les phobies simples, la personnalité évitante, et la personnalité antisociale et le deuil pathologique.

— On y retrouve aussi l'alcoolisme, les problèmes psychologiques liés au cancer, les dysfonctions sexuelles, la thérapie cognitive pour la schizophrénie en période aiguë (associée aux neuroleptiques).

— Des travaux préliminaires ont eu lieu dans le domaine du jeu : une méta-analyse est positive, mais elle réclame des essais plus rigoureux pour qu'un niveau plus élevé de preuve soit atteint.

— Pour la psychose maniaco-dépressive traitée par des médicaments qui régularisent l'humeur, auxquels on avait ajouté la thérapie comportementale et cognitive, une seule étude contrôlée positive et de bonne qualité a été retrouvée dans la littérature scientifique ; d'autres sont en cours.

— Dans le tabagisme, les méthodes de thérapie comportementale démontrent un effet supérieur aux conditions contrôles, mais qui n'est pas supérieur à celui des généralistes donnant des conseils (2 % d'arrêt durant une période d'un an). Les méthodes d'aversion par fumerie rapide, bien que plus efficaces que les conditions contrôles dans les études contrôlées, et une méta-analyse, n'ont pas été suffisamment testées avec des procédures objectives de mesure de l'arrêt tabagique.

Grade C : pas de preuve scientifique, données cliniques, avis d'experts et travaux en cours ou études contrôlées isolées de faible valeur méthodologique.

— Pour le stress quotidien au travail, on ne retrouve qu'une étude contrôlée positive mais qui est non randomisée et qui n'atteint pas des critères méthodologiques élevés. Il faut envisager la mise en place de plusieurs études de meilleure qualité pour établir des preuves plus solides.

— La psychogériatrie est généralement considérée comme un domaine où la TCC peut apporter des bénéfices, mais il n'existe pas, à ma connaissance d'essai de grande taille.

Références sur l'efficacité des thérapies comportementales et cognitives chez l'adulte

1. AGENCE NATIONALE D'ACCRÉDITATION ET D'ÉVALUATION EN SANTÉ (ANAES), « Diagnostic et prise en charge en ambulatoire du trouble anxieux généralisé. Recommandations pour la pratique clinique », Paris, 2002, résumé publié sur Internet : *http://www.anaes.fr.*
2. AGENCE NATIONALE D'ACCRÉDITATION ET D'ÉVALUATION EN SANTÉ (ANAES), « Diagnostic et prise en charge en ambulatoire d'un épisode dépressif isolé. Recommandations pour la pratique clinique », Paris, 2003, *http://www.anaes.fr.*
3. ALDEN L. E et CAPREOL M. J., « Avoidant personality disorder : interpersonal problems as predictors of treatment response », *Behavior Therapy*, 24, 357-376, 1993.
4. ALDEN L. E., « Short-term structured treatment for avoidant personality disorder », *Journal of Consulting and Clinical Psychology*, 1989, 57, 6, 756-764.
5. AMERICAN PSYCHIATRIC ASSOCIATION, « Practice guideline for the treatment of patients with substance use disorders : alcohol, cocaine, opioids », *American Journal of Psychiatry*, 1995, 152, 11, supplément, 1-59.
6. AMERICAN PSYCHIATRIC ASSOCIATION, « Practice guideline for the treatment of patients with Alzheimer's disease and other dementias of late life », *American Journal of Psychiatry*, 1997, 154, 5, supplément, 1-39.
7. BAKKER A., VAN BALKOM A., SPINHOVEN P., BLAAUW B. et VAN DYCK R., « Follow-up on the treatment of panic disorder with or without agoraphobia. A quantitiative review », *The Journal of Nervous and Mental Disease*, 1998, 186, 7, 414-419.

8. BECK R., FERNANDEZ E., « Cognitive-behavioral therapy in the treatment of anger : a meta-analysis », *Cognitive Therapy and Research*, 1998, 22, 1, 63-74.
9. BENTON M. K. et SCHROEDER H. E., « Social skills training with schizophrenics : a meta-analytic evaluation », *J. Consul. Clin. Psychol.*, 1990, 58, 741-747.
10. CARROLL K. M., BALL S. A., NICH C., O'CONNOR P. G., EAGAN D. A., FRANKFORTER T. L., TRIFFLEMAN E. G., SHI J., ROUNSAVILLE B. J., « Targeting behavioral therapies to enhance Naltrexone treatment of opioid dependence », *Archives of General Psychiatry*, 2001, 58, 755-761.
11. CARROLL K. M., ROUNSAVILLE B. J., NICH C., GORDON L. T., WITRZ P. W. et GAWIN F. H., « One year follow-up of psychotherapy and pharmacotherapy for cocaïne dependence », *Archives of General, Psychiatry*, 1994, 51, 989-997.
12. CORMAC I., JONES C., CAMPBELL C., *Cognitive Behaviour therapy for schizophrenia, Cochrane Review*, in Cochrane Library, 2, 2002.
13. CORRIGAN P. W., « Social skills training in adult psychiatric populations : A meta-analysis », *Journal of Behaviour Therapy and Experimental Psychiatry*, 1991, 22, 203-210.
14. COTTRAUX J., *Place des psychothérapies contemporaines dans le traitement de la dépression*, « Références en Psychiatrie », Paris, Doin, 1999.
15. DAVIDSON P. R. et PARKER K. C. H., « Eye movement desensitization and reprocessing (EMDR) : a meta-analysis », *Journal of Consulting and Clinical Psychology*, 2001, 69, 2, 305-316.
16. DOBSON, K. A., « Meta-analysis of the efficacy of cognitive therapy for depression », *Journal of Consulting and Clinical Psychology*, 1989, 57, 414-419.
17. DUNN R. L. et SCHWEBEL A. I., « Meta-analytic review of marital therapy outcome research », *Journal Fam. Psychology*, 1995, 9 ; 58-68.
18. FAWZY I. F., FAWZY N. W., ARNDT L. A. et PASNAU R. A., « Critical review of psychosocial intervention in cancer care », *Archives of General Psychiatry*, 1995, 52, 100-113.
19. FEDOROFF I. C., TAYLOR S., « Psychological and pharmacological treatments of social phobia : a meta-analysis », *Journal of Clinical Psychopharmacology*, 2001, 21, 3 : 311-324.

20. GARCIA PALACIOS A., HOFFMAN, CARLIN A., FURNESS T. A., BOTELLA C., « Virtual reality in the treatment of spider phobia : a controlled study », *Behaviour Research and Therapy*, 2002, 40, 983-993.
21. GETKA E. J. et GLASS C. R., « Behavioral and cognitive-behavioral approaches to the reduction of dental anxiety », *Behavior Therapy*, 1992, 23, 433-448.
22. GILROY L., KIRBY K., DANIELS B. A., MENZIES et MONTGOMERY I., « Controlled comparison of computer-aided vicarious exposure *versus* live exposure in the treatment of spider phobia », *Behavior Therapy*, 2000, 31 733-744.
23. GLOAGUEN V., COTTRAUX J., CUCHERAT M. *et al.*, « A meta-analysis of the effects of Cognitive Therapy in depressed patients », *Journal of Affective Disorders*, 1998, 49 : 59-72.
24. GOULD R. A., OTTO M. W. et POLLACK M. H., « A meta-analysis of treatment outcome for panic disorder », *Clinical Psychology Review*, 1995, 8, 819-844.
25. GOULD R. A., BUCKMINSTER S., POLLACK M. H., OTTO M. W., YAP L., « Cognitive-behavioral and pharmacological treatment for social phobia : a meta-analysis », *Clin. Psychol. Sci. Prac.*, 1997, 4, 291-306.
26. GOULD R. A., OTTO M. W., POLLACK M. H., YAP L., « Cognitive behavioral and pharmacological treatment of generalized anxiety disorder : a preliminary meta-analysis », *Behavior Therapy*, 1997, 28, 285-305.
27. HAJEK P. et STEAD L. F., « Aversive smoking for smoking cessation », *Cochrane Review*, in Cochrane Library, 4, 2002, Oxford.
28. HAWTON K., TOWNSEND E., ARENSMAN E., GUNNELL D., HAZELL P., HOOUSE A., VAN HEERINGEN K., « Psychosocial and pharmacological treatments for deliberate self harm », *Cochrane Review*, in Cochrane Library, 2, 2002, Oxford.
29. HIGGINS S., BUDNEY A., BICKEL W., HUGHES J., FOERG F. et BADGER G., « Achieving cocaine abstinence with a behavioral approach », *American Journal of Psychiatry*, 1993, 150, 5, 763-769.
30. IRVIN J. E., BOWERS C. A., DUNN M. E., WANG M. C., « Efficacy of relapse prevention : a meta-analytic review », *Journal of Consulting and Clinical Psychologie*, 1999, 67, 4, 563-570.

31. Kobak K. A., Greist J. H., Jefferson J. W., Katzelnick D. J., Henk H. J., « Behavioral *versus* pharmacological treatments of obsessive compulsive disorder : a meta-analysis », *Psychopharmacology*, 1998, 136, 205-216.
32. Koons C. R., Robins C. J., Tweed J. L., Lynch T. R., Gonzales A. M., Morse J. Q., Bishop G. K., Butterfield M. I., Bastian L. A., « Efficacy of dialectical behavior therapy in women veterans with borderline personality disorder », *Behavior Therapy*, 2001, 371-389.
33. Law M. et Tang J. L., « An analysis of intervention intended to help people stop smoking », *Archives of Internal Medicine*, 1995, 155, 1933-1941.
34. Leichsenring F. et Leibing E., « The effectiveness of psychodynamic therapy and cognitive behavior therapy in the treatment of personality discorder : a meta-analysis », *American Journal of Psychiatry*, 2003, 160, 7, 1223-1232.
35. Linehan M., Armstrong H., Suarez A. *et al.*, « Cognitive-behavioral treatment of chronically parasuicidal borderline patients », *Arch. Gen. Psychiatry*, 1991 ; 48, 1060-1064.
36. Linehan M., Heard H. et Armstrong H., « Naturalistic follow-up of behavioral treatment for chronically parasuicidal borderline patients », *Arch. Gen. Psychiatry*, 1993, 50, 971-974.
37. Linehan M., Tutek D. A., Heard H. L. et Armstrong H. E., « Interpersonal outcome of cognitive behavioral treatment for chronically suicidal borderline patient », *Am. J. Psychiatry*, 1994, 151, 12, 1171-1176.
38. Linehan M. M., Dimeff L. A., Reynolds S. K., Comtois K. A., Welch S. S., Heagerty P., Kivlahan D. R., « Dialectical behavior therapy *versus* comprehensive validation therapy plus 12-step for the treatment of opioid dependent women meeting criteria for borderline personality disorder », *Drug and Alcohol Dependence*, 2002, 67, 13-26.
39. Linehan M. M., Schmidt H., Dimeff L. A., Craft J. C., Kanter J., Comtois K. A., « Dialectical behavior therapy for patients with borderline personality disorder and drug-dependence », *Am. J. Addict.*, 1999, 8, 279-292.
40. Mawson D., Marks I., Ramm L. et Stern R., « Guided mourning for morbid grief. A controlled study », *British Journal of Psychiatry*, 1981, 138, 185-193.

41. MILLER W. R. et WILBOURNE P. L., « Mesa grande : a methodological analysis of clinical trials of treatments for alcohol use disorders », *Addictions*, 2002, 97, 265-277.
42. MONTGOMERY P. et DENNIS P., « Cognitive behavioural interventions for sleep problems in adults aged 60 + », *Cochrane Review*, in Cochrane Library, 4, 2002, Oxford.
43. MORIN C. M., CULBERT J. P. et SCHWARTZ S.M., « Non-pharmacological interventions for insomnia : a meta-analysis of treatment efficacy », *American Journal of Psychiatry*, 1994, 151, 8, 1172-1180.
44. MORLEY S., ECCLESTON C. et WILLIAMS A., « Systematic review and meta-analysis of randomized controlled trials of cognitive behaviour therapy and behaviour therapy for chronic pain in adults, excluding headache », *Pain*, 1999, 80, 1-13.
45. MOYER A., FINNEY J. W., SWEARINGEN C. E., VERGUN P., « Brief interventions for alcohol problems : a meta-analytic review of controlled investigations in treatment-seeking and non-treatment-seeking populations », *Addictions*, 2002, 67, 279-292.
46. MUHLBERGER A., HERRMAN M. J., WIDEMANN, ELLGRING H., PAULI P., « Repeated exposure of flight phobics to flights in virtual reality », *Behavior Research and Therapy*, 2001, 1033-1050.
47. NEZU A., NEZU C. M. et LOMBARDO E. R., « Cognitive-behavior therapy for unexplained symptoms : a critical review of the treatment literature », *Behavior Therapy*, 2001, 32, 537-583.
48. NUNES E., FRANK K. et KORNFELD D., « Psychologic treatment for the type A behavior pattern and for coronary heart disease : a meta-analysis of the literature », *Psychosomatic Medicine*, 1987, 48, 2, 159-173.
49. OAKLEY-BROWNE M. A., ADAMS P. et MOBBERLEY P. M., « Interventions for pathological gambling », *Cochrane Review*, in Cochrane Library 2001, 4, 1-12. Oxford.
50. OBLER. M., « Systematic desensitization in sexual disorders », *Journal of Behavior Therapy and Experimental Psychiatry*, 1973, 4, 93-101.
51. OST J., ALM T., BRANBERG M. et BREITHOLTZ, « One *vs* five sessions of cognitive therapy in the treatment of claustrophobia », *Behaviour Research and Therapy*, 2001, 39, 167-183.

52. PERRY A., TARRIER N., MORISS R., MC CARTHY E. et LIMB K., « Randomised controlled trial of efficacy of teaching patients with bipolar disorder to identify early symptoms of relapse and obtain treatment », *British Medical Journal*, 1999, 318, 149-153.
53. PERRY J. C., BANON E. et IANNI F., « Effectiveness of psychotherapy for personality disorders », *American Journal of Psychiatry*, 1999, 156, 9, 1312-1321.
54. PRICE J. R. et COUPER J., « Cognitive behavior therapy for adults with chronic fatigue syndrome », *Cochrane Review*, in Cochrane Library, 3, 1998.
55. RAWSON R. A., HUBER A., MCCANN M., SHOPTAW S., FARABEE D., REIBER C. et LING W., « A comparison of contingency management and cognitive-behavioral approaches during methadone maintenance treatment for cocaine dependence », *Archives of General of Psychiatry*, 2002, 59, 817-824.
56. RIST F., « Evidence based psychotherapy of alcohol dépendent patients : the contribution of cognitive-behavioral interventions », *Sucht*, 2002, 48, 3, 171-181.
57. ROTHBAUM B. O., HODGES L. F., KOOPER R., OPDYKE D., WILLIFORD J. S. et NORTH M., « Effectiveness of computer-generated (virtual reality) graded exposure in the treatment of acrophobia », *American Journal of Psychiatry*, 1995, 152, 626-628.
58. SIRELING L., COHEN D. et MARKS I., « Guided mourning for morbid grief : a controlled replication », *Behavior Therapy*, 1988, 19, 121-132.
59. STRAVINSKI A., GAUDETTE G., LESAGE A., ARBEL N., PETIT P., CLERC D., FABIAN J., LAMONTAGNE Y., LANGLOIS R., LIPP O. et SIDOUN P., « The treatment of sexually dsyfunctional men without partners : a controlled study of three behavioural group approaches », *British Journal of Psychiatry*, 1997, 170, 338-344.
60. STUART S. et BOWERS W. A., « Cognitive therapy with inpatients : review and meta-analysis », *Journal of Cognitive Therapy*, 1995, 9, 2, 85-92.
61. TAYLOR S., « Meta-analysis of cognitive-behavioral treatments for social phobia », *Journal of Behavior Therapy and Experimental Psychiatry*, 1996, 27, 1, 1-9.

62. THASE M., GREENHOUSE J.-B., REYNOLDS C. F. *et al.*, « Treatment of major depression with psychotherapy or psychotherapy-pharmacotherapy combination », *Arch. Gen. Psychiatry*, 1997, 54, 1009- 10015.
63. TIMMERMAN I. G. H., EMMELKAMP P. M. G. et SANDERMAN R., « The effects of a stress-management training program in individuals at risk in the community at large », 1998, 36, 863-875.
64. TOWNSEND E., HAWTON K., ALTMAN D. G., ARENSMAN E., GUNNELL D., HAZELL P., HOOUSE A. et VAN HEERINGEN K., « The efficacy of problem-solving treatments after deliberate self-harm : meta-analysis of randomized controlled trials with respect to depression, hopelessness and improvement in problems », *Psychological Medicine*, 2001, 31, 979-988.
65. TULDER M. W. VAN, OSTELO R. W., VLAEYEN J. W. S., LINTON S. J. et MORLEY S. J., ASSENDELFT W. J. J. « Behavioural treatment for chronic low back pain », *Cochrane Review*, in Cochrane Library, 4, 2002. Oxford.
66. VAN BALKOM A. J., VAN OPPEN P., VERMEULEN A. W. A., VAN DYCK R., NAUTA M. C. E. et VORST H. C. M., « A meta-analysis on the treatment of obsessive-compulsive disorder : a comparison of antidepressants, behavior and cognitive therapy », *Clin. Psychol. Rev.*, 1994, 14, 5, 359-381.
67. VAN BALKOM A. J., BAKKER A., SPINHOVEN P., BLAAUW B. M., SMEENK S. et RUESINK B., « A meta-analysis of the treatment of panic disorder with or without agoraphobia : a comparison of psychopharmacological, cognitive-behavioral, and combination treatments », *J. Nerv. Ment. Dis.*, 1997, 185, 510-516.
68. VAN ETTEN M. L. et TAYLOR S., « Comparative efficacy of treatments for post-traumatic stress disorder : a meta-analysis », *Clin. Psychol. Psychother*, 1998, 5, 126-144.
69. VERHEUL R., VAN DEN BOSCH L. M. C., KOETER M. W. J., DE RIDDER M. A. J., STIJNEN T. et VAN DEN BRINK W., « Dialectical behaviour therapy for women with borderline personality disorder : 12-month, randomised clinical trial in The Nederlands », *British Journal of Psychiatry*, 2003, 182, 135-140.
70. WHITTAL M. L., AGRAS W. S. et GOULD R. A., « Bulimia nervosa : a meta-analysis of psychosocial and pharmacological treatments », *Behavior Therapy*, 1999, 30, 117-135.

71. Woody G. E., Mc Lellan T., Luborsky L. et O'Brien C. P., « Sociopathy and psychotherapy outcome », *Archives of General Psychiatry*, 1985, 42, 1081-1086.
72. Wunderlich U. G., Wiedermann, Buchkremer G., « Sind psychosoziale Interventionen bei schizophrenen Patienten wirksam ? Eine Metaanalyse. Are Psychosocial Methods of Intervention Effective in Schizophrenic Patients ? A Meta-Analysis », *Verhaltenstherapie*, 1996, 6, 4-13.

Les preuves de l'efficacité des thérapies cognitives et comportementales chez l'enfant et l'adolescent

Tableau des grades de l'ANAES appliqués aux indications des TCC chez l'enfant et l'adolescent

Grade A : efficacité prouvée

— Dépression d'intensité légère ou moyenne (Reinecke, 1998 ; méta-analyse)

— Autisme infantile (Loovas, 1987 ; Birnbrauer, 1993 ; Jocelyn, 1998 ; Sheinkopf, 1998 ; Smith, 2000)

Grade B : présomption d'efficacité

— Phobies simples, phobie sociale, anxiété de séparation, hyper-anxiété, phobie scolaire (Barrett, 1996)

— Trouble obsessionnel-compulsif ; 9 études en ouvert ; une contrôlée (De Haan, 1998)

— Troubles des conduites (Kazdin, 1992 ; Miller 1990)

— Hyperactivité (THADA) (Étude MTA, 1999 ; taille d'effet .90 et 1.3 ; diminution des doses de médicament

Références sur l'efficacité des thérapies comportementales et cognitives chez l'enfant et l'adolescent

1. Barrett P. M., Dadds M. R. et Rapee R. M., « Family treatment of childhood anxiety : a controlled trial », *Journal of Consult Clinical Psychology*, 1996, 64, 333-342.
2. Birnbrauer J. S. et Leach D. J., « The murdoch early intervention program after 2 years », *Behaviour Change*, 1993, 10, 63-74.
3. Davidson P. R., Hoodgduin K. A., Buitelaar J. K. et Keijsers G. P., « Behavior therapy *versus* clomiporamine for the treatment of obsessive-compulsive disorder in children and adolescents », *Journal of the American Academy of Child and Adolescent Psychiatry*, 1998, 37, 1022-1029.
4. Jocelyn L. J., Casiro O. G., Beattie D., Bow J. et Kneisz J., « Treatment of children with autism : a randomized controlled trial to evaluate a carregiver-based intervention program in community daycare centers », *Journal of Development Behaviour Pediatric*, 1998, 19, 326-334.
5. Kazdin A. E., Siegel T. C. et Bass D., « Cognitive problem-solving skills training and parent management training in the treatment of antisocial behavior in children », *Journal of Consulting and Clinical Psychology*, 1992, 60, 733-747.
6. Lovaas O. I., « Behavioral treatment and normal educational and intellectual functioning in young autistic children », *Journal Consulting Clinical Psychology*, 1987, 55, 3-9.
7. Miller G. E. et Princz R. J., « The enhancement of social learning family interventions for childhood conduct disorders », *Psychological Bulletin*, 1990, 108, 291-307.
8. MTA cooperative group, « A 14-month randomized clinical trial of treatment strategies for attention-deficit/hyperactivity disorder », *Achives of General Psychiatry*, 1999a, 56, 1073-1086.
9. MTA cooperative group, « Moderators and mediators of treatment response for children with attention-deficit/hyperactivity disorder », *Archives of General Psychiatry*, 1999b, 56, 1088-1096.

10. Reinecke M. A., Ryan N. E. et Dubois D. I., « Cognitive-behavioral therapy of depression and depressive systems during adolescence : a review and meta-analysis », *Journal of the American Academy of Child and Adolescent Psychiatry*, 1998, 37, 26-34.
11. Sheinkopf S. J. et Siegel B., « Home-based behavioral treatment of young children with autism », *Journal of Autism Developpment Disorder*, 1998, 25, 15-23.

Notes et références bibliographiques

Chapitre I : La crise de l'ego

1. ABRAMSON L., SELIGMAN M. E. P. et TEASDALE J. D. : « Learned helplessness in humans : critique and reformulation », *J. Abnormal. Psychol.*, 1978, 87 : 49-74.
2. AMERICAN PSYCHIATRIC ASSOCIATION, *Diagnostic Statistical Manual of Mental Disorders* (4e édition) DSM-4, American Psychiatric Association, Washington DC, 1994, traduction J. D. Guelfi, *Manuel statistique et diagnostique des troubles mentaux*, Paris, Masson, 1996.
3. AGENCE NATIONALE D'ACCRÉDITATION ET D'ÉVALUATION EN SANTÉ (ANAES), *Prise en charge d'un épisode dépressif isolé de l'adulte en ambulatoire*, Recommandations pour la pratique clinique, ANAES, 2002.
4. BENASAYAG M. et SCHMIT G., *Les Passions tristes. Souffrance psychique et crise sociale*, Paris, La Découverte, 2003.
5. BRUCHON SCHWEITZER M. et DANTZER R., *Introduction à la psychologie de la santé*, Paris, PUF, 1994.
6. CYRULNIK B., *Un merveilleux malheur*, Paris, Odile Jacob, 1999.
7. GOLDBERG D., « Vulnerability factors for common mental illnesses », *British Journal of Psychiatry*, 2001, 178, S69-S71.
8. JOUGLA E., PÉQUIGNOT F., ROSSOLIN F. et Pavillon G., « Comment évaluer la qualité et la comparabilité internationale sur les données de la mortalité par suicide », *Psychiatrie*, numéro spécial, décembre 2001, 10-16.

9. KESSLER R. C., MCGONAGLE K. A., ZHAO S., NELSON C. B., HUGHES M., ESHLEMAN S., WITTCHEN H. U., KENDLER K. S., « Lifetime and 12-month prevalence of DSM-3-R psychiatric disorder in the United States. Results from the national comorbidity survey », *Archives of General Psychiatry*, 1994, 51, 8-19.
10. LASCH C., *The Culture of Narcissism*, New York, Norton, 1979.
11. LÉPINE J.-P., LELLOUCH J., LOVELL A., TEHERANI M., HA C., VERDIER TAILLEFER M.-H., RAMBOURG N. et LEMPERIÈRE T., « Anxiety and depressive disorders in a French population : methodology an preliminary results », *Psychiatry and Psychobiology*, 1989, 4, 267-274.
12. LIVINGSTON M., TAKEUCHI D., LEAF L., « Poverty and psychiatric status », *Archives of General Psychiatry*, 1991, 48, 470-474.
13. MITCHELL J. T., « When disaster strikes... the critical incidents stress debriefing process », *J. Emerg. Med. Serv.*, 1983, 8, 1, 36-39.
14. MYERS J., WEISSMAN M., TISCHLER G., HOLZER C., LEAF P., ORVASCHEL H., ANTHONY J., BAYD J., BURKE J., KRAMER M. et STOLZMAN R., « Six-month prevalence of psychiatric disorders in three communities », *Archives of General Psychiatry*, 1984, 41, 959-967.
15. NARROW W. E., RAE D. S., ROBINS L. N., REGIER D. A., « Revised prevalence estimates of mental disorders in the United States. Using a clinical significance criterion to reconcile two estimates », *Archives of General Psychiatry*, 2002, 59, 115-130.
16. ORGANISATION MONDIALE DE LA SANTÉ, CIM-10 (ICD-10), *Classification des troubles mentaux et des troubles du comportement. Critères diagnostiques pour la recherche*, Paris, Masson, 1994.
17. PETERSON C., MAIER S. V. et SELIGMAN M., *Learned Helplessness. A theory for the Age of Control*, New York, Oxford University Press, 1993.
18. ROUILLON F., « Les excès de la psychiatrie », *Psynergie*, 2003, 25-28.
19. SELIGMAN M., *Helplessness. On Development, Depression and Death*, San Francisco, Freeman, 1975.
20. WEICH S. et LEWIS G., « Poverty, unemployment, and common mental disorders : population, based cohort study », *British Medical Journal*, 1998, 17, 115-119.
21. WESSELY S., ROSE S. et BISSON A., *Systematic Review of brief Psychological Interververtion (debriefing) for the Treatment of Immediate Trauma Related Symptoms and the Post-Traumatic Stress Disorder*, Cochrane library, 1998, vol. 4, Update Software.
22. YEHUDA R., *Psychological Trauma*, Washington, American Psychiatric Press, 1998.
23. ZARIFIAN E., *Le Prix du bien-être*, Paris, Odile Jacob, 1996.

Chapitre II : La perte de l'identité

1. American Psychiatric Association, *Diagnostic Statistical Manual of Mental Disorders* (4e édition) DSM-4, Washington DC, American Psychiatric Association, 1994 ; traduction J. D. Guelfi, *Manuel statistique et diagnostique des troubles mentaux*, Paris, Masson, 1996.
2. Baker D., Hunter H., Lawrence E., Medford N., Patel M., Senior C., Sierra M., Lambert M., Phillips M. et David A., « Depersonalisation disorder : clinical features of 204 cases », *British Journal of Psychiatry*, 2002, 182, 428-433.
3. Berthoz A., *La Décision*, Paris, Odile Jacob, 2003.
4. Cottraux J., *La Répétition des scénarios de vie. Demain est une autre histoire*, Paris, Odile jacob, 2001.
5. Daprati E., Franck N., Georgieff N., Proust J., Pacherie E., Dalery J., Jeannerod M., « Looking for the agent : an investigation into consciousness of action and self-consciouness in schizophrenic patients », *Cognition*, 1997, 65, 71-86.
6. Fahy T.A., Abas M., Brown J.C., « Multiple personality. A symptom of psychiatric disorder », *British Journal of Psychiatry*, 1989, 154, 99-101.
7. Franck N., Farrer C., Georgieff N., Marie-Cardine M., Daléry J., D'Amato T., Jeannerod M., « Defective recognition of one's own actions in patients with schizophrenia », *American Journal of Psychiatry*, 2001, 158, 454-459.
8. Freud S., « L'inquiétante étrangeté », *in Essais de psychanalyse appliquée*, Paris, Gallimard, NRF, 1971.
9. Janet P., *L'Automatisme psychologique*, Paris, Alcan, 1889 ; réédition, Paris, Odile Jacob, 1998.
10. Lachenal-Chevallet K., « Validation du questionnaire des schémas précoces inadaptés de Young et étude exploratoire de l'échelle des croyances LIR de Cottraux », note de recherche pour le DEA, *Dimensions cognitives et modélisation*, Université Lyon-II, 2002.
11. Lachenal-Chevallet K., Cottraux J., Bouvard M., Mauchand P., Note I., Martin R., « Validation and factorial analysis of the French version of the Schema », Questionnaire II, *in* borderline personality disorder and controls (sous presse).
12. Schmidt N. B., Joiner T. E., Young J. E., Telch M. J., « The schema questionnaire : investigation of psychometric properties and the hierarchichal structure and measure of maladaptive schemas », *Cognitive Therapy and Research*, 1995, 19, 295-321.
13. Simeon D., Guralnik O., Schmeider J., Sirof B., Knutelska M., « The role of childhood interpersonal trauma in depersonalization disorder », *American Journal of Psychiatry*, 2001, 158, 7, 1027-1033.

14. SPENCE S. A., BROOKS D. J., HIRSCH S. R., LIDDIE P. F., MEEHEN J., GRASBY P. M., « A PET study of voluntary movement in schizophrenic patients experiencing passivity ».
15. YOUNG J., *Cognitive therapy for personality disorders : a schema focused approach*, Sarasota, Professional Resource Exchange, (édition révisée) 1994.

Chapitre III : La prison du soi

1. ALBERTI R. et EMMONS M., *Your Perfect Right*, Impact publishers, San Luis Obispo, 1974.
2. AMERICAN PSYCHIATRIC ASSOCIATION, *Diagnostic Statistical Manual of Mental Disorders* (4e édition) DSM-4, Washington DC, American Psychiatric Association, 1994 ; traduction J. D. Guelfi, *Manuel statistique et diagnostique des troubles mentaux*, Paris, Masson, 1996.
3. BANDURA A., *Social Learning Theory*, New Jersey, Prentice Hall, Englewood Cliffs, 1977.
4. COTTRAUX J., MOLLARD E. et DEFAYOLLE M., « Behavioral and bodily self-concept changes during assertive training. A pilot study », *Acta Psychiatrica Belgica*, 1982, 82, 136-146.
5. HARMON-JONES E., MILLS J., *Cognitive Dissonance. Progress on a Pivotal Theory in Social Psychology*, Washington DC, American Psychological Association, 1999.
6. L'ÉCUYER R., *Le Concept de soi*, Paris, PUF, 1978.
7. MOLLARD E., *La Peur de tout*, Paris, Odile Jacob, 2003.
8. OSGOOD C., SUCI G. et TANNENBAUM P., *The Measurement of Meaning*, Chicago, University of Illinois Press, 1957.

Chapitre IV : Trahison de soi et scénario de vie

1. BECK A. T., *Prisonniers de la haine*, traduction française J. COTTRAUX, H. DUPONT et M. MILLIERY, Paris, Masson, 2002.
2. BERNE E., *Analyse transactionnelle et psychothérapie*, Paris, Payot, 1971.
3. COTTRAUX J. et BLACKBURN I. M., *Thérapie cognitive des troubles de la personnalité*, Paris, Masson, 1995.
4. COTTRAUX J., *La Répétition des scénarios de vie. Demain est une autre histoire*, Paris, Odile Jacob, 2001.

5. DUMAS A., *Le Comte de Monte-Cristo*, 2 vol., Paris, Gallimard, Folio Classique, 1998.
6. ECO U., *De superman au surhomme*, Paris, Grasset, 1993.
7. FREUD S., *Beyond the Pleasure Principle* (Au-delà du principe de plaisir), Londres, Standard Edition, The Hogarth Press, 1961, 7-64.
8. GOETHE J. W. VON, *Conversations de Goethe avec Eckermann*, Paris, Gallimard, NRF, 1949.
9. GREIMAS A. J., *Sémantique structurale*, Paris, PUF, 1995.
10. HERMANS H. J. M. et HERMANS JANSEN E., *Self-Narratives. The Construction of Meaning in Psychotherapy*, New York, The Guilford Press, 1995.
11. LAFORGUE R., *La Névrose d'échec*, Paris, Payot, 1939.
12. MURAN J. C., SEGAL Z. V. et SAMSTAG L. W., « Self-scenarios as a repeated measures outcome measurement of self-schemas in short term cognitive therapy », *Behavior Therapy*, 1994, 25, 255-274.
13. MURAN J. C., SAMSTAG L. W., SEGAL Z. V., WINSTON A, « Interpersonal scenarios : an idiographic measure of self-schemas », *Psychotherapy Research*, 1998, 8, 3, 321-333.
14. POLTI G., *Les Trente-Six Situations dramatiques*, Paris, Mercure de France, 1924.
15. PROPP V., *Morphologie du conte* (1928), Paris, Le Seuil, 1970.
16. SOURIAU E., *Les Deux Cent Mille Situations dramatiques*, Paris, Flammarion, 1950.
17. YAO S. N., COTTRAUX J., MARTIN R., MOLLARD E., BOUVARD M., GUÉRIN J. et HANAUER M. T., « Inferiority in social phobics, obsessive-compulsive and non-clinical controls. A controlled study with the inferiority scale », *in* SANAVIO E., *Behaviour and Cognitive Therapy Today : Essays in Honour of Hans J. Eysenck*, Londres, Pergamon, Elsevier, 1998.
18. YOUNG J., *Cognitive Therapy for Personality Disorders : a Schema Focused Approach*, Sarasota, Professional Resource Exchange, (édition révisée) 1994.

Chapitre V : Le mythe du psy au cinéma

1. APPELBAUM P. S., JORGENSON L., « Psychotherapist-Patient sexual contact after termination of treatment : An analysis and a proposal », *American Journal of Psychiatry*, 1991, 148, 11, 1466-1473.
2. BENSUSSAN P., « Relations sexuelles médecins-patients : le risque de la séduction », *Synapse*, 2001, 181, 15-16.
3. COTTRAUX J., *La Répétition des scénarios de vie. Demain est une autre histoire*, Paris, Odile Jacob, 2001.

4. DEBRAY R., *Vie et mort de l'image. Une histoire du regard en Occident*, Paris, Gallimard, NRF, 1992.
5. DECETY J., CHAMINADE T., « Neural correlates of feeling sympathy », *Neuropsychologia*, 2003, 41, 127-138.
6. GABBARD G. O. et GABBARD K., *Psychiatry and the Cinema*, 2e édition, Washington DC, American Psychiatric Press, 1999.
7. GROSS J. J. et LEVENSON R., « Emotion elicitation using films », *Cognition and Emotion*, 1995, 9, 1, 87-88.
8. PHILIPPOT P., « Inducing and assessing different emotion-feeling state in the laboratoire », *Cognition and Emotion*, 1993, 7, 171-193.
9. ROSENHAN D., « On being sane in insane places », *Science*, 1973, 177, 250-258.
10. SHEPHERD M., *Sherlock Holmes et le cas du Dr Freud*, Paris, Flammarion, 1987.
11. STEVENSON R. L., *L'Étrange cas du Dr Jekyll et de Mr Hyde*, Paris, Robert Laffont, Bouquins, 1020-1074, 1984.

Références des films cités

« Freud l'émergence de l'inconscient », *Pour la Science*, mai-août 2003, 90-91.

Le Guide du cinéma chez soi, Paris, Télérama, hors-série, 2002.

TULARD J., *Guide des films, deux volumes*, Paris, Robert Laffont, 1990.

TULARD J., *Guide des metteurs en scène*, Paris, Robert Laffont, 1995.

Chapitre VI : Histoire et mythologie de la psychothérapie

1. ADLER A., *La Compensation psychique de l'état d'infériorité des organes*, Paris, Payot, 1958.
2. ADLER A., *The Science of Living*, New York, Harper and Row, 1959.
3. « L'Avenir de la psychanalyse », débat entre Daniel WIDLÖCHER et Jacques-Alain MILLER, animé par Bernard GRANGER, *PSN*, 1, 1, 2003.
4. ALEXANDRIAN S., *Le Surréalisme et le Rêve*, Paris, Gallimard, NRF, 1974.
5. BANDURA A., *Social Learning Theory*, Prentice Hall, Englewood Cliffs, New Jersey, 1977.
6. BARLOW D. H., ABEL G. et BLANCHARD E. B., « Gender identity change in transsexuals : follow up and replications », *Archives of General Psychiatry*, 1979, 36, 1001-1007.
7. BARTLETT F. C., *Remembering*, Cambridge, Cambridge University Press, 1932.

8. BECK A. T., *Depression : clinical, experimental and theoretical aspects*, New York, Harper and Row, 1967.
9. BECK A. T., RUSH A. J., SHAW B. F. et EMERY G., *Cognitive Therapy of Depression*, New York, Guilford Press, 1979.
10. BENESTEAU J., *Mensonges freudiens*, Hayen, Mardaga, 2002.
11. BENSON H., *The Relaxation response*, New York, Avon Books, 1975
12. CHARCOT J. M., *L'Hystérie*, textes choisis et présentés par E. Trillat, Toulouse, Privat, 1971.
13. COMPAGNON A. et SCHNEIDER M., « Économie et marché de la psychanalyse en France », *Critique*, 1975, 31, 333, 101-129.
14. COTTRAUX J., *La Répétition des scénarios de vie. Demain est une autre histoire*, Paris, Odile Jacob, 2001.
15. DARNTON R., *La Fin des Lumières : le mesmérisme et la Révolution*, Paris, Odile Jacob, 1995.
16. DURUZ N. et GENNART M., *Traité de psychologie comparée*, Genève, Médecine et Hygiène, 2002.
17. ELLENBERGER H. F., *Histoire de la découverte de l'inconscient*, (1970) réédition Paris, Fayard, 1994.
18. ELLENBERGER H. F., *Médecine de l'âme*, Paris, Fayard, 1995.
19. ELLIOT A. J., MILTENBERGER R. G., LUMLEY C. V., « A national survey of assessment and therapy techniques used by behavior therapists », *Cognitive and Behavioral Practice*, 1996, 3, 107-125.
20. ELLIS A., *Reason and Emotion in Psychotherapy*, New York, Lyle Stuart, 1962.
21. EYSENCK H. J., *Déclin et chute de l'empire freudien*, (1985) traduction de H. Peters, F. X. de Guibert, Paris, O.E.I.L, 1994.
22. FERRERO F., BESSON J. et DESPLAND J. N., « Nouvelles thérapies : origine et développements récents », *Encyclopédie Médico-Chrirurgicale* (Paris), 37-820-A-60
23. FREUD S., *Cinq Psychanalyses*, Paris, PUF, 1966.
24. FREUD S. et BREUER J., *Études sur l'hystérie*, (1895), Paris, PUF, 1956.
25. FREUD S., *Lines of Advance in Psychoanalytical Psychotherapy*, (1919) Standard Edition, volume 17, 157-158, Londres, The Hogarth Press, 1955.
26. GARDINER M., *The Wolf-Man and Sigmund Freud*, Londres, The Hogarth Press, 1972.
27. HARTENBERG P., *Les Timides et la timidité*, Paris, Alcan, 1921.
28. HARTMANN H., *La Psychologie du moi et le problème de l'adaptation*, Paris, PUF, 1968.
29. HUMBERT E. G., « Des organisateurs inconscients. L'idée d'archétype selon C. G. Jung », *Cahiers de psychologie Jungienne*, 1982, 32, 13-34.
30. JACOBSON E., *Savoir relaxer*, Montréal, Éditions de l'homme, 1980.

31. JANET P., *Les Médications psychologiques*, Paris, Flammarion, 1919 ; réédition Paris, CNRS, 1980.
32. JANET P., *L'Automatisme psychologique*, Paris, Alcan, 1889 ; réédition, Paris, Odile Jacob, 1998.
33. JANET P., *Les Obsessions et la psychasthénie*, 2 vol., Paris, Alcan, 1903.
34. JOHNSON J. G., COHNE P., BROWN J., SMAILES E. M. et BERNSTEIN D. P., « Childhood maltreatment increases risk for personality disorders during early adulthood », *Archives of General Psychiatry*, 1999, 56, 600-606.
35. JOULE R. V. et BEAUVOIS J. L., *Petit Traité de manipulation à l'usage des honnêtes gens*, Grenoble, Presses Universitaires de Grenoble, 1987.
36. JUNG C. G., *Dialectique du moi et de l'inconscient*, (1933) Paris, Gallimard, Paris, 1964.
37. KELLY G. A., *Theory of Personality. The Psychology of Personal Constructs*, New York, Norton, 1955.
38. KUHN R., *The Structure of Scientific Revolutions*, Chicago, University of Chicago Press, 1962.
39. LACAN J., *Écrits*, Paris, Le Seuil, 1966.
40. LACAN J., « Place, origine et fin de mon enseignement », conférence à l'hôpital du Vinatier à Bron en 1967 ; document dactylographié d'après un enregistrement. Bulletin de liaison du CES de psychiatrie (CHU de Lyon), avril-mai, 1981, 23-38.
41. LAPLANCHE J. et PONTALIS J. B., *Vocabulaire de la psychanalyse*, Paris, PUF, 3e édition, 2002.
42. LIBERMAN R. P., *Réhabilitation psychiatrique des malades mentaux chroniques*, traduction française F. Lelord, Paris, Masson, 1991.
43. LYNN D. J. et VAILLANT G. E. V., « Anonymity, neutrality and confidentiality int the actual methods of Sigmund Freud — a review of 43 cases : 1907-1939 », *American Journal of Psychiatry*, 1998, 155, 2, 163-171.
44. MALCOLM J., *In the Freud Archives*, New York, Papermac, 1997.
45. MARC E., *Le Guide des nouvelles thérapies*, Paris, Retz, 1981.
46. MARKS I., *Cure and Care of Neuroses. Theory and Practice of Behavioral Psychotherapy*, New York, Wiley, 1981.
47. MARKS I., *Fears, Phobias, and Rituals : Panic, Anxiety, and their Disorders*, New York, Oxford University Press, 1987.
48. MASLOW A. H., *Personality and Motivation*, 2e édition, New York, Harper and Row, 1970.
49. MASLOW A. H., *The Farther Reaches of Human Nature*, New York, Penguin, 1973.

50. MASSON J. M., *The Assault on Truth, Freud Suppression of the Seduction Theory*, New York, Penguin Books, 1984.
51. MEHL D., *La Bonne Parole. Quand les psys plaident dans les médias*, Paris, Éditions de la Martinière, 2003.
52. MEYER V., « Modifications of expectations in cases with obsessional rituals », *Behaviour Research and Therapy*, 1966, 4, 273-280.
53. NAVILLE P., *La Psychologie du comportement*, (1942), Paris, Gallimard, 1963.
54. *Osservatore Romano*, 19 septembre, 1975.
55. PAVLOV I., *Réflexes conditionnels et inhibition*, Paris, Gonthier, 1963.
56. PERROUD M., « Note sur l'agoraphobie », *Lyon médical*, 1873, 11, 13, 80-90.
57. PICHOT P., *Un siècle de psychiatrie*, Paris, Roche, 1983.
58. PLANCK M., *Scientific Autobiography and other Papers*, New York, Philosophical Library, 1949.
59. POLITZER G., *Critique des fondements de la psychologie*, (1928) Paris, PUF, 2003.
60. PRÉVOST C. M., *Janet, Freud et la psychologie clinique*, Paris, Payot, 1973.
61. ROGNANT J., *La Thérapeutique de déconditionnement dans les névroses*, Paris, Masson, 1970.
62. ROUDINESCO E., *Histoire de la psychanalyse en France*, deux tomes, Paris, Fayard, 1994.
63. SCHULTZ J. H., *Le Training autogène*, Paris, PUF, 1965.
64. SHEPHERD M., *Sherlock Holmes et le cas du Dr Freud*, Paris, Flammarion, 1987.
65. SKINNER B. F., *L'Analyse expérimentale du comportement*, Bruxelles, Dessart et Mardaga, 1971.
66. SPERRY L., « Adlerian psychotherapy and cognitive therapy : an Adlerian perspective », *Journal of Cognitive Psychotherapy*, 1997, 11, 3, 157-164.
67. STERN N., *La Fiction psychanalytique*, Hayen, Mardaga, 1999.
68. SULLOWAY F. J., *Freud biologiste de l'esprit*, Paris, Fayard, 1981.
69. VAN DER KOLK B. A., MC FARLANE A. C. et WEISAETH L., *Traumatic stress*, New York, The Guilford Press, 1996.
70. VAN RILLAER J., *Les Illusions de la psychanalyse*, Bruxelles, Mardaga, 1980.
71. WATSON J. B., *Le Béhaviorisme*, Paris, CEPL, 1925.
72. WATTS R. E., « Roots of contemporary cognitive theories in the individual psychology of Alfred Adler », *Journal of Cognitive Psychotherapy*, 1997, 11, 3, 147-157.
73. WHYTE L., *L'Inconscient avant Freud*, Paris, Payot, 1971.

74. WOLPE J., *La Pratique de la thérapie comportementale*, traduction J. Rognant, Paris, Masson, 1975.
75. YAO S. N., « Le Qi Gong en Chine et la relaxation occidentale », *Journal de Thérapie Comportementale et Cognitive*, 1993, 3, 4, 119-124.

Chapitre VII : Le fardeau de la preuve

1. AGENCE NATIONALE D'ACCRÉDITATION ET D'ÉVALUATION EN SANTÉ (ANAES), *Diagnostic et prise en charge en ambulatoire du trouble anxieux généralisé. Recommandations pour la pratique clinique*, Paris, 2001, résumé publié sur Internet : *http://www.anaes.fr.*
2. AGENCE NATIONALE D'ACCRÉDITATION ET D'ÉVALUATION EN SANTÉ (ANAES), *Prise en charge d'un épisode dépressif isolé de l'adulte en ambulatoire. Recommandations pour la pratique clinique*, Paris, 2002.
3. ALFORD B. A. et BECK A. T., *The Integrative Power of Cognitive Therapy*, New York, The Guilford Press, 1997.
4. BOUVARD M. et COTTRAUX J., *Protocoles et échelles d'évaluation en psychiatrie et en psychologie*, Paris, Masson, 1996 ; 3e édition 2002.
5. COTTRAUX J., NOTE I. D., CUNGI C., LÉGERON P., HEIM F., CHNEIWEISS L., BERNARD G. et BOUVARD M., « A controlled study of Cognitive-Behavior Therapy with Buspirone or Placebo in Panic Disorder with Agoraphobia. A one year follow-up », *British Journal of Psychiatry*, 1995, 167, 635-641.
6. CUCHERAT M., CIALDELLA P., « La méta-analyse des essais thérapeutiques : application en psychiatrie », *L'Encéphale*, 1996, XXII, 378-387.
7. FAVA G. A., OTTOLINI F., SONINO N., « Which are the leading countries in clinical medical research ? A citation analysis (1981-1998) », *Psychotherapy and Psychosomatics*, 2001, 70, 283-287.
8. FREUD S., « On beginning the treatment : further recommendations on the technique of psychoanalysis », (1913) *in* J. Strachey, Standard Edition of the of the complete works of Sigmund Freud (vol 12) London Hogarth, 1958.
9. HERSEN M. et BARLOW D., *Single-Case Experimental Designs*, New York, Pergamon Press, 1976.
10. LUBORSKY L., MC LELLAN T., WOODY G., O'Brien C., Auerbach A., « Therapist success and its determinants », *Archives of General Psychiatry*, 1985, 42, 602-611.

11. MAYBERG H. S., SILVA J. A., BRANNAN S. K., TEKELL J. L., MAHURIN R. K., MCGINNIS S., JERABEK P.A., « The functional neuroanatomy of the placebo effect », *American Journal of Psychiatry*, 2002, 159, 728-737.
12. PAUL G. L., « Behavior modification research », *in* C. M. Francks, Mc Graw Hill, New York, 1969.
13. POPPER K., *Conjectures and Refutations. The Growth of Scientific Knowledge*, Londres, Routledge and Kegan, 1963.
14. SMITH M. L. et GLASS G. V., « Meta-analysis of psychotherapy outcome studies », *American Psychologist*, 1977, 32, 752-760.

Chapitre VIII : Psychanalyse et thérapies psychanalytiques brèves

1. AKISKAL H. S. et MC KINNEY W. T., « Overview of recent research in depression. Integration of ten conceptual models into a comprehensive clinical frame », *Archives of General Psychiatry*, 1975, 32, 285-305.
2. ALEXANDER F. et FRENCH T. M., *Psychoanalytic therapy*, New York, Ronald Press, 1956.
3. BATEMAN A., FONAGY P., « Effectiveness of partial hospitalization in the treatment of borderline personality discorder : a randomized controlled trial », *American Journal of Psychiatry*, 1999, 156, 10, 1563-1569.
4. BATEMAN A. et FONAGY P., « Treatment of borderline personality with psychoanalytically oriented partial hospitalization : an 18-month follow-up », *American Journal of Psychiatry*, 2001, 158, 36-42.
5. BATEMAN A., FONAGY P., « Health service utilization costs for borderline personality discorder patients treated with psychoanalytically oriented partial hospitalization *versus* général psychiatric care », *American Journal of Psychiatry*, 2003, 160, 1, 169-171.
6. BECK A. T. et HURVICH M. S., « Psychological correlates of depression I. Frequency of masochistic dream content in a private practice sample », *Psychosom. Med.*, 1959, 21, 50-55.
7. BECK A. T. et RUSH A. J., « Cognitive approaches of depression and suicide », *in* G. SERBAN (éd.), *Cognitive Defects in Development and Mental Illness*, New York, Brunner et Mazel, 1978.
8. BECK A. T., « Cognitive therapy : a 30 years retrospective », *in* J. COTTRAUX, P. LÉGERON et M. MOLLARD M. (éds.), « Annual Series of European Research », *in Behaviour Therapy* (EABT, Paris, 1990). *Which Psychotherapies for Year 2000 ?*, Amsterdam, Swets et Zeitlinger, 1992, 13-28.

9. Benesteau J., *Mensonges freudiens*, Hayen, Mardaga, 2002.
10. Brom D., Kleber R. J., et Defares P. B., « Brief psychotherapy for post-traumatic stress disorders », *J. Consult. Clin. Psychol.*, 1989, 57, 607-612.
11. Clerc-Maugendre D., Cournut J., Delattre N., Fédida P., Gori R., Hochmann J., Vanier A., Villa F., *Qu'est-ce qui guérit dans la psychothérapie ?*, Paris, PUF, 2001.
12. Dunn R. L., et Schwebel A. I., « Meta-analytic review of marital therapy outcome research », *Journal Fam. Psychology*, 1995, 9, 58-68.
13. Eysenck H. J. et Wilson G. D., *The Experimental Study of Freudian Theory*, Londres, Methuen, 1973.
14. Fisher S. et Greenberg R. P., *Freud Scientifically Reappraised. Testing the Theory and Therapy*, New York, Wiley, 1996.
15. Fonagy P. *et al.*, « An open door review of outcome studies in psychoanalysis » (2002), document disponible : *ipa@ipa.org.uk*
16. Freud S., « Deuil et mélancolie », *in Métapsychologie*, Paris, Gallimard, 1968.
17. Freud S. et Breuer J., *Études sur l'hystérie*, (1895) Paris, PUF, 1956.
18. Freud S., « L'avenir d'une illusion », *in The Standard Edition of the Complete Psychological Works of Sigmund Freud*, Londres, The Hogarth Press, volume XXI, page 5-56, 1964.
19. Freud S., « Analyse terminée et analyse interminable », *in The Standard Edition of the Complete Psychological Works of Sigmund Freud*, Londres, The Hogarth Press, volume XXIII, p. 216-253, 1964.
20. Gabbard G. O., Gunderson J. G. et Fonagy P., « The place of psychoanalytic treatments within psychiatry », *Archives of General Psychiatry*, 2002, 59, 505-510.
21. Jouvet M., *Le Sommeil et le Rêve*, Paris, Odile Jacob, 1992.
22. Knight R. P., « Evaluation of the results of the psychoanalytic therapy », *American Journal of Psychiatry*, 1941, 96, 434-446.
23. Klerman G. L., Weisman M. M., Rounsaville B. J. *et al.*, *Interpersonal Psychotherapy of Depression*, New York, Basic Books, 1984.
24. Leichsenring F., Leibing E., « The effectiveness of psychodynamic Therapy and Cognitive Behavior Therapy in the treatment of personality disorder : a meta-analysis », *American Journal of Psychiatry*, 2003, 160, 7, 1223-1232.
25. Lévi-Strauss C., *La Potière jalouse*, Paris, Plon, 1985.
26. Menninger K. et Holtzman P., *Theory of Psychoanalytic Technique*, New York, Basic Books, 1973.
27. Menny J. C, Sauteraud A., Bourgeois M., « Les rêves en psychopathologie : relation avec la pensée diurne », *Confrontations psychiatriques*, 1997, 38, 307-336.

28. Obler M., « Systematic desensitization in sexual disorders », *Journal of Behavior Therapy and Experimental Psychiatry*, 1973, 4, 93-101.
29. Roelofs K., Keijsers G. P. J., Hoogduin K. A. L., Näring G. W. B., Moene F. C., « Childhood abuse in patients with conversion disorder », *American Journal of Psychiatry*, 2002, 159, 1908-1913.
30. Rush J. et Giles D. E., « Cognitive Therapy : theory and research », *in* A. J. Rush (éd.), *Short Term Psychotherapies for Depression*, New York, Guilford Press, 1982.
31. « Le Rêve », *Sciences et Avenir*, décembre 1996-janvier 1997, numéro109, 77.
32. Strupp H. H., Sandell J. A., Waterhouse G. J., *et al.*, « Psychodynamic therapy : theory and research », *in* A.J. Rush (éd.), *Short Term Psychotherapies for Depression*, New York, Guilford Press, 1982.
33. Sullivan H. S., *The Interpersonal Theory of Psychiatry*, New York, W. W. Norton, 1953.
34. Weissman M. M., Fox K., Klerman G. L., « Hostility and depression associated with suicide attempts », *American Journal of Psychiatry*, 1973, 130, 4, 450-455.
35. Winnicott D. W., « La distorsion du moi en termes de vrai et faux soi », *in* traduction J. Kalmanovitch, *Processus de maturation chez l'enfant*, Paris, Payot, 1974.
36. Winston A., Laikin M., Pollack J., Samstag L. W., McCullough L., Muran J. C., « Short-term psychotherapy of personality disorders », *American Journal of Psychiatry*, 1994, 151, 2.
37. Woody G. E., Mc Lellan T., Luborsky L. et O'Brien C. P., « Sociopathy and psychotherapy outcome », *Archives of General Psychiatry*, 1985, 42, 1081-1086.
38. Whyte L., *L'Inconscient avant Freud*, Paris, Payot, 1971.
39. Zanarini M. C., Williams A. A., Lewis R. E., Reich R. B., Vera S. C., Marino M. F., Levin A., Yong L. et Frankenburg F. R., « Reported pathological childhood experiences associated with the development of borderline personality disorder », *American Journal of Psychiatry*, 1997, 154, 1101-1106.

Chapitre IX : Les thérapies comportementales et cognitives

1. Alford B. A. et Beck A. T., *The Integrative Power of Cognitive Therapy*, New York, The Guilford Press, 1997.
2. Bandura A., *Social Learning Theory*, Prentice Hall, Englewood Cliffs, New Jersey, 1977.

3. BAXTER L., SCHWARTZ J., BERGMAN K., SZUBA M., GUZE B., MAZZIOTA J., ALAZRAKI A., SELIN C., HUAN-KWANG F., MUNFORD P. et PHELPS M., « Caudate glucose metabolic rate changes with both drug and behavior therapy for obsessive-compulsive disorder », *Archives of General Psychiatry*, 1992, 49, 681-689.
4. BLACKBURN I. M. et COTTRAUX J., *Thérapie cognitive de la dépression*, 2e édition, Paris, Masson, 2001.
5. CHAMBON O. et MARIE CARDINE M., *Psychothérapie cognitive des psychoses chroniques*, Paris, Masson, 1993.
6. COTTRAUX J., *Les Thérapies cognitives*, Paris, Retz, 2001.
7. COTTRAUX J. et BLACKBURN I. M., *Thérapies cognitives des troubles de la personnalité*, Paris, Masson, 1995 (2e édition 1997).
8. COTTRAUX J., *Les Ennemis intérieurs. Obsessions et compulsions*, Paris, Odile Jacob, 1998.
9. COTTRAUX J., *Les Thérapies comportementales et cognitives*, (3e édition) Paris, Masson, 1998.
10. FURMAK T., TILLFORS M., MARTEINSDOTTIR I., FISCHER H., PISSIOTA A., LANGSTROM B., FREDRIKSON M., « Common changes in cerebral blood flow in patients with social phobia treated with Citalopram or cognitive-behavior therapy », *Archives of General Psychiatry*, 2002, 59, 425-453.
11. LEDOUX J., *The Emotional Brain*, New York, Simon and Schuster, 1996.
12. LEICHSENRING F., LEIBING E., « The effectiveness of psychodynamic Therapy and Cognitive Behavior Therapy in the treatment of personality disorder : a meta-analysis », *American Journal of Psychiatry*, 2003, 160, 7, 1223-1232.
13. LINEHAN, M. N., *Traitement cognitivo-comportemental du trouble de personnalité état limite*, traduction Pierre Wehrlé et Dominique Page, Zurich, Médecine et Hygiène, 2000a.
14. LINEHAN, M. N., *Manuel d'entraînement aux compétences pour traiter les troubles de personnalité état limite*, traduction Pierre Wehrlé et Dominique Page, Zurich, Médecine et Hygiène, 2000b.
15. MARKS I., *Fears, Phobias and Rituals : Panic, Anxiety, and their Disorders*, New York, Oxford University Press, 1987.
16. MOLLARD E. et COTTRAUX J., « Changements positifs de l'inventaire multiphasique de personnalité du Minnesota (MMPI) chez 70 sujets traités par thérapie comportementale », *Psychologie Médicale*, 1984, 16, 14, 2385-2394.
17. PAUL G., « Insight *versus* desensitization in psychotherapy two years after termination », *Journal of Consulting Psychology*, 1967, 31, 4, 333-348.

18. PETERSON C., MAIER S. V. et SELIGMAN M. E. P., *Learned Helplessness. A theory for the Age of Control*, New York, Oxford University Press, 1993.
19. SELIGMAN M., *Helplessness. On Development, Depression and Death*, San Francisco, Freeman, 1975.
20. SKINNER B. F., *L'Analyse experimentale du comportement*, Bruxelles, Dessart, 1971.
21. SLOANE R. B., STAPLES F. R., CRISTOL A., YORKSTON N. J., et WHIPPLE K., « Short-term analytically oriented psychotherapy *versus* behavior therapy », *American Journal of Psychiatry*, 1975a, 132, 4, 373-377.
22. WOLPE J., *Pratique de la thérapie comportementale*, traduction J. Rognant, Paris, Masson, 1975.

Chapitre X : La thérapie interpersonnelle

1. ABLON J. S. et JONES E. J., « Validity of controlled trials of psychotherapy : findings from the NIMH treatment of depression collaborative research program », *Archives of General Psychiatry*, 2002, 159 : 775-783.
2. AMERICAN PSYCHIATRIC ASSOCIATION, « Practice guidelines for major depressive disorders in adult », *American Journal of Psychiatry*, 1993, 150, 4, 1-26.
3. AMERICAN PSYCHIATRIC ASSOCIATION, *Diagnostic Statistical Manual of Mental Disorders*, (4e édition) Washington DC, American Psychiatric Association, 1994 ; traduction J. D. Guelfi, Paris, Masson, 1996.
4. BOWLBY J., *Attachment and Loss*, vol 1 : *Attachment*, (2e édition), New York, Basic Books, 1982.
5. BROWN G. W. et HARRIS T. O., *Social Origins of Depression*, Londres, Tavistock Press, 1978.
6. BROWN G. W., HARRIS T. O., HEPWORTH C., « Life events and endogenous depression. A puzzle reaxamined », *Archives of General Psychiatry*, 1994, 51, 525-534.
7. DI MASCIO A., WEISMANN M. M., PRUSOFF B. A. *et al.*, « Differential symptom reduction by drugs and psychotherapy in acute depression », *Archives of General Psychiatry*, 1979, 36, 1450-1456.
8. ELKIN I., SHEA T., WATKINS J. *et al.*, « National Institute of Mental Health Treatment of Depression collaborative Research Program. General effectiveness of treatments », *Archives of General Psychiatry*, 1989, 46, 971-983.
9. FAIRBURN C. G., JONES R., PEVELER R. C., HOPE R. A., O'CONNOR M., « Psychotherapy and bulimia nervosa : longer-term effects of inter-

personnel psychotherapy, behavior therapy, and cognitive behavior therapy », *Archives of General Psychiatry*, 1993, 50, 419-428.
10. FRANK E., KUPFER D. J., PEREL J. M., *et al.*, « Three-year outcomes for maintenance therapies in recurrent depression », *Archives of General Psychiatry*, 1990, 47, 1093-1099.
11. FRANK E., KUPFER D. J., WAGNER E. F., *et al.*, « Efficacy of interpersonal psychotherapy as a maintenance treatment of recurrent depression : contributing factors », *Archives of General Psychiatry*, 1991, 48, 1053-1059.
12. FREUD S., « Deuil et mélancolie », *in Métapsychologie*, Paris, Gallimard, 1968.
13. KLEIN M., *Love, Hate and Reparation*, Londres, Hogarth Press, 1937, traduction française, *L'Amour et la haine*, Paris, Payot, 1968.
14. KLERMAN G. L., WEISMAN M. M., ROUNSAVILLE B. J. *et al.*, *Interpersonal Psychotherapy of Depression*, New York, Basic Books, 1984.
15. KUPFER D. J., « Management of recurrent depression », *J. Clin. Psychiatry*, 1993, 54, 2, 29-33.
16. KUPFER D. J., « Long-term treatment of depression », *J. Clin. Psychiatry*, 1991 ; 52 (5, suppl), 28-34.
17. KUPFER D. J., FRANCK E., PEREL J. M. *et al.*, « Five-year outcome for maintenance therapies in recurrent depression », *Archives of General Psychiatry*, 1992, 49, 769-773.
18. LORA A. et FAVA E., « Provoking agents, vulnerability factors and depression in an Italian setting : a replication of Brown et Harris model », *J. Affective Disord*, 1992, 24, 227-236.
19. MARKOWITZ J. C., *Interpersonal psychotherapy*, Washington DC, American Psychiatric Press, 1998.
20. SHEA T., PILKONIS P., BECKHAM E. *et al.*, « Personality disorders and treatment outcome in the NIMH treatment of depression collaborative research program », *Archives of General Psychiatry*, 1990, 147, 6, 711-718.
21. SHEA T., ELKIN I., IMBER S. *et al.*, « Course of depressive symptoms over follow-up : findings from the NIMH of depression collaborative research program », *Archives of General Psychiatry*, 1992, 49, 782-787.
22. SOTSKY S. M., GLASS D., SHEA T. *et al.*, « Patient predictor of response to psychotherapy : findings in the NIMH treatment of depression collaborative research program », *American Journal of Psychiatry*, 1991, 148, 8, 997-1008.
23. SULLIVAN H. S., *The Interpersonal Theory of Psychiatry*, New York, W. W. Norton, 1953.
24. THASE M., GREENHOUSE J. B., REYNOLDS C. F. *et al.*, « Treatment of major depression with psychotherapy or psychotherapy-pharmaco-

therapy combination », *Archives of General Psychiatry*, 1997, 54, 1009-10015 971-983.

25. WEISSMAN M. M., KLERMAN G. L., PRUSOFF B. A. *et al.*, « Results one year after treatment with drugs and/or interpersonal psychotherapy », *Archives of General Psychiatry*, 1981, 38, 51-55.
26. WEISSMAN M. M., MARKOWITZ J. C., « Interpersonal psychotherapy : current status », *Archives of General Psychiatry*, 1994, 51, 599-606.
27. WEISSMAN M. M., PRUSOFF B. A., Di MASCIO A. *et al.*, « The efficacy of drugs and psychotherapy in the treatment of acute depressive episodes », *American Journal of Psychiatry*, 1979, 136, 555-558.

Chapitre XI : La thérapie humaniste

1. AGENCE NATIONALE D'ACCRÉDITATION ET D'ÉVALUATION EN SANTÉ (ANAES), *Diagnostic et prise en charge en ambulatoire du trouble anxieux généralisé. Recommandations pour la pratique clinique*, Paris, 2002. Résumé publié sur Internet : *http://www.anaes.fr*
2. ANDREWS G., HARVEY R., « Does psychotherapy benefit neurotic patients ? A reanalysis of the Smith, Glass and Miller data », *Archives of General Psychiatry*, 1981, 38, 1203-1208.
3. BATESON G., *Steps to an Ecology of Mind*, Saint Albans, Paladin, Frogmore, 1973.
4. BERNE E., *Analyse transactionnelle et psychothérapie*, Paris, Payot, 1971.
5. CRESPELLE I., « L'analyse transactionnelle », *in* M. A. ELKAÏM, *À quel psy se vouer ?*, Paris, Le Seuil, 2003.
6. DURUZ N. et GENNART M., *Traité de psychothérapie comparée*, Genève, Médecine et Hygiène, 2002.
7. ELKAÏM M., *Si tu m'aimes, ne m'aime pas : approche systémique et psychothérapie*, Paris, Le Seuil, 2001.
8. FURTOS J., « Les thérapies humanistes », *in* J. GUYOTAT, *Psychothérapies médicales*, Paris, Masson, 1978.
9. HAUSWIRTH M., « De l'analyse bionénergétique aux thérapies psychocoporelles analytiques », *in* N. DURUZ et M. GENNART, *Traité de psychothérapie comparée*, Genève, Médecine et Hygiène, 2002.
10. KAUFMAN W., « An anatomy of the primal revolution », *Journal of Humanistic Psychology*, 1974, 14, 49-62.
11. MASLOW A. H., *Personality and Motivation*, 2e édition, New York, Harper and Row, 1970.

12. MASLOW A. H., *The Farther Reaches of Human Nature*, New York, Penguin, 1973.
13. MIERMONT J., *Psychothérapies contemporaines : histoire, évolution, perspective*, Paris, L'Harmattan, 2000.
14. PERLS F., *In and Out the Garbage Pail*, Lafayette (Californie), Real People Press, 1969.
15. PERLS F., *Gestalt Therapy Verbatim*, (1969), traduction française, *Rêves et existence en Gestalt-thérapie*, Paris, Éditions de l'Épi, 1972.
16. RACHMAN S., WILSON T., *The Effects of Psychological Therapy*, Oxford, Pergamon Press, 1980.
17. REICH W., *La Fonction de l'orgasme*, Paris, L'Arche, 1970.
18. ROGERS C., *Le Développement de la personne*, traduction E.L. Herbert, Paris, Dunod, 1968.
19. SCHUTZ W.C., « Encounter », *in* R. CORSINI, *Current Psychotherapies*, Itasca (Illinois), Peacock Publishers, 1973.
20. SMITH M. L., GLASS G. V., « Meta-analysis of psychotherapy outcome studies », *American Psychologist*, 1977, 32, 752-760.
21. TRUAX C. B., « Reinforcement an non reinforcement in Rogerian psychotherapy », *Journal of Abnormal Psychology*, 1966, 71, 1-9.
22. WATZLAWICK P. *et al.*, *Une logique de la communication*, Paris, Le Seuil, 1972.
23. WUNDERLICH U. G., WIEDERMANN G., BUCHKREMER, « Sind psychosoziale Interventionen bei schizophrenen Patienten wirksam ? Eine Meta-analyse, Are Psychosocial Methods of Intervention Effective in Schizophrenic Patients ? A Meta-Analysis », *Verhaltenstherapie*, 1996, 6, 4-13.
24. YALOM M. et LIEBERMAN M. A., « A study of encounter group casualties », *Archives of General Psychiatry*, 1971, 25, 16-30.

Chapitre XII : Vivre sans psy ?

1. ALFORD B. A. et BECK A. T., *The Integrative Power of Cognitive Therapy*, New York, The Guilford Press, 1997.
2. ALLOY L. B., ABRAMSON L. Y., WHITEHOUSE W. G., HOGAN M. E., TASHMAN N. A., STEINBERG D. L., ROSE D. T. et DONOVAN P., « Depressogenic cognitive styles : predictive validity, information processing and personality characteristics, and developmental origins », *Behaviour research and Therapy*, 1999, 37, 503-531.
3. CARLBRING P., WASTLING B. E., LJUNGSTRAND P., EKSELIUS L., ANDERSSON G., « Treatment of panic disorder *via* the Internet : a

randomized trial of a self-help program », *Behavior Therapy*, 2001, 32, 751-764.

4. COTTRAUX J., *Place des psychothérapies contemporaines dans le traitement de la dépression. Références en Psychiatrie*, (1 volume, 82 pages), Paris, Doin Éditeur, 1999.
5. DAVIDSON P. R. et PARKER K. C. H., « Eye movement desensitization and reprocessing (EMDR) : a meta-analysis », *Journal of Consulting and Clinical Psychology*, 2001, 69, 2, 305-316.
6. DEBRAY R., *Le Feu sacré*, Paris, Fayard, 2003.
7. GARCIA PALACIOS A., HOFFMAN, CARLIN A., FURNESS T. A., BOTELLA C., « Virtual reality in the treatment of spider phobia : a controlled study », *Behaviour Research and Therapy*, 2002, 40, 983-993.
8. HOYER J., FECHT J., LAUTERBACH W. et SCHNEIDER R., « Changes in conflict, symptoms, and well-being during psychodynamic and cognitive-behavioral inpatient treatment », *Psychotherapy and Psychosomatics*, 2001, 70, 209-215.
9. KAUFMAN J. C., *Ego : pour une sociologie de l'individu*, Paris, Nathan, 2002.
10. KOENIG H. G., GEORGE L. K. et PETERSON B. L., « Religiosity and remission of depression in medically ill older patients », *American Journal of Psychiatry*, 1998, 155, 4, 536-52.
11. MARKS I. M., « The maturing of Therapy : some brief psychotherapies help anxiety/depressive disorders but mechanisms of action are unclear », *British Journal of Psychiatry*, 2002, 180, 200-204.
12. MARUTA T., COLLIGAN R. C., MALINCHOC M., OFFORD K. P., « Optimists *vs* pessimists : survival rate among medical patients over a 30-year period », *Mayo Clinic Proceedings*, 2000, 75, 140-143.
13. MUHLBERGER A., HERRMAN M. J., WIDEMANN, ELLGRING H., PAULI P., « Repeated exposure of flight phobics to flights in virtual reality », *Behavior Research and Therapy*, 2001, 1033-1050.
14. ROTHBAUM B. O., HODGES L. F., KOOPER R., OPDYKE D., WILLIFORD J. S. et NORTH M., « Effectiveness of computer-generated (virtual reality) graded exposure in the treatment of acrophobia », *American Journal of Psychiatry*, 1995, 152, 626-628.
15. SELIGMAN M., *Learned Optimism*, New York, Pocket Books, 1990.
16. SERVAN-SCHREIBER D., *Guérir le stress, l'anxiété et la dépression sans médicaments ni psychanalyse*, Paris, Robert Laffont, 2003.
17. TIME MAGAZINE, numéro thématique, « O father, where art Thou ? », 16 juin, 161, 24, 2003.
18. VIAUD-DELMON I. et JOUVENT R., « Réalité virtuelle : un défi pour la conscience », *Pour la Science*, 2002, 302, 140-145.

Table

Deuxième partie
LE PSY ET SON DOUBLE MYTHIQUE

Troisième partie
LES PSYCHOTHÉRAPIES AU BANC D'ESSAI

Ouvrage proposé par Alain Braconnier

DU MÊME AUTEUR
CHEZ ODILE JACOB

Les Ennemis intérieurs. Obsessions et compulsions, 1998.

La Répétition des scénarios de vie. Demain est une autre histoire, 2001 ; « Poches Odile Jacob, 2003.

CET OUVRAGE A ÉTÉ COMPOSÉ
ET MIS EN PAGES CHEZ NORD COMPO (VILLENEUVE-D'ASCQ)
ET ACHEVÉ D'IMPRIMER SUR ROTO-PAGE
PAR L'IMPRIMERIE FLOCH À MAYENNE
EN JANVIER 2004

N° d'impression : 59022.
N° d'édition : 7381-1360-X.
Dépôt légal : janvier 2004.

Imprimé en France